L'épreuve EP2

L'épreuve EP3

Objectif Examen 2019

NOUVEAUX PROGRAMMES

CAP Accompagnant éducatif Petite enfance

- **Christelle Grondin**
  PLP Sciences et Techniques Médico Sociales
- **Guillaume Luciani**
  PLP Biotechnologies santé environnement
- **Annie Martinez**
  PLP Biotechnologies santé environnement
- **Jean-Jacques Odabachian**
  PLP Biotechnologies santé environnement
- **Karine Ravel**
  PLP Sciences et Techniques Médico Sociales

hachette
ÉDUCATION

Sommaire

L'épreuve EP1

Recueillir les informations, s'informer

Adopter une posture professionnelle adaptée

Assurer les opérations d'entretien du logement

Élaborer des repas

Présentation de la formation

1 Présentation générale

• Le Certificat d'Aptitude Professionnelle (CAP) Accompagnant éducatif petite enfance est le premier niveau de qualification du secteur de la petite enfance.

• Le titulaire de ce diplôme est un professionnel qualifié qui exerce ses activités auprès de l'enfant de moins de 6 ans dans le souci constant du respect de ses besoins, de ses droits et de son individualité. Il participe, avec les autres professionnels, à la construction de l'identité et à l'épanouissement de l'enfant dans le respect des choix des parents, premiers éducateurs de l'enfant.

• Il établit avec les enfants et les parents une relation de confiance et crée les conditions nécessaires à un accueil et à un accompagnement de qualité.

• Le titulaire du CAP Accompagnant éducatif petite enfance peut exercer son activité professionnelle :
– **en établissements d'accueil du jeune enfant (EAJE)** : multi-accueil, crèches collectives, haltes-garderies, jardins d'enfants ou autres structures spécialisées dans l'accueil des jeunes enfants ;
– **en école maternelle** ;
– **en accueil collectif de mineurs** ;
– **à son domicile** (comme salarié d'employeur particulier ou de crèche familiale) ;
– **en maison d'assistants maternels** (MAM) ;
– **au domicile des parents** (comme salarié d'employeur particulier ou d'organismes de services à la personne) ;

• Le titulaire du CAP Accompagnant éducatif petite enfance est dénommé différemment selon les contextes d'exercice professionnel. À titre d'exemples, ces professionnels sont identifiés actuellement sous les terminologies suivantes :

École maternelle ou accueil collectif de mineurs	Établissements ou services d'accueil collectif des enfants de moins de 6 ans	Domicile
• Agent territorial spécialisé des écoles maternelles • Agent d'accompagnement à l'éducation de l'enfant • Assistant éducatif petite enfance • Adjoint/agent d'animation	• Auxiliaire petite enfance • Agent social • Agent d'accompagnement à l'éducation de l'enfant • Assistant éducatif petite enfance	• Garde d'enfant à domicile • Assistant maternel • Employé à domicile • Employé familial auprès d'enfants

• Dans une finalité éducative, le titulaire du CAP Accompagnant éducatif petite enfance conduit :
– **des activités d'animation et d'éveil** qui contribuent à la socialisation de l'enfant, à son autonomie et à l'acquisition du langage ;
– **des activités de soins du quotidien** qui contribuent à répondre aux besoins physiologiques de l'enfant et à assurer sa sécurité physique et affective ;
– **des activités liées à la collaboration avec les parents et les autres professionnels** prenant en compte une dimension éthique qui permet un positionnement professionnel adapté.

• Outre ces activités communes aux trois contextes d'exercice professionnel, le titulaire peut conduire des activités spécifiques :
– **en école maternelle** : activités d'aide pédagogique et activités d'entretien des espaces de vie ;

– **en établissement d'accueil pour jeunes enfants et en accueil collectif pour mineurs** : participation à la mise en œuvre du projet d'établissement et du projet pédagogique ;
– **à son domicile** ou à **celui des parents, en maison d'assistants maternels** : relation de travail avec le parent employeur, entretien du logement et élaboration des repas.

- Ces activités sont conduites avec une marge d'autonomie définie par ou avec l'employeur.

- L'exercice du métier prend en compte en permanence et de manière transverse :

– le développement et les besoins fondamentaux de l'enfant ;
– les besoins éducatifs spécifiques aux enfants en situation de vulnérabilité ou en situation de handicap ;
– le contexte professionnel : réglementation en vigueur, travail en équipe....
– la prévention des risques pour l'enfant ;
– la santé et la sécurité au travail.

- Le **CAP Accompagnant éducatif petite enfance s'inscrit comme premier niveau d'un parcours de formation** et/ou de qualification dans les secteurs sanitaire, social et médico-social.

- Ainsi, **il permet l'accès à des formations** délivrées par les ministères chargés de l'Éducation nationale, des Affaires sociales, de la Santé et de la Famille, de l'Agriculture, du Travail, de l'Emploi, de la Jeunesse et des Sports.

2 Présentation du diplôme

- Les matières de spécialité s'articulent autour de **6 grands pôles** :

① Accompagner l'enfant dans ses découvertes et ses apprentissages
② Prendre soin et accompagner l'enfant dans les activités de la vie quotidienne
③ Inscrire son action dans le réseau des relations enfant-parents-professionnels
④ Exercer son activité en école maternelle
⑤ Exercer son activité en EAJE et ACM
⑥ Exercer son activité à son domicile, celui des parents ou en maison d'assistants maternels

- Des **périodes de formation en milieu professionnel** sont obligatoires et varient selon le profil du candidat.

Trois épreuves de spécialité sont au programme :
– **Épreuve EP1 :** Accompagner le développement du jeune enfant
– **Épreuve EP2 :** Exercer son activité en accueil collectif
– **Épreuve EP3 :** Exercer son activité en accueil individuel

Les périodes de formation en milieu professionnel

La période de formation en milieu professionnel (PFMP) contribue à développer les capacités d'autonomie et de responsabilité du futur professionnel.

1 Les objectifs

Les périodes de formation en milieu professionnel permettent :
– **d'appréhender concrètement l'organisation des établissements** et des services de la petite enfance, leurs personnels et leurs usagers ;
– d'**apprendre à travailler en situation réelle**, en présence d'usagers, avec les ressources et les contraintes du milieu professionnel ;
– de **s'insérer dans une équipe de professionnels** ;
– de **mettre en œuvre** sous la responsabilité d'une personne qualifiée, **tout ou partie des compétences définies dans le référentiel du diplôme.**

2 Les modalités

A Candidats relevant de la voie scolaire et de la voie de l'enseignement à distance

- Au cours du CAP Accompagnant éducatif petite enfance, les candidats accomplissent au moins **trois périodes de formation en milieu professionnel** (PFMP).

- Les PFMP ont une durée de **16 semaines sur l'ensemble de la formation** et se déroulent dans les établissements et services d'accueil de la petite enfance : écoles maternelles, établissements d'accueil de jeunes enfants, pouponnières à caractère social, centres maternels, accueils collectifs pour mineurs (de 0 à 6 ans), domicile privé de l'assistant maternel agréé (AMA), maisons d'assistants maternels et service d'aide à domicile offrant des prestations de garde d'enfant(s) de moins de 3 ans.

Définitions

PFMP : période de formation en milieu professionnel.
EAJE : établissement d'accueil du jeune enfant.
ACM : accueil collectif de mineurs.
RNCP : répertoire national des certifications professionnelles.

- Ces PFMP sont complémentaires afin de **mobiliser les compétences du référentiel** du CAP **dans des situations professionnelles variées** (diversité des âges, des structures, des activités conduites…).

- Au moins **huit semaines de formation en milieu professionnel sont obligatoirement effectuées en dernière année de formation** :
– une période d'une durée minimale de **4 semaines** est réalisée **en école maternelle ou EAJE ou ACM** (moins de 6 ans) ;
– une période d'une durée minimale de **4 semaines** est réalisée **en EAJE** ou **auprès d'un assistant maternel agréé** ou **auprès d'un organisme de services à la personne agréé offrant des prestations de garde d'enfants de moins de 3 ans.**

• PFMP au domicile privé de l'assistant maternel agréé ou en maison d'assistants maternels

Les **conditions de recevabilité** sont les suivantes :

– l'assistant maternel est agréé par le conseil départemental et assure l'accueil d'enfant(s) depuis au moins cinq ans ;

– l'assistant maternel a validé l'épreuve EP1 du CAP Petite enfance ou détient les unités U1 et U3 du CAP Petite enfance ou est titulaire d'un diplôme d'État d'auxiliaire de puériculture ou d'un diplôme intervenant dans le domaine de la petite enfance inscrit au RNCP d'au moins de niveau III.

• PFMP auprès d'un organisme de services à la personne offrant des prestations de garde d'enfant(s) de moins de 6 ans

Les **conditions de recevabilité** sont les suivantes :

– délivrance de l'agrément pour les organismes de services à la personne pour la garde à domicile pour les enfants de moins de 3 ans ;

– le professionnel tuteur est titulaire d'un CAP Petite enfance et a une expérience professionnelle d'au moins 3 ans auprès d'enfants de moins de 3 ans ;

– ou le professionnel tuteur est titulaire d'une autre certification de niveau V justifiant de compétences dans le domaine de la petite enfance et d'une expérience professionnelle d'au moins 5 ans auprès d'enfants de moins de 3 ans.

Au sein d'une équipe sanitaire, sociale, médico-sociale, socio-éducative ou éducative, sous la responsabilité du tuteur, **l'élève est amené à conduire :**

– **des activités d'animation et d'éveil** qui contribuent à la socialisation de l'enfant, à son autonomie et à l'acquisition du langage ;

– **des activités de soins du quotidien** qui contribuent à répondre aux besoins physiologiques de l'enfant et à assurer sa sécurité physique et affective ;

– **des activités liées à la collaboration avec les parents et les autres professionnels** prenant en compte une dimension éthique qui permet un positionnement professionnel adapté.

Les activités peuvent aller de la participation jusqu'au travail en toute autonomie. **Les candidats doivent satisfaire aux conditions de vaccination** et autres exigences du milieu professionnel, conformément à la réglementation en vigueur. **Pour chaque période de formation, une attestation doit être remplie par le responsable de l'établissement d'accueil.** Le représentant légal de l'établissement de formation atteste de la conformité des lieux d'accueil.

B Candidats relevant de la voie de l'apprentissage

• La formation par apprentissage fait l'objet d'un **contrat conclu entre l'apprenti et son employeur** conformément aux dispositions en vigueur du Code du travail.

• Les lieux d'apprentissage sont des structures collectives d'accueil de jeunes enfants ou organismes de services à la personne offrant des prestations de garde d'enfant(s) de moins de 3 ans.

C Voie de la formation professionnelle continue

• Candidats en situation de première formation ou de reconversion

La **durée de la PFMP (16 semaines) s'ajoute aux durées de la formation dispensée dans le centre de formation continue.** Les modalités sont les mêmes que pour les candidats scolaires.

Lorsque cette formation s'effectue dans le cadre d'un contrat de travail de type particulier, **la formation en entreprise obligatoire est incluse dans la période de formation dispensée en milieu professionnel** si les activités effectuées en milieu professionnel sont en cohérence avec les exigences du référentiel et conformes aux objectifs.

• Candidats en situation de perfectionnement

Les attestations de formation en milieu professionnel sont remplacées par **un** ou **plusieurs certificats de travail attestant que l'intéressé a exercé les activités** dans un ou plusieurs secteurs d'activités du CAP accompagnant éducatif petite enfance en qualité de salarié à **temps plein, pendant six mois au cours de l'année précédant l'examen, ou à temps partiel pendant un an au cours des deux années précédant l'examen.**

Pour les **candidats positionnés par décision du recteur** (décret n° 95-663 du 9 mai 1995 modifié) la **durée minimale de la formation en milieu professionnel** est de **8 semaines.**

D Autres candidats

- **Pour l'épreuve EP1**, les candidats doivent réaliser une **PFMP en EAJE** ou **auprès d'un assistant maternel agréé** ou d'un **organisme de services d'aide à la personne agréé offrant des prestations de garde d'enfant(s) de moins de 3 ans**, d'une durée minimale de **quatre semaines consécutives ou non dans les trois années précédant la session d'examen.**

- Les assistants maternels agréés et gardes à domicile sont dispensés de cette PFMP pour présenter cette épreuve mais doivent fournir un certificat de travail attestant de leur activité d'une durée d'au moins 12 semaines.

- **Pour l'épreuve EP2**, une **PFMP d'au moins quatre semaines** ou une **expérience professionnelle d'au moins 12 semaines** en école maternelle ou en EAJE ou en ACM (moins de 6 ans) est exigée pour se présenter à l'épreuve.

Présentation de l'épreuve EP1 et des compétences évaluées

Épreuve EP1 : Accompagner le développement du jeune enfant

Unité UP1
Coefficient : 7
(dont 1 pour PSE)
Épreuve orale

A Les compétences évaluées

Les compétences sont articulées autour des activités suivantes :

Compétences	Sous-compétences évaluées
Accompagner l'enfant dans ses découvertes et ses apprentissages	
Recueillir les informations, s'informer sur les éléments du contexte et de la situation professionnelles à prendre en compte	Identifier le cadre de son intervention pour se situer en tant que professionnel
	Déterminer le degré de développement et d'autonomie de l'enfant
	Identifier les ressources et les contraintes techniques de son intervention
Adopter une posture professionnelle adaptée	Prendre en compte les dimensions éthiques et déontologiques de son intervention
	Prendre en compte la dimension santé et sécurité au travail
	Adopter un regard critique sur sa pratique
Mettre en œuvre les conditions favorables à l'activité libre et à l'expérimentation dans un contexte donné	Adapter et aménager un espace favorable à l'activité libre pour l'enfant
Prendre soin et accompagner l'enfant dans les activités de la vie quotidienne	
Mettre en œuvre des activités d'éveil en tenant compte de la singularité de l'enfant	Préparer l'activité d'éveil
	Animer l'activité d'éveil
Réaliser les soins du quotidien et accompagner l'enfant dans ses apprentissages	Dispenser des soins liés à l'hygiène corporelle et au confort de l'enfant
	Dispenser des soins liés à l'alimentation
	Dispenser des soins liés à l'élimination
	Dispenser des soins liés au sommeil
Appliquer les protocoles liés à la santé de l'enfant	Repérer des signes d'altération de la santé et du comportement : maladie, malaise, maltraitance
	Participer à l'application des protocoles d'urgence
	Participation à l'application du protocole d'accueil individualisé (PAI)

B L'épreuve

- C'est une **épreuve orale :** le candidat réalise un **exposé** suivi d'un **entretien** d'une **durée totale d'épreuve de 25 minutes.**
- **L'épreuve prend appui soit** :

– **sur une PFMP d'au moins 4 semaines** en EAJE ou auprès d'un assistant maternel agréé ou service d'aide à domicile offrant des prestations de garde d'enfant(s) de moins de 3 ans répondant aux exigences du référentiel ;

– **sur une expérience professionnelle d'au moins 12 semaines** en EAJE ou dans le contexte d'intervention professionnel du domicile.

• **Le candidat présente deux fiches** : l'une relative à la réalisation d'un soin du quotidien et l'autre relative à l'accompagnement de l'enfant dans ses découvertes et ses apprentissages. Le **contenu des fiches** doit comporter la présentation du contexte d'intervention et la description des activités.

• **Les commissions d'évaluation sont constituées de deux membres** : un professeur de la spécialité et un professionnel, ou deux professeurs de la spécialité.

• **Évaluation**

Elle porte sur les **critères d'évaluation des compétences et les indicateurs des savoirs précisés dans le bloc de compétences « Accompagner le développement du jeune enfant »**.

En l'absence :
– de ces deux fiches, le candidat se verra attribuer zéro à cette épreuve ;
– d'attestation de PFMP ou de certificat de travail attestant de son activité d'une durée d'au moins 12 semaines, donc conforme aux exigences de l'épreuve, et fournie à la date fixée par le recteur, le candidat ne sera pas autorisé à se présenter à l'épreuve et le diplôme ne pourra pas lui être délivré.

• **Exemples de questions pour l'épreuve EP1**
– Quels sont les éléments de sécurité à respecter lorsqu'on réalise le change d'un enfant ?
– Citez quatre structures d'accueil du jeune enfant de 3 mois à 3 ans.
– Définissez un projet d'établissement.
– Indiquez les acteurs participant à la prise en charge de l'enfant en situation de handicap.
– Citez les différents niveaux d'organisation du corps humain.
– Définissez un stéréotype et donnez un exemple.
– Indiquez les différents éléments de la tenue professionnelle en crèche collective.
– Quelles préconisations donneriez-vous pour favoriser l'endormissement d'un enfant ?

C Prévention – Santé – Environnement (PSE)

• C'est une épreuve ponctuelle (notée sur 20) **d'une durée de 1 heure**. L'épreuve peut-être évaluée en centre de formation par contrôle en cours de formation. Le sujet se compose de **deux parties indépendantes**, correspondant l'une aux modules 1 à 3, l'autre au module 4. Chaque partie comporte plusieurs questions sur chacun des modules.

• **Première partie.** Le **sujet sur 10 points** compte plusieurs questions indépendantes ou liées sur les modules correspondants. Il permet d'évaluer des compétences et des connaissances. À partir d'une situation de la vie professionnelle ou quotidienne, **le candidat doit** notamment **appliquer une démarche d'analyse**.

• **Deuxième partie. Le sujet comporte lui-même deux parties** :
– **l'une notée sur 8 points prend appui sur une situation professionnelle accompagnée d'une documentation**. Elle permet d'évaluer l'application de la démarche d'approche par le risque et les connaissances relatives à l'environnement professionnel ;
– **l'autre notée sur 2 points permet d'expliquer la conduite à tenir dans une situation d'urgence**.

• En ce qui concerne l'évaluation d'un risque professionnel, elle pourra porter sur un risque dont l'étude n'est pas obligatoire. Dans ce cas, le candidat disposera de documents ressources lui permettant de proposer une démarche de prévention.

Fiche 1 Le rôle de l'État dans le secteur de la famille et de l'enfance

Recueillir les informations, s'informer

Différents ministères mettent en œuvre la politique du Gouvernement dans le secteur de la famille et de l'enfance.

1 Le ministère des Solidarités et de la Santé

A Ses missions

– Préparation et mise en œuvre de la politique relative à la famille, à l'enfance, ainsi qu'aux personnes âgées et aux personnes handicapées ;
– stratégie nationale de santé, organisation de la prévention et des soins ;
– mise en œuvre des règles relatives aux régimes de Sécurité sociale, en matière de prestations familiales et d'assurance maladie et maternité ;
– mise en œuvre des programmes de lutte contre la pauvreté ;
– préparation et mise en œuvre de la politique de développement de l'économie sociale et solidaire, en lien avec le ministre de la Transition écologique et solidaire.

B Le ministre des Solidarités et de la Santé

Son autorité s'exerce sur :
– la Direction générale de la cohésion sociale (DGCS) qui coordonne notamment la politique familiale et la protection de l'enfance. La DGCS participe au pilotage de 3 réseaux territoriaux : les Agences régionales de santé (ARS), les Directions régionales de la jeunesse, des sports et de la cohésion sociale (DRJSCS) et les Directions départementales de la cohésion sociale, ou de la cohésion sociale et de la protection des populations selon la taille du département (DDCS/DDCSPP) ;
– la Direction de la Sécurité sociale (DSS) qui assure la tutelle de l'ensemble des organismes de Sécurité sociale et a notamment pour objectif de promouvoir une politique familiale adaptée aux besoins des familles ;
– l'Inspection Générale des Affaires Sociales (IGAS) qui traite de sujets tels que la santé, l'action sociale et la politique familiale ;
– les directions générales de la santé et de l'offre de soins ;
– le Secrétariat Général des ministères chargés des Affaires sociales (SGMAS) qui participe notamment au pilotage des ARS et DRJSCS.

Sigles

ARS : Agences régionales de santé.
DGCS : Direction générale de la cohésion sociale.
DGESCO : Direction générale de l'enseignement scolaire.
DRJSCS : Directions régionales de la jeunesse, des sports et de la cohésion sociale.
DSS : Direction de la Sécurité sociale.
IGAS : Inspection Générale des Affaires Sociales.
SGMAS : Secrétariat général des ministères chargés des Affaires sociales.

2 Le ministère de l'Éducation nationale

• Le ministre prépare et met en œuvre la politique éducative du Gouvernement en matière de :
– programmes scolaires ;
– organisation des cursus scolaires et des filières ;
– définition des diplômes nationaux ;
– évaluation et contrôle des établissements d'enseignement scolaire publics et privés.

• La Direction générale de l'enseignement scolaire (DGESCO) élabore et met en œuvre :
– la politique relative aux écoles, aux collèges, aux lycées ;
– définit la politique des zones d'éducation prioritaire, d'action sanitaire et sociale ;
– conduit les actions d'intégration des élèves et d'éducation spécialisée.

Fiche 2 Les services territoriaux dans le secteur de la famille et de l'enfance

Recueillir les informations, s'informe

1 Les agences régionales de santé (ARS)

• Elles sont chargées, dans les régions, de **piloter les politiques de santé** définies par le ministère chargé de la Santé.

• **Elles interviennent dans tous les domaines de la santé publique** : la prévention, la promotion de la santé, la veille et la sécurité sanitaires, l'organisation de l'offre de soins de ville, en établissements de santé et dans les structures médico-sociales.

2 Les directions régionales de la jeunesse, des sports et de la cohésion sociale (DRJSCS)

Les DRJSCS interviennent et coordonnent les actions des DDCS et DDCSPP dans 3 grands domaines :

– **les politiques sociales** : prévention et lutte contre les exclusions, protection des populations vulnérables, inclusion sociale des personnes handicapées, formation et certification dans le domaine des professions sociales et de santé non médicales ;

– **les politiques sportives** ;

– **les politiques de jeunesse, de vie associative et d'éducation populaire**.

Sigles

DDCS : Direction départementale de la cohésion sociale.

DDCSPP : Direction départementale de la cohésion sociale et de la protection des populations.

3 Les collectivités territoriales

En matière d'éducation, **elles financent les locaux ainsi que les personnels ouvriers et techniques des établissements scolaires** : écoles primaires pour les communes, collèges pour les départements, lycées et centres de formation d'apprentis pour les régions.

4 Le service de protection maternelle et infantile (PMI)

• C'est un **service départemental** placé sous l'autorité du Président du Conseil départemental et chargé d'assurer la **protection sanitaire de la mère et de l'enfant**.

• Ses missions, son organisation et son fonctionnement sont définis par le Code de la santé publique :

– **consultations et actions de prévention médico-sociale** en faveur des femmes enceintes, des enfants de moins de 6 ans et bilans de santé pour les enfants âgés de 3 à 4 ans, notamment en école maternelle ;

– **activités de planification familiale** et d'éducation familiale ;

– **actions médico-sociales préventives et de suivi pour les parents**, notamment dans les jours qui suivent le retour à domicile ou lors de consultations ;

– **recueil d'informations en épidémiologie et en santé publique** et traitement de ces informations ;

L'info en +

La PMI a un rôle essentiel en matière d'**accueil des jeunes enfants** : instruction des demandes d'agrément des assistantes maternelles, information, actions de formation, surveillance et contrôle des assistantes maternelles et des établissements et services d'accueil des enfants de moins de 6 ans.

– **actions de prévention et de dépistage des handicaps** des enfants de moins de 6 ans et conseil aux familles pour la prise en charge de ces handicaps ;
– **actions de prévention et de prise en charge des mineurs en danger** ou qui risquent de l'être.

5 L'aide sociale à l'enfance (ASE)

C'est un **service départemental** placé sous l'autorité du Président du Conseil départemental. Ses missions, son organisation et son fonctionnement sont définies par l'article L221-1 et suivants du Code de l'Action sociale et des Familles :
– **apporter un soutien matériel, éducatif et psychologique aux mineurs et à leur famille** ou à tout détenteur de l'autorité parentale confrontés à des difficultés risquant de mettre en danger la santé, la sécurité, la moralité de ces mineurs ou de compromettre gravement leur éducation ou leur développement physique, affectif, intellectuel et social. Ce soutien est également apporté aux mineurs émancipés et majeurs de moins de 21 ans confrontés à des difficultés familiales, sociales et éducatives susceptibles de compromettre gravement leur équilibre ;
– **mener en urgence des actions de protection** en faveur de ces mineurs ;
– **instruire les demandes d'agrément** des adoptants ;
– **pourvoir à l'ensemble des besoins des mineurs** confiés au service et veiller à leur orientation, en collaboration avec leur famille ou leur représentant légal ;
– **recueillir et transmettre des informations** préoccupantes relatives aux mineurs dont la santé, la sécurité, la moralité sont en danger ou risquent de l'être ou dont l'éducation ou le développement sont compromis ou risquent de l'être et participer à leur protection ;
– **veiller à la stabilité du parcours de l'enfant** confié et à ce que les liens d'attachement noués par l'enfant avec ses frères et sœurs ou avec d'autres personnes que ses parents soient maintenus, dans l'intérêt de l'enfant.

L'info en +

Pour l'accomplissement de ses missions, **le service de l'ASE peut faire appel à des organismes publics ou privés habilités** ou à des personnes physiques, qu'il contrôle pour vérifier les conditions matérielles et morales du placement des mineurs (par exemple une pouponnière, une famille d'accueil, une maison d'enfants à caractère social, etc.).

1 **Les régions**
ARS : politique de santé au niveau régional

2 **Le département**
DDCS : politique sociale, sportive, jeunesse
DDCSPP : politique sociale, sportive, jeunesse
PMI : protection sanitaire de la mère et de l'enfant
ASE : protection de l'enfant

3 **Les collectivités territoriales**
Financement des locaux, personnels et établissements scolaires

L'organisation des services territoriaux

Fiche 3 Le cadre juridique de l'enfant et de la famille

Recueillir les informations, s'informer

1 Les lois relatives à la protection de l'enfance

A Les 3 objectifs de la loi du 5 mars 2007

① **Renforcer la prévention** en essayant de détecter le plus précocement possible les situations à risque par des bilans réguliers.

② **Réorganiser les procédures de signalement** en créant dans chaque département une cellule spécialisée permettant aux professionnels liés par le secret professionnel et intervenant pour la protection de l'enfance dans les domaines sociaux, médico-sociaux ou éducatifs de mettre en commun leurs informations et d'harmoniser leurs pratiques.

Remarque

La **loi du 5 mars 2007** a redéfini les objectifs prioritaires dans le domaine de l'enfance, notamment pour répondre aux situations de violence et de maltraitance.

③ **Diversifier les modes de prise en charge des enfants** avec la possibilité d'accueils ponctuels ou épisodiques hors de la famille sans pour autant qu'il s'agisse d'un placement en établissement ou en famille d'accueil.

B La loi du 14 mars 2016

La loi du 14 mars 2016 est venue compléter la loi du 5 mars 2007 et rappelle que « l'intérêt de l'enfant doit être la préoccupation centrale du dispositif de protection de l'enfance ».
Elle prévoit notamment :

① La **création d'un Conseil national de la protection de l'enfance (CNPE)** chargé de proposer au Gouvernement les grandes orientations nationales de la protection de l'enfance.

② La **désignation**, dans chaque service départemental de protection maternelle et infantile (PMI), **d'un médecin référent** chargé d'établir des liens de travail réguliers entre les services départementaux (aide sociale à l'enfance, PMI), la cellule de recueil des informations préoccupantes (CRIP) et les médecins exerçant dans le département.

③ La **possibilité pour l'assistant familial de pouvoir pratiquer, de sa propre initiative, un certain nombre d'actes quotidiens**, précisément listés dans le projet pour l'enfant.

④ La **réforme de l'adoption simple**.

⑤ Le **retrait automatique de l'autorité parentale pour le parent condamné** pour des crimes ou délits commis contre son enfant ou contre l'autre parent.

⑥ La **qualification d'inceste pour certaines agressions sexuelles et viols**.

2 L'autorité parentale

L'autorité parentale confère aux parents des **droits** et met à leur charge des **devoirs vis-à-vis de leur enfant mineur**. Elle peut être exercée conjointement (par les deux parents) ou par un seul parent.

Définition

Autorité parentale : ensemble des droits et devoirs des parents vis-à-vis de leur enfant dans l'intérêt et le respect de celui-ci. Les deux parents l'exercent jusqu'à la majorité ou l'émancipation de l'enfant.

A Les devoirs des parents

Les parents sont tenus d'exercer les devoirs suivants vis-à-vis de leur enfant :
– **protection et entretien** (veiller sur sa sécurité, contribuer à son entretien matériel et moral, c'est-à-dire le nourrir, l'héberger, prendre des décisions médicales, surveiller ses relations et ses déplacements…) ;

– **éducation** (les parents qui n'assurent pas l'instruction obligatoire de leur enfant s'exposent à des sanctions pénales) ;
– **gestion du patrimoine** de leur enfant.

B La délégation de l'autorité parentale

L'autorité parentale peut être transmise de deux façons :
– **délégation volontaire :** les parents délèguent leur autorité à un tiers (membre de la famille, proche, ASE). Le juge aux affaires familiales contrôle ce choix et peut le refuser ;
– **délégation forcée :** le service de l'ASE ou un tiers peuvent faire la demande en cas de désintérêt des parents pour l'enfant, maltraitance, impossibilité d'exercer l'autorité parentale. Le juge aux affaires familiales prend la décision de la déléguer.

3 Les compétences des magistrats

Le juge aux affaires familiales. Il est chargé principalement des **litiges relatifs au divorce, à l'autorité parentale, aux obligations alimentaires au sein de la famille** (fixation et révision de la pension alimentaire) et aux changements de noms.
Le juge des enfants. Il peut intervenir pour **protéger un mineur en danger**, lorsque des risques graves pèsent sur sa santé physique, mentale, sa sécurité, sa moralité (délinquance), son éducation. **Il met en place des mesures d'assistance éducative.**

4 La filiation

Dans le cas d'une **adoption**, la filiation est dite adoptive, elle peut être **simple** (l'adopté conserve ses liens avec sa famille d'origine) ou **plénière** (l'adopté acquiert une nouvelle filiation).

Définition

Filiation : lien juridique rattachant une personne à son père et/ou à sa mère. Par ce lien, la société reconnaît que tel enfant a tel père et/ou telle mère.

5 Les formes d'union

Type d'union	Définition	Effets sur le couple
Pacs (Pacte civil de solidarité)	Contrat conclu entre deux personnes majeures pour organiser leur vie commune	• Aide mutuelle et matérielle • Solidarité pour les dettes de la vie courante
Concubinage ou « union libre »	Union de fait caractérisée par une vie commune stable et continue entre deux personnes	Aucune obligation
Mariage	Acte juridique qui unit deux personnes majeures (de sexe différent ou de même sexe) pour vivre en commun et fonder une famille	• Fidélité, secours, assistance • Solidarité pour les dettes (sauf si contrat de mariage) • Communauté des biens réduite aux acquêts : les biens mobiliers ou immobiliers possédés avant le mariage par les époux restent leur propriété personnelle (sauf si contrat) • Possibilité de prendre ou d'accoler à son nom le nom de l'époux/se • Bénéfice de la pension de réversion : partie de la retraite versée, si certaines conditions sont remplies, à l'époux survivant et aux orphelins

Fiche 4 Les structures et modes d'accueil de la petite enfance

Recueillir les informations, s'informer

Les crèches collectives, les haltes-garderies, les structures multi-accueil et les jardins d'enfants proposent un **accueil collectif régulier ou à temps partiel ou occasionnel d'enfants de moins de 6 ans par des personnels qualifiés,** dans des locaux spécialement aménagés à cet effet.
Les effectifs des personnels présents dans les établissements d'accueil collectif sont réglementés. Il faut prévoir 1 professionnel pour 5 enfants qui ne marchent pas et 1 professionnel pour 8 enfants qui marchent.
Les missions de ces établissements sont :
– veiller à la sécurité et au bien-être des enfants qui leur sont confiés, ainsi qu'à leur développement ;
– concourir à l'intégration sociale de certains enfants en situation de handicap ou atteints d'une maladie chronique ;
– apporter une aide aux parents afin qu'ils puissent concilier leur vie familiale et professionnelle.

1 L'accueil régulier : les crèches

A La crèche collective

- La crèche collective peut généralement accueillir jusqu'à **60 enfants.**

- Elle est **gérée par une collectivité territoriale** (commune, conseil général...) **ou par un gestionnaire privé** (par exemple une association). La crèche est placée sous le **contrôle** et la surveillance du service départemental **de la PMI.**

À retenir

Pour être admis en crèche, l'enfant doit avoir entre 2 mois et 3 ans et être en règle au regard des **vaccinations obligatoires** (sauf contre-indication attestée par la présentation d'un certificat médical).

- Les enfants sont pris en charge par un **personnel qualifié** (puéricultrice, auxiliaire de puériculture, éducateur de jeunes enfants...). Les horaires de la crèche correspondent souvent aux horaires de bureau (8 h 00-18 h 30). Certaines crèches collectives accueillent un nombre plus restreint d'enfants (20-25 enfants) : ce sont les mini-crèches.

B La crèche parentale

- La crèche parentale peut généralement accueillir jusqu'à **25 enfants**.

- Elle est **créée et gérée par les parents eux-mêmes qui sont regroupés en association type loi 1901**. Elle est placée sous le **contrôle de la PMI**. Les enfants sont pris en charge par **2 parents** par roulement **et** par **2 personnels qualifiés** (puéricultrice, éducateurs de jeunes enfants, auxiliaires de puériculture...).

C La crèche d'entreprise

- La crèche d'entreprise **accueille les enfants du personnel d'entreprises ou d'établissements publics** (administrations, hôpitaux...). Elle peut généralement accueillir jusqu'à **60 enfants** qui sont pris en charge par un **personnel qualifié** (puéricultrice, auxiliaires de puériculture, éducateurs de jeunes enfants...).

- La crèche est en général située à proximité de l'entreprise, parfois même dans ses locaux.
- Les horaires d'accueil sont flexibles pour répondre plus facilement aux contraintes professionnelles.

2 L'accueil collectif occasionnel ou ponctuel

A La halte-garderie

- La halte-garderie peut accueillir jusqu'à **60 enfants** de moins de 6 ans de façon occasionnelle quelle que soit la situation familiale et professionnelle des parents. **L'accueil de l'enfant n'est pas assuré de manière permanente,** mais seulement à raison de quelques heures ou demi-journées par semaine.
- Il offre aux enfants qui ne connaissent pas la collectivité des temps de rencontre et d'activités communs avec d'autres enfants afin de les préparer progressivement à l'entrée à l'école maternelle. Il s'agit également d'une aide pour favoriser la conciliation de la vie personnelle et professionnelle des parents (recherche d'emploi, formation par exemple).

À retenir

L'accueil collectif occasionnel s'adresse à des **enfants de moins de 6 ans.** Il est généralement de courte durée. Les horaires d'accueil sont souples et permettent de répondre à des **besoins d'accueil ponctuels.**

- L'enfant est accueilli par un **personnel qualifié** (puéricultrice, auxiliaires de puériculture, éducateurs de jeunes enfants…) qui assurent les soins, les activités, les repas et le bien-être de l'enfant.

B Le jardin d'enfants

- **Le jardin d'enfants accueille des enfants de 2 à 6 ans, scolarisés ou non scolarisés.** Il présente une formule d'accueil à mi-chemin entre la crèche et l'école maternelle. L'amplitude d'ouverture de cette structure permet d'éviter la recherche d'un **mode d'accueil complémentaire à l'école** pour les parents qui travaillent. Ce type de structure peut accueillir jusqu'à **40 enfants.**
- La **présence de professionnels de la petite enfance**, notamment des éducateurs de jeunes enfants, permet des relations plus individualisées grâce à l'accueil restreint de plus petits groupes d'enfants. Ils réalisent des activités spécifiques qui favorisent l'éveil de l'enfant. Les projets pédagogiques qui y sont proposés sont adaptés à certains enfants, notamment ceux en situation de handicap.

C L'établissement « multi-accueil »

- L'établissement « multi-accueil » peut accueillir jusqu'à **60 enfants** de moins de 6 ans. Ils sont encadrés par des **professionnels qualifiés** (auxiliaires de puériculture, éducatrices de jeunes enfants et puéricultrices) qui assurent les soins, les activités, les repas et le bien-être des enfants.
- Le « multi-accueil » associe le plus souvent **accueil régulier et accueil occasionnel.** Il propose différentes formules d'accueil : accueil à temps complet, accueil à temps partiel, accueil ponctuel ou en urgence permettant ainsi d'apporter un choix mieux adapté aux besoins des parents.

La maternelle, les structures d'accueil familial et les lieux ressources

1 L'école maternelle

L'école maternelle accueille les enfants de 3 à 6 ans et parfois même dès l'âge de 2 ans. Elle est organisée en petite, moyenne et grande sections (cycle 1), en fonction de l'âge des enfants. **Elle n'est pas obligatoire.**

> **L'info en +**
>
> En 2015, la France comptait 14 784 écoles maternelles publiques et 138 privées ; 11,5 % des enfants de 2 à 3 ans et la quasi-totalité des enfants de 3 à 5 ans étaient scolarisés en école maternelle.

A Sa mission

• La **mission principale** de l'école maternelle est de **donner envie aux enfants d'aller à l'école pour apprendre, affirmer et épanouir leur personnalité.** Ils y développent leur langage oral et commencent à découvrir les écrits, les nombres et d'autres disciplines par le biais du jeu, de la réflexion, de la mémorisation ou de la résolution de problèmes. On y prépare également l'apprentissage en vie de groupe.

• Les enseignements de maternelle sont organisés en **5 domaines d'apprentissage** :

① mobiliser le langage dans toutes ses dimensions ;

② agir, s'exprimer, comprendre à travers l'activité physique ;

③ agir, s'exprimer, comprendre à travers les activités artistiques ;

④ construire les premiers outils pour construire sa pensée ;

⑤ explorer le monde.

B Les activités péri-éducatives

• **La loi du 8 juillet 2013 a permis de modifier l'organisation du temps scolaire.** Elle ajoute une demi-journée d'enseignement et allège les quatre autres journées de classe de 3 heures par semaine. Ces 3 heures sont redéployées sur des **temps d'activité péri-éducatifs (TAP),** durant lesquels sont proposées aux enfants des activités éducatives visant à favoriser l'accès de tous aux pratiques culturelles, artistiques et sportives.

• **Les activités péri-éducatives ne sont pas obligatoires et les parents qui le souhaitent peuvent reprendre leurs enfants après le temps d'enseignement.**

2 Les structures d'accueil familial

A L'assistante maternelle

L'assistante maternelle peut travailler de manière indépendante et être employée par les parents des enfants qu'elle garde. Un contrat de travail est alors signé entre eux. Elle peut également faire le choix de travailler au sein d'une maison d'assistantes maternelles (MAM) ou d'une crèche familiale.

> **Définition**
>
> **Assistante maternelle :** personne qui garde à son domicile de 1 à 4 enfants en fonction de son agrément qui lui est accordé par le président du conseil général après avis des services de la PMI.

B La maison d'assistantes maternelles (MAM)

• **Depuis 2010, les assistantes maternelles agréées ont la possibilité de se regrouper et d'exercer leur métier en dehors de leur domicile**, dans des locaux garantissant la sécurité et la santé des enfants, appelés maisons d'assistants maternels.

• **Les MAM permettent à 4 assistantes maternelles au plus d'accueillir chacun un maximum de 4 enfants simultanément.**

C La crèche familiale

• La crèche familiale emploie des **assistantes maternelles agréées** qui accueillent à leur domicile de **1 à 4 enfants généralement âgés de moins de 4 ans.**

• Le gestionnaire de cette structure peut être une collectivité territoriale (commune, communauté de communes, conseil général), un centre communal ou intercommunal d'action sociale, une association, une mutuelle, une entreprise, etc. Les assistantes maternelles sont les employées de cette structure et sont directement rémunérées par elle.

• **La direction d'une crèche familiale** peut être donnée à une puéricultrice, un médecin ou un éducateur de jeunes enfants. Les assistantes maternelles font l'objet d'un encadrement et d'un accompagnement professionnel réalisé par le personnel de la crèche (visite à domicile, conseils concernant l'éveil, acquisition de la propreté…) qui assurent le suivi médical et psychologique des enfants.

• **Les assistantes maternelles et les enfants se retrouvent une ou deux fois par semaine dans les locaux de la crèche familiale.** Ces temps de regroupement collectif favorisent la socialisation et l'éveil des enfants. Cette structure peut accueillir jusqu'à une soixantaine d'enfants simultanément, ce qui leur permet de s'initier à la vie en communauté.

3 Les lieux ressources

A La protection maternelle et infantile (PMI)

Voir Fiche 2

La PMI est un service du département qui a en charge l'agrément, la surveillance et le contrôle des établissements et services d'accueil des enfants de 0 à 6 ans. Il assure également l'agrément, la formation et l'accompagnement des assistants maternels.

B Les relais assistants maternels (RAM)

• Les RAM sont des **lieux de rencontre et d'animation.** Ils ont été créés à l'origine par la caisse d'allocation familiale (CAF). Aujourd'hui, ils sont également gérés par des gestionnaires privés (associations, mutuelles…).

• Ce sont des **lieux d'information, de rencontre et d'échange** au service :
– **des parents** (informations sur les différents modes d'accueil, mise en relation avec les assistants maternels du territoire, renseignements sur les aides financières…) ;
– **des assistants maternels** (informations d'ordre juridique et administratif, rencontres, échanges entre les assistants maternels et des professionnels sur des thématiques : santé, sommeil, alimentation, éveil, psychologie...) ;
– **des professionnels de la petite enfance** (travailleurs sociaux par exemple).

Fiche 6

Les rôles et missions des personnels, hiérarchie et fonctions

Recueillir les informations, s'informer

1 Les établissements et services d'accueil d'enfants de moins de 6 ans

A Les diplômes

• **Les diplômes du personnel encadrant.** D'après l'arrêté du 26 décembre 2000, participent à l'encadrement des enfants, les personnes titulaires du :
– **diplôme d'État de puéricultrice** ;
– **diplôme d'État d'infirmier** ;
– **diplôme d'État d'éducateur de jeunes enfants** ;
– **diplôme d'État d'auxiliaire de puériculture.**

Remarque

Ces professionnels doivent représenter au moins la moitié de l'effectif du personnel dans les établissements d'accueil collectif.

• **Les diplômes des autres personnels.** L'effectif du personnel encadrant est complété par des personnes :
– titulaires du CAP petite enfance ;
– titulaires du certificat de travailleuse familiale ou du diplôme d'État de technicien de l'intervention sociale et familiale ;
– titulaires du brevet d'État d'animateur technicien de l'éducation populaire et de la jeunesse, option petite enfance ;
– titulaires du brevet d'études professionnelles, option sanitaire et sociale ;
– ayant exercé pendant cinq ans en qualité d'assistante maternelle agréée ;
– justifiant d'une expérience professionnelle de trois ans auprès des enfants dans un établissement.

B Les missions

• **Leurs rôles.** D'après l'article R2324-17 du Code de la santé publique, les personnels des établissements et services d'accueil non permanent d'enfants ont pour missions de :
– **veiller à la santé, à la sécurité, au bien-être et au développement des enfants** qui leur sont confiés ;
– **contribuer à l'éducation des enfants**, dans le respect de l'autorité parentale ;
– **concourir à l'intégration des enfants handicapés ou atteints d'une maladie chronique** qu'ils accueillent ;
– **aider les parents** à concilier leur vie professionnelle et familiale.

• **Les diplômes de la direction.** La direction de ces établissements (décret du 20 février 2007) peut être confiée à une personne titulaire du diplôme d'État :
– de **docteur en médecine** ;
– de **puériculture** ;
– **d'éducateur de jeunes enfants, sous conditions**, par exemple, une expérience professionnelle de trois ans dans une structure accueillant 40 enfants ou plus.

2 Les structures d'accueil collectif de loisirs

• L'arrêté du 9 février 2007 modifié fixe la liste des diplômes professionnels permettant d'exercer les fonctions de direction et d'animation en accueil collectif de mineurs.

• Parmi le personnel de ces services, on trouve notamment :
– un **directeur titulaire du BAFD** qui est responsable, à titre non professionnel, de façon occasionnelle, de l'encadrement des enfants et des adolescents ;
– **des animateurs titulaires du BAFA** qui encadrent à titre non professionnel, de façon occasionnelle, des enfants et des adolescents ;
– **des personnes titulaires du BPJEPS** qui peuvent animer ou diriger à titre permanent un accueil collectif de mineurs avec la spécialité « loisirs tous publics » ;
– **des personnes titulaires du BAPAAT** exerçant des fonctions d'animation sous la responsabilité d'un titulaire du BPJEPS dans des associations sportives ou de jeunesse, des centres sociaux, des organismes de vacances ;
– **des animateurs titulaires du CQP** d'animateur périscolaire exerçant à temps partiel qui accueillent les enfants pendant les temps périscolaires, proposent et mettent en œuvre des actions d'animation éducative ;
– un assistant sanitaire possédant le BAFA et un **diplôme de secourisme**. Sa présence est obligatoire en séjour de vacances. Sous l'autorité du directeur, il est responsable des conditions sanitaires du centre.

Définition

Structure d'accueil collectif de loisirs : accueil collectif de mineurs, avec ou sans hébergement, hors du domicile parental, durant les temps extrascolaires (en soirée, le mercredi lorsqu'il n'y a pas classe, en fin de semaine et pendant les vacances) ou périscolaires (immédiatement avant ou après l'école).

Sigles

BAFD : Brevet d'aptitude aux fonctions de directeur.
BAFA : Brevet d'aptitude aux fonctions d'animateur.
BPJEPS : Brevet professionnel de la jeunesse, de l'éducation populaire et du sport.
BAPAAT : Brevet d'aptitude professionnelle d'assistant-animateur technicien de la jeunesse et des sports.
CQP : Certificat de qualification professionnelle.

3 L'école maternelle

Le personnel des écoles maternelles est composé :
– **de la directrice ou du directeur d'école**, assurant des missions pédagogiques et administratives ;
– **des professeurs des écoles**, assurant des missions pédagogiques ;
– **des agents territoriaux spécialisés des écoles maternelles** (ATSEM ou ASEM selon les communes) chargés d'assistance au personnel enseignant ainsi que de la préparation et la mise en état de propreté des locaux et du matériel ;
– du **médecin**, de l'**infirmier**, du **psychologue scolaire** du secteur, chargés du suivi de la santé des élèves et d'actions de prévention ;
– des **auxiliaires de vie scolaire** pour aider à l'inclusion scolaire des élèves en situation de handicap.

L'info en +

L'article D321-1 du Code de l'éducation stipule que l'école favorise l'ouverture de l'élève sur le monde et assure, conjointement avec la famille, l'éducation globale de l'enfant. Elle a pour objectif la réussite individuelle de chaque élève en offrant les mêmes chances à chacun d'entre eux.

Remarque

Les auxiliaires de vie scolaire sont désormais appelés accompagnants des élèves en situation de handicap (AESH).

Fiche 7 Le cadre réglementaire : chartes, lois, règlements

Recueillir les informations, s'informer

1 L'école maternelle

Le règlement de l'école maternelle est régi par la circulaire n° 91-124 du 6 juin 1991 du Code de l'éducation. Elle précise :

A Les obligations

• **L'admission.** Les enfants dont l'état de santé et de maturation physiologique constaté par le médecin de famille est compatible avec la vie collective en milieu scolaire peuvent être admis dans une école maternelle. L'accueil de l'enfant peut se faire à partir de l'âge de 2 ans jusqu'à 6 ans, âge de la scolarité obligatoire.

• **La fréquentation et les obligations scolaires.** L'inscription à l'école maternelle implique l'engagement, pour la famille, d'une fréquentation régulière souhaitable pour le développement de la personnalité de l'enfant, le préparant ainsi à recevoir la formation donnée par l'école élémentaire.

• **Les horaires et les aménagements du temps scolaire.** La journée scolaire ne peut dépasser six heures.

• **Les pouvoirs du maire.** Le maire peut modifier les heures d'entrée et de sortie fixées par l'inspecteur d'académie pour prendre en compte des circonstances locales.

B La discipline

• **Les dispositions de vie scolaire.** Le maître s'interdit tout comportement, geste ou parole qui traduiraient indifférence ou mépris à l'égard de l'élève ou de sa famille, ou qui seraient susceptibles de blesser la sensibilité des enfants. De même les élèves, comme leur famille, doivent s'interdire tout comportement, geste ou parole qui porteraient atteinte à la fonction ou à la personne du maître et au respect dû à leurs camarades ou aux familles de ceux-ci.

• **Les récompenses et les sanctions.** Le règlement départemental peut prévoir des mesures d'encouragement au travail et des récompenses.

C L'hygiène et la sécurité

• **Les dispositions en matière d'hygiène et de sécurité.** À l'école maternelle, le nettoyage des locaux est quotidien et l'aération suffisante pour les maintenir en état de salubrité. Les enfants sont, en outre, encouragés par leur maître à la pratique quotidienne de l'ordre et de l'hygiène. Dans les classes et sections maternelles, l'ATSEM notamment chargé de l'assistance au personnel enseignant pour les soins corporels à donner aux enfants. Des exercices de sécurité ont lieu suivant la réglementation en vigueur.

> **L'info en +**
>
> L'application du **plan vigipirate** interdit l'attroupement devant les établissements, autorise le contrôle d'identité des personnes extérieures à l'entrée des écoles, ainsi que la fouille des sacs. Les écoles doivent organiser 3 exercices de sécurité dans l'année dont un exercice attentat-intrusion.
>
> Le personnel doit être formé aux gestes de premiers secours.

• **La surveillance des enfants.** La surveillance de l'accueil et de la sortie des classes, ainsi que pendant les récréations, est répartie entre les maîtres et décidée au cours du conseil des maîtres. Les enfants sont rendus à leur famille, à l'issue des classes du matin et de l'après-midi, sauf s'ils sont pris en charge, par un service de garde, de restauration ou de transport. Les modalités pratiques d'accueil et de remise aux parents sont prévues par le règlement de l'école.

D La participation de personnes étrangères à l'enseignement

La concertation entre les familles et les enseignants. Le conseil d'école exerce les fonctions prévues par le décret n° 90-788 du 6 septembre 1990. Le règlement de l'école peut fixer des mesures propres à favoriser la liaison entre les parents et les enseignants.

2 Les établissements et services d'accueil des enfants de moins de 6 ans

Le décret n° 2010-613 du 7 juin 2010 régit le fonctionnement des établissements et services d'accueil des enfants de moins de 6 ans (crèches, haltes-garderies, jardins d'enfants, services d'accueil familial…).

A Leurs missions

- Il précise dans son article R. 2324-16 du Code de la santé publique : « Les établissements et les services d'accueil non permanent d'enfants veillent à la santé, à la sécurité, au bien-être et au développement des enfants qui leur sont confiés. Dans le respect de l'autorité parentale, ils contribuent à leur éducation. Ils concourent à l'intégration des enfants présentant un handicap ou atteints d'une maladie chronique qu'ils accueillent. Ils apportent leur aide aux parents pour favoriser la conciliation de leur vie professionnelle et de leur vie familiale. »

- L'ensemble de ces établissements et services peuvent organiser l'accueil des enfants de façon uniquement occasionnelle ou saisonnière en application de l'article R2324-46-1 du Code de la santé publique.

- Un même établissement ou service dit « multi-accueil » peut associer l'accueil collectif et l'accueil familial ou l'accueil régulier et l'accueil occasionnel.

B Les structures multi-accueil de 20 places et plus

- **L'encadrement :** dans les crèches et haltes-garderies, le taux d'encadrement est **1 adulte pour 5 enfants qui ne marchent pas, et 1 adulte pour 8 enfants qui marchent.**

- **La qualification des personnels :** puéricultrices, éducateurs de jeunes enfants (EJE), auxiliaires de puériculture, infirmiers et psychomotriciens doivent constituer **40 % des effectifs.**

C Les micro-crèches

La qualification des personnels : dans les micro-crèches, **40 % de professionnels diplômés** (puéricultrices, EJE, auxiliaires…) « peuvent être remplacés » par des personnes qui justifient d'une certification au moins de niveau V attestant de compétences dans le champ de l'accueil des jeunes enfants et de deux années d'expérience professionnelle, ou d'une expérience professionnelle de trois ans comme assistant maternel agréé.

> **Définition**
>
> **Micro-crèche :** établissement d'accueil collectif dont la capacité est limitée à 10 places.

D Les jardins d'éveil

Le jardin d'éveil accueille simultanément **entre 12 et 24 enfants de 2 ans ou plus.**

- **L'encadrement :** le jardin d'éveil doit assurer la présence d'**1 professionnel pour 12 enfants.**

- **La qualification des personnels :** au moins la moitié du personnel chargé de l'encadrement des enfants détient l'un des diplômes suivants : puéricultrice, éducateur de jeunes enfants, auxiliaire de puériculture, infirmier ou psychomotricien.

Fiche 8 Les différents projets

Recueillir les informations, s'informer

1 Le projet d'établissement

A Le projet d'établissement d'une école primaire ou projet d'école

Le projet d'école définit les modalités particulières de mise en œuvre des objectifs et des programmes nationaux et précise les activités scolaires et périscolaires qui y concourent. Il précise les voies et moyens qui sont mis en œuvre pour assurer la réussite de tous les élèves et pour associer les parents à cette fin. Il détermine également les modalités d'évaluation des résultats atteints. (Loi d'orientation et de programme pour l'avenir de l'école du 23 avril 2005 (art. 34), Code de l'éducation (art. L 401-1)).

Il comprend 4 axes :
① **L'amélioration des résultats des élèves** au regard des compétences du socle commun en tenant compte de la progressivité des apprentissages.
② **L'éducation culturelle et artistique, sportive et humaniste** qui contribue à l'égalité de tous les élèves.
③ **Les réponses à la difficulté scolaire et aux besoins particuliers** en termes de prévention et de remédiation afin de réduire les inégalités.
④ **La vie scolaire** qui fait de la question éducative une préoccupation concertée de tous, y compris des partenaires de l'école (parents, mairies, associations).

Exemple

Le projet d'école de « l'école primaire de Rustrel » dans le Lubéron

Il contribue à atteindre des objectifs éducatifs et pédagogiques. Il permet d'impliquer tous les acteurs de la communauté éducative qui se mobilisent pour faire réussir tous les élèves.
Choix des axes prioritaires de l'école :
– améliorer les compétences de base du socle commun (maîtrise de la langue et mathématiques) car les outils de la langue (grammaire, conjugaison, orthographe) ne sont pas au même niveau de réussite que la lecture, l'écriture, le vocabulaire ;
– reconduire les actions pluridisciplinaires qui motivent les élèves : activités aquatiques, journal scolaire, correspondance, activités artistiques ;
– développer la culture scientifique :
  • dans le domaine des TICE ;
  • en liaison avec le Laboratoire Souterrain à Bas Bruit de Rustrel (LSBB) ;
  • en collaboration avec le Parc Naturel Régional du Luberon ;
– développer la culture humaniste et artistique à travers le patrimoine.

B Le projet d'établissement d'un établissement ou service social ou médico-social

• **Il définit des objectifs**, notamment en matière de **coordination**, de **coopération** et d'évaluation des activités et de la **qualité des prestations**, ainsi que des modalités d'**organisation** et de **fonctionnement** de l'établissement. Ce projet est établi pour une durée maximale de **5 ans** (Loi n° 2002-2 du 2 janvier 2002 rénovant l'action sociale et médico-sociale).

• Le projet d'établissement ou de service est un **outil dynamique qui associe les parties prenantes** à sa mise en œuvre. Il est produit et diffusé, c'est un document de référence pour les équipes et l'ensemble des destinataires. C'est un document évolutif qui est suivi et révisé régulièrement.

Exemple

Le projet d'établissement de la crèche « Petit Tom »

Le projet de cette structure est le résultat de la réflexion de son équipe sur le sens de la pratique professionnelle au quotidien. Pour le professionnel, c'est un support de travail qui évolue. Pour les parents, c'est un outil qui permet de mieux connaître les conditions d'accueil de leur enfant.
Le projet d'établissement de cette structure privilégie la réflexion sur l'enfant et sa prise en charge au quotidien :
– respect de son rythme ;
– prise en compte de l'individualité au sein du groupe ;
– encouragement de chacun ;
– accompagnement des enfants vers l'autonomie.

2 Le projet éducatif

Le projet éducatif exprime les valeurs éducatives que les professionnels souhaitent promouvoir à travers les relations et les activités avec les enfants accueillis dans la structure (crèche, halte-garderie, jardins d'enfants, centre de loisirs…) afin de leur permettre de se sentir en sécurité, de vivre des expériences, de construire leur individualité, d'avancer vers l'autonomie, d'éveiller leur intelligence, de développer leur personnalité et leur créativité, d'établir des relations avec les autres, adultes et enfants, de vivre au sein d'un groupe.

Exemple

Le projet éducatif du jardin d'enfants « l'Arc en ciel » à Saint Gildas de Rhuys

Le projet éducatif comporte quatre objectifs fondamentaux :

objectif 1 Permettre à chaque enfant de s'épanouir pleinement en respectant son rythme et en lui apportant la sécurité affective nécessaire à son développement.

objectif 2 Apporter du lien entre la vie de famille et la vie dans la collectivité.

objectif 3 Accompagner l'enfant vers l'autonomie.

objectif 4 Apprendre à vivre ensemble.

Pour atteindre ses objectifs, la pratique éducative du jardin d'enfants s'articule autour des principes pédagogiques suivants :
– adaptation et accueil personnalisé de l'enfant et de ses parents ;
– satisfaction des besoins fondamentaux de l'enfant tout en respectant le rythme de vie et l'autonomie de chacun : repas, sommeil, jeu, propreté, communication, motricité…
– pratique d'activités d'éveil et de découverte pour le développement moteur, psychologique, affectif ainsi que l'éveil des sens ;
– apprentissage de la vie en collectivité et respect des uns envers les autres ; intégration au sein de la structure d'enfants porteurs d'un handicap ou d'une maladie chronique ;
– respect du choix de l'enfant ;
– rôle et place du professionnel ;
– ouverture de la structure vers l'extérieur.

Fiche 9 La législation en faveur des personnes handicapées

Recueillir les informations, s'informer

1 La loi du 11 février 2005

La loi du 11 février 2005 **pour l'égalité des chances, la participation et la citoyenneté des personnes handicapées** apporte des avancées fondamentales pour répondre aux besoins et aux attentes des personnes en situation de handicap. Elle réaffirme le principe d'égalité de traitement, de droit à l'intégration et à la solidarité nationale.

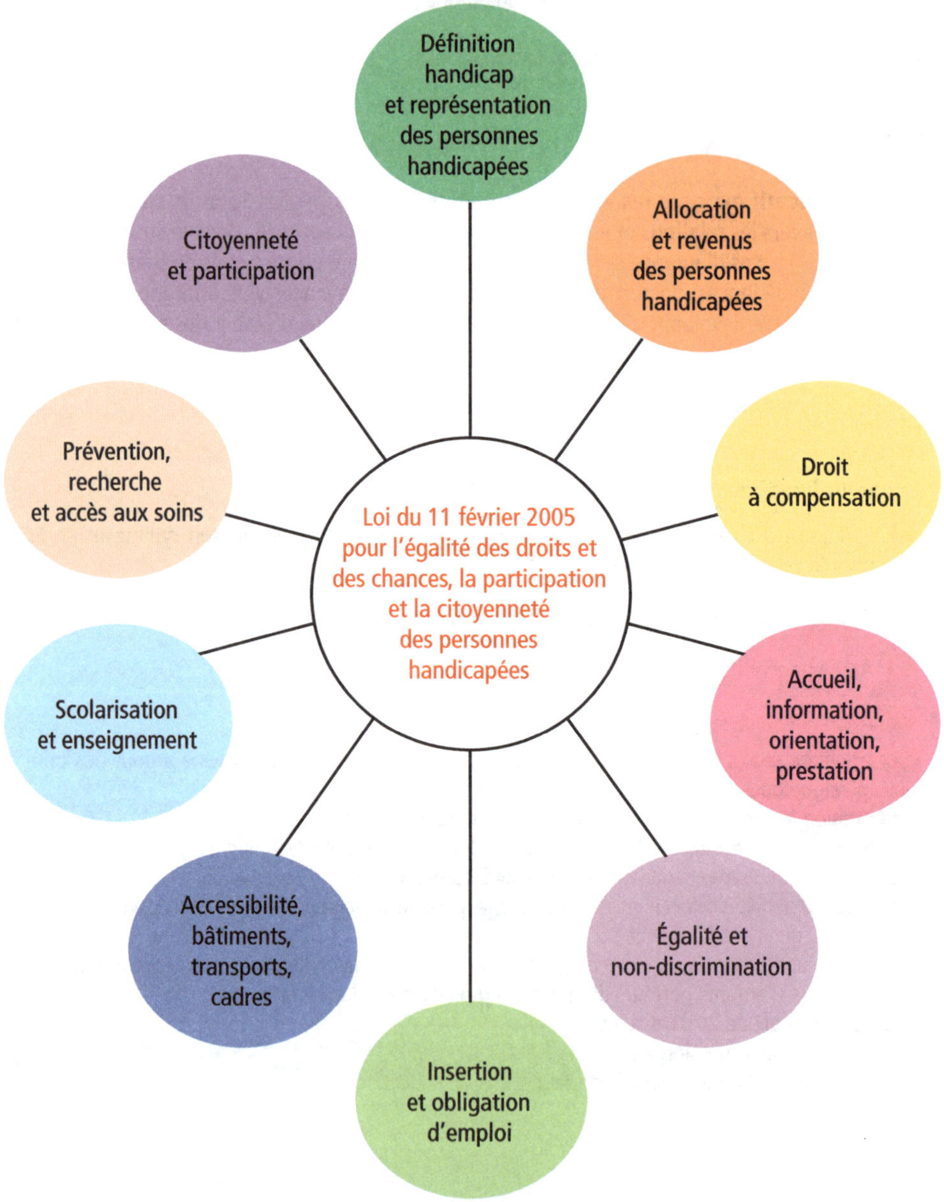

2 Ce que dit la loi

A Le droit à compensation

La loi handicap met en œuvre le **principe du droit à compensation du handicap**, en établissement comme à domicile. La prestation de compensation couvre les besoins en aide humaine, technique ou animalière, l'aménagement du logement ou du véhicule, en fonction du projet de vie formulé par la personne handicapée.

B La scolarisation

Elle reconnaît à **tout enfant porteur de handicap le droit d'être inscrit en milieu ordinaire**, dans l'école la plus proche de son domicile. Elle prévoit les aménagements nécessaires à une égalité des chances dans le passage des examens, épreuves et contrôles (tiers temps, matériel…).

C L'accessibilité, la citoyenneté et la participation à la vie sociale

Elle définit les moyens de la participation des personnes handicapées à la vie de la cité. Elle crée l'**obligation de mise en accessibilité des bâtiments et des transports** dans un délai maximum de 10 ans. La loi prévoit l'adaptation des programmes télévisuels à la langue des signes et son utilisation à l'école.

Sigles

ERP : établissement recevant du public.
IOP : installations ouvertes au public.
Ce sont des aménagements ou équipements auxquels les personnes ont accès et qui ne requièrent pas d'aptitudes physiques particulières. Les espaces desservant des ERP, les jardins publics, les tribunes et gradins en plein air, les parkings des centres commerciaux sont des IOP, qui sont soumises à la même réglementation d'accessibilité que les ERP.

Fiche 10

L'inclusion et la prise en charge de l'enfant en situation de handicap

Recueillir les informations, s'informer

1 La notion d'inclusion

- L'origine du terme d'**inclusion** souligne la **volonté de scolariser les enfants présentant une déficience ou un trouble d'apprentissage en milieu ordinaire**. Depuis 2006, le nombre d'élèves en situation de handicap scolarisés a plus que doublé avec 278 978 élèves à la rentrée 2015. Le rôle des enseignants est principalement de mettre en place un accompagnement personnalisé en évaluant les besoins de l'élève et en y répondant au mieux. Ce n'est plus à l'enfant de faire ses preuves, mais c'est à l'établissement de s'adapter.
- Les **unités localisées pour l'inclusion scolaire (ULIS)** ont remplacé les UPI (unités pédagogiques d'intégration) depuis 2010. Elles permettent l'accueil dans un collège, un lycée général et technologique, ou un lycée professionnel d'un petit groupe d'élèves présentant le même type de handicap.

À retenir

La loi du 11 février 2005 pour l'égalité des droits et des chances, la participation de la citoyenneté des personnes handicapées et la loi d'orientation et de programmation pour la refondation de l'École de la République du 8 juillet 2013 a permis des avancées majeures dans la politique de scolarisation des élèves en situation de handicap. **Le droit à l'éducation pour tous les enfants, quel que soit leur handicap, est devenu un droit fondamental.** Ainsi, le service public reconnait que tous les enfants partagent la capacité d'apprendre et de progresser.

2 Les différents dispositifs d'inclusion scolaire

Ces dispositifs (PPS, PAI, PPRE, PAP) renforcent le suivi de la **prise en charge** et la **coopération avec les familles** pour **favoriser l'inclusion scolaire des élèves en situation de handicap.**

Projet d'accueil individualisé (PAI)

Qui solliciter ?
Le médecin scolaire ou le chef d'établissement ou le directeur de l'école
Pour qui ?
Pathologies chroniques, intolérances alimentaires, allergies

Projet personnalisé de scolarisation (PPS)

Qui solliciter ?
La famille saisit la MDPH (maison départementale des personnes handicapées) avec l'aide éventuelle de l'enseignant référent
Pour qui ?
Situation de handicap

Programme personnalisé de réussite éducative (PPRE)

Qui solliciter ?
Le chef d'établissement ou le directeur de l'école
Pour qui ?
Maîtrise insuffisante de certaines connaissances et compétences

Plan d'accompagnement personnalisé (PAP)

Qui solliciter ?
Sur proposition du conseil des maîtres ou du conseil de classe ou à la demande de la famille
Pour qui ?
Trouble des apprentissages

3 Les acteurs participant à la prise en charge de l'enfant en situation de handicap

A L'enseignant référent

• **Sa mission**

• **Favoriser la continuité et la cohérence de la mise en œuvre du projet personnalisé de scolarisation (PPS) de l'élève.**

• Il est **présent tout au long de la scolarité de l'élève en situation de handicap.** Il est l'intermédiaire entre les différents acteurs intervenant dans le parcours scolaire (enseignant, médecin scolaire, MDPH…) et la famille.

À retenir

L'enseignant référent est un **enseignant de l'Éducation nationale** qui maîtrise les problèmes soulevés par le handicap et connaît parfaitement le milieu scolaire et ses exigences.

• Il est **chargé de réunir et d'animer l'équipe de suivi de scolarisation (ESS)** pour chacun des élèves dont il suit le parcours, au sein du département auquel il est affecté.

• **Ses rôles**

• L'enseignant référent a également un rôle :
– **d'information** des élèves et des familles ;
– **de relais :** transmission des bilans réalisés par l'équipe de suivi de la scolarisation à l'élève majeur ou à la famille de l'élève mineur, ainsi qu'à l'équipe pluridisciplinaire ;
– **d'évaluation :** il contribue à l'appréciation de la mise en œuvre du PPS conduite par cette même équipe pluridisciplinaire ainsi qu'à sa réélaboration.

B L'équipe de suivi de la scolarisation

• **Constitution de l'équipe.** L'équipe est formée :
– des parents de l'élève ;
– du ou des enseignants qui ont en charge l'enfant ou l'adolescent ;
– de psychologues, de conseillers d'orientation, de médecins scolaires, d'éducateurs spécialisés, d'assistantes sociales… intervenant dans l'établissement concerné.

À retenir

L'équipe de suivi de la scolarisation est réunie par l'enseignant référent autour du PPS de chaque élève, en fonction de ses besoins particuliers.

• **Ses actions.** Elle associe à son action l'élève en situation de handicap, ses parents ou son représentant légal et son enseignant référent. Elle doit se réunir au moins une fois par an pour faire le point sur le parcours de chaque élève et évaluer la mise en œuvre du PPS. En fonction de l'évaluation, l'**équipe propose des aménagements** (auxiliaire de vie scolaire, matériels pédagogiques adaptés, aménagements des conditions de passation des épreuves des examens et concours…) pour garantir la continuité du parcours de formation de l'élève.

C L'accompagnant des élèves en situation de handicap (AESH)

• Il intervient pour permettre à l'élève d'accomplir des gestes que l'élève ne peut faire seul, travaille en collaboration avec l'enseignant, facilite le contact avec ses camarades de classe, et veille à l'encourager dans ses progrès en autonomie au quotidien.

• La MDPH notifie et accorde cette aide humaine auprès des enfants qui en ont besoin. Elle précise les conditions d'emploi, et notamment le temps de l'accompagnement.

À retenir

L'AESH a pour mission un **accompagnement à l'inclusion scolaire de l'élève en situation de handicap.**

Fiche 11 Les enjeux et les acteurs de la prévention

Recueillir les informations, s'informe

1 Les enjeux de la prévention du handicap

A Des enjeux individuels et collectifs

Définition

Prévention : ensemble des actions qui tendent à promouvoir à la santé individuelle et collective, (OMS : Organisation mondiale de la santé).

• La santé est essentielle au bien-être des individus ainsi qu'à leur intégration sociale.

• **Les enjeux de la prévention des handicaps** sont multiples et se situent aux **niveaux individuel** (éviter les conséquences sur la vie quotidienne : marcher, communiquer, assurer ses besoins…) et **collectif** (coût des soins de santé, hospitaliers, services de secours, allocations et établissements spécialisés…).

• **Les 3 niveaux de prévention**
- **La prévention primaire : éviter** l'apparition de handicaps ou de maladies invalidantes.
- **La prévention secondaire : dépister** le handicap ou les maladies invalidantes.
- **La prévention tertiaire : éviter la rechute ou l'aggravation** de handicaps ou de maladies invalidantes.

B Les moyens de prévention des handicaps congénitaux

Définition

Handicaps congénitaux : handicaps dus à des maladies ou accidents survenus pendant la grossesse ou l'accouchement (maladie génétique, anomalie chromosomique, malformation, maladie infectieuse, accouchement difficile). Exemples : infirme-moteur-cérébral, pied bot, surdité…

• **Avant la grossesse :** consultation du conseil génétique s'il y des antécédents familiaux de maladies génétiques, vaccination de la femme enceinte (rubéole, hépatite B).

• **Pendant la grossesse :** bonne hygiène de vie, congé maternité, examens médicaux obligatoires, diagnostic prénatal (amniocentèse, échographie...).

• **À la naissance :** surveillance de l'accouchement, personnel compétent, équipements adaptés notamment pour les enfants prématurés.

• **Après la naissance :** dépistage précoce : examens et tests réalisés à la maternité (test de Guthrie, dépistage de la surdité…).

C Les moyens de prévention des handicaps acquis

• **Les causes.** Les handicaps sont causés par des séquelles d'accidents ou de maladies ayant atteint l'organisme au cours de la vie (accident de la circulation, de la vie courante, du travail, des maladies invalidantes, vieillissement…).

• **Les moyens de les prévenir**

– **une bonne hygiène de vie** : manger équilibré, pratiquer une activité sportive, ne pas fumer…
– **une surveillance médicale** : examens médicaux chez l'enfant, bilans de santé, vaccinations…
– **une connaissance des consignes de sécurité** : prévention des accidents du travail, de loisirs, domestiques, de la route…
– **une intervention rapide des secours** : SAMU, SMUR, pompiers…
– **la mise en place d'un traitement rapide** : médicamentation, chirurgie, rééducation…

2 Les acteurs de la prévention

A L'État et les collectivités

• Les campagnes nationales de prévention et Santé publique France

Les campagnes de prévention, mises en place par l'État, visent à toucher l'ensemble de la population grâce à des outils de communication de masse comme les spots publicitaires ou les affiches de rue. Mais cette communication n'est pas suffisante, ces actions de prévention doivent être complétés par d'autres mesures et actions plus individuelles.

Créée par la loi du 4 mars 2002, l'**Institut national de prévention et d'éducation pour la santé (INPES)**, devenu depuis 2016 Santé publique France, est un établissement public administratif affilié au ministère de la Santé. Il a pour rôle d'appliquer les politiques de santé publique de l'État.

Ses missions sont :
- constituer des programmes de santé publique ;
- préparer des études et recommandations afin de prévenir les maladies et accidents et de renforcer la santé ;
- encourager l'éducation pour la santé dans tout le pays ;
- assister les agences sanitaires dans leur réponse aux situations urgentes touchant une large population ;
- élaborer des programmes de formation à l'éducation à la santé.

• La protection maternelle et infantile (PMI)

Voir Fiche 2

Créée par l'ordonnance du 8 mai 1945, la PMI est un service du département (conseil général) qui met en œuvre des mesures visant à protéger et à promouvoir **la santé de la future mère, de la mère et de l'enfant de moins de 6 ans.**

B Les Centres d'Action Médico-Sociale Précoce (CAMPS)

Les CAMPS sont des établissements médico-sociaux publics ou privés chargés de la prise en charge précoce des problématiques de handicap chez les enfants âgés de 0 à 6 ans. Il s'agit d'enfants présentant ou susceptibles de présenter un retard psychomoteur, des troubles sensoriels, neuro-moteurs ou intellectuels, des difficultés relationnelles.

Fiche 12 — Le développement global, interactif et dynamique de l'enfant

Recueillir les informations, s'inform

1 Les composantes du développement

• En 2008, des chercheurs, Accardo et Capute, ont regroupé les **fonctions cérébrales** en trois principales composantes : **motrice**, **cognitive** et **langagière**.

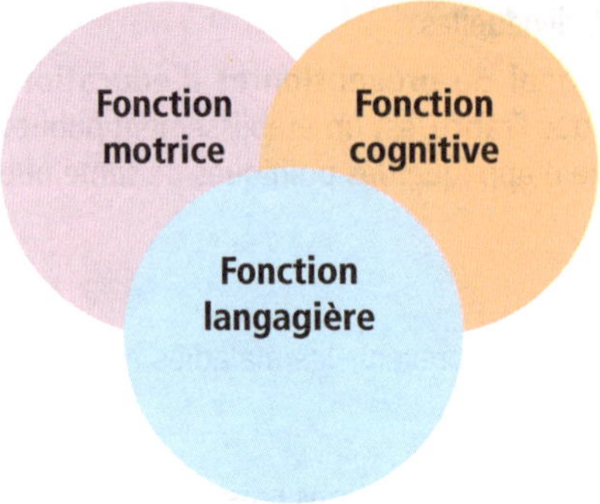

Les trois principales sphères du développement selon Accardo et Capute (2008)

Définitions

Fonction motrice : capacité à mettre en mouvement une partie du corps tout en contrôlant et régulant ce mouvement.
Fonction cognitive : processus mental qui se rapporte à la connaissance (mémoire, apprentissages, raisonnement).
Fonction langagière : capacité à comprendre le langage parlé et écrit et capacité à écrire et parler.

• Voigt, un autre chercheur, a proposé en 2011 trois autres composantes : **motrice**, **socio-comportementale** et **cognitive**.

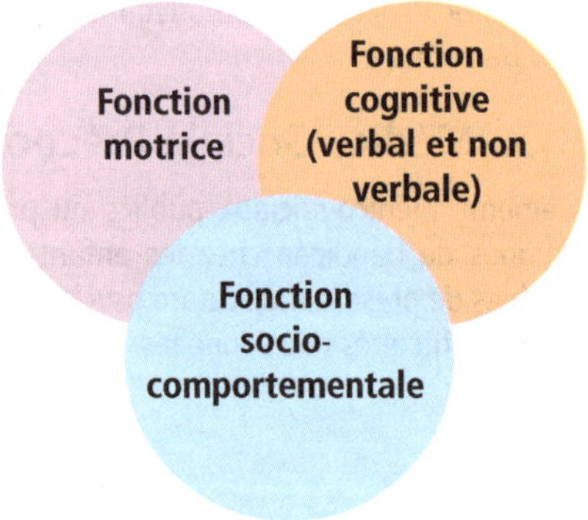

Les trois principales sphères du développement selon Voigt (2011)

• Enfin, l'OMS (Organisation mondiale de la santé) a décrit trois grands aspects du développement : **physique**, **social-émotionnel** et **langage-cognitif** qui sont inter-reliés. Ces travaux de recherche nous montrent ainsi que l'enfant se développe dans plusieurs dimensions interdépendantes : physique et motrice, affective et émotionnelle, sociale, cognitive et langagière.

Les dimensions du développement de l'enfant

• Les activités proposées par les professionnels de la petite enfance doivent donc prendre en compte ces différentes sphères et les solliciter de multiples façons.

2 La dimension physique et motrice

Cette dimension fait référence aux **besoins physiologiques, physiques, sensoriels et moteurs** de l'enfant. Elle comprend :
– la croissance staturo-pondérale de l'enfant ;
– son développement sensoriel ;
– le développement de ses habiletés motrices (agilité, endurance, équilibre, latéralisation, etc.) comprenant :
- la motricité globale (marcher, courir, etc.) ;
- la motricité fine (tenir un stylo, enfiler des perles, etc.).

3 La dimension affective, émotionnelle et sociale

• **Le développement affectif** permet à l'enfant de comprendre et d'exprimer les émotions qu'il ressent à mesure qu'il grandit. L'enfant développe des liens affectifs grâce à son vécu et ses expériences de vie.

• **La satisfaction des besoins affectifs de l'enfant** est tout aussi importante que celle de ses besoins physiques.

Définition

Développement social : capacité à construire des relations harmonieuses et positives avec les autres.

• **Dans la théorie de l'attachement** développée par J. Bowlby, « la propension à établir des liens forts avec des personnes particulières existe dès la naissance et se maintient tout au long de la vie ». **Le besoin d'attachement est un besoin primaire, inné chez l'homme.**

4 La dimension cognitive et langagière

• **Le développement cognitif** est l'évolution des grandes fonctions comme l'intelligence, la mémoire, le langage, la numération, etc. C'est une évolution croissante, selon un rythme propre à chaque individu, qui est influencée par la culture, la stimulation, les connaissances et l'expérience acquises lors des activités. Ceci permet à l'enfant de s'adapter à son environnement et au monde qui l'entoure.

Voir Fiche 65

• **Le développement du langage** est renforcé par les interactions avec d'autres individus (enfants, adultes).

Fiche 13

Le développement physique et moteur

1 Le développement somatique

• On note l'évolution du poids et de la taille de l'enfant sur des courbes staturo-pondérales de référence inscrites dans le carnet de santé.

Évolution du poids et de la taille de 0 à 3 ans	Poids (en kg)	Taille (en cm)
Naissance	• 3-3,5	• 48-50
12 mois = 1 an	• 9-10	• 72-75
24 mois = 2 ans	• 11-12	• 84-86
36 mois = 3 ans	• 13-14	• 92-94

Définition

Développement somatique : croissance staturo-pondérale de l'enfant, c'est-à-dire, croissance staturale (évolution de la taille) et pondérale (évolution du poids).

• **Les indicateurs de croissance** de référence sont :
– la taille ;
– le poids ;
– l'indice de masse corporelle (IMC)* ;
– le périmètre crânien ;
– la dentition ;
– les points d'ossification et le cartilage de conjugaison.

*IMC = P/t^2 où P (poids) est en Kg et t (taille) en mètre.

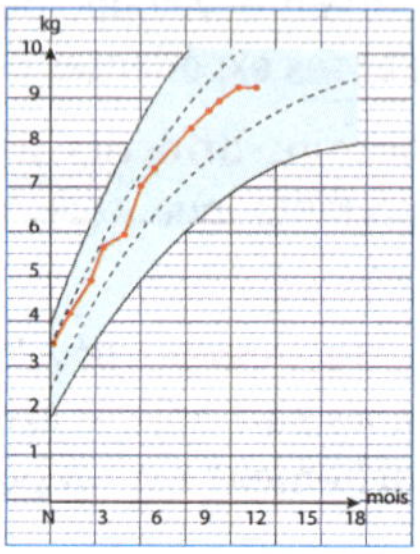

Courbe de poids

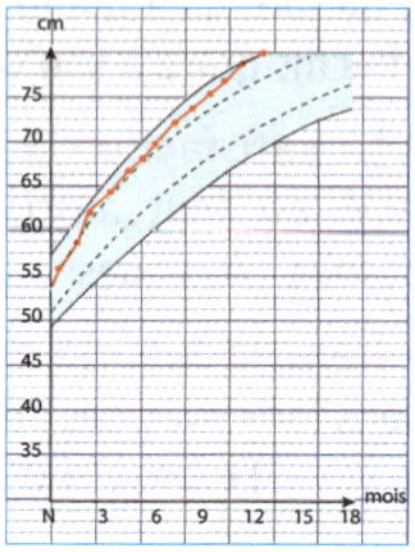

Courbe de taille

2 L'évolution des possibilités posturales et motrices de l'enfant

À la naissance. Le nouveau-né est incapable de tenir **sa tête et son tronc** car les muscles correspondants ne sont pas assez développés, ils sont immatures, on dit qu'ils **sont hypotoniques**. En revanche, **ses membres sont hypertoniques**, il les bouge de manière très rapide et incontrôlée.

Vers 3 mois. Les muscles de son cou et de son tronc se sont développés et lui permettent de tenir progressivement sa tête.

À 5-7 mois. Retournement du dos sur le ventre.

À 7-8 mois. Il tient assis sans appui sur les mains.

À 9-10 mois. L'enfant rampe en « phoque » (traction par les membres supérieurs).

À 10-11 mois. Il se déplace à quatre pattes.

À 11-12 mois. Il tient debout, d'abord en se tenant. Il se déplace en étant tenu par les mains de l'adulte ou le long d'un appui.

À 13-15 mois. Il marche seul.

À 18 mois. Il utilise les escaliers en se tenant à la rampe.

À 24 mois. Il court et tape dans un ballon.

À 36 mois. Il fait du tricycle.

3 La préhension

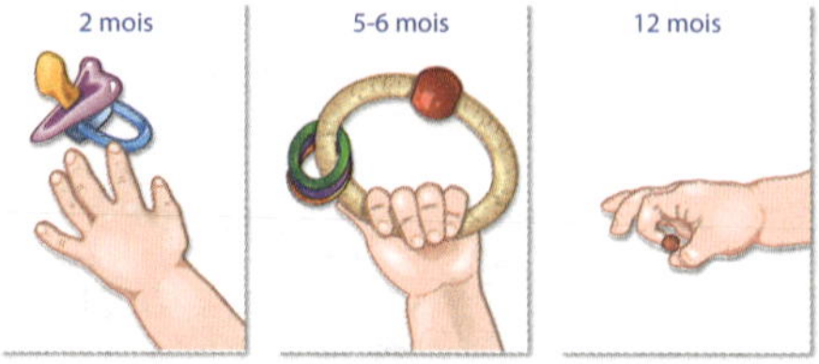

Le **pouce** est le doigt de la main qui permet la **préhension fine** : il est opposé aux autres doigts, ce qui transforme la main en pince.

Définition

Préhension : action de saisir, de prendre des objets avec la main.

Tranche d'âge	Nom du stade	Description
Naissance-3 mois	• Agrippement, préhension au contact	• Mains fermées au contact de l'objet
4-6 mois	• Préhension palmaire	• Objet attrapé volontairement avec la paume
7-8 mois	• Préhension en pince inférieure	• Objet saisi entre le pouce et l'auriculaire
	• Relâchement volontaire	• Objet jeté volontairement
9-12 mois	• Préhension en pince supérieure	• Objet saisi entre pouce et index
15-18 mois	• Pince bi-digitale par opposition, préhension fine et relâchement fin	• Pulpes de l'index et du pouce s'opposent face à face
Dès 2-3 ans	• Développement de la préhension fine	• Tient bien une cuillère, développement du graphisme, de l'habillage…

4 Le développement sensoriel

Le **goût**, l'**odorat** et le **toucher** sont développés **dès la naissance.** Les deux autres sens, la **vue** et l'**ouïe, se développent progressivement.**

À la naissance. Le nouveau-né ne voit que les visages ou objets proches (34-40 cm), son champ visuel est limité. **Vers 1 mois,** il reconnaît la voix de sa mère.

À 3 mois. L'enfant réagit aux bruits, à la voix, à la musique, à la lumière vive, suit des yeux un objet proche (**poursuite oculaire**). Il voit de 30 centimètres à 1 mètre environ.

Vers 4 mois. Il perçoit les **couleurs** comme l'adulte.

À 6 mois. Il se retourne vers un bruit produit hors de sa vue, identifie les voix des personnes, il reconnaît un objet, une personne à distance et les suit du regard.

À 12 mois. Il reconnaît une mélodie, retrouve un objet caché devant lui.

À 18 mois. Il reconnaît tous les bruits familiers, les images, la vision en relief est complète.

5 L'acquisition du schéma corporel

• **Le schéma corporel n'est pas inné,** il se construit au cours du développement sensori-moteur, grâce aux expériences vécues.

> **Définition**
>
> **Schéma corporel :** représentation que chaque individu se fait de son corps, connaissance qu'on a de soi.

• L'acquisition du schéma corporel se fait en plusieurs étapes :

Le nouveau-né. Il n'a **pas de représentation de son corps,** l'image de celui-ci se confond avec le corps de sa mère, c'est le « **corps subi** ».

Entre 2 et 6 mois. L'enfant **prend conscience de son corps** en jouant avec ses pieds, ses mains, il ne se reconnaît pas dans le miroir. Cette phase est le « **corps vécu** » et va durer **jusqu'à 3 ans.**

Vers 7-8 mois. Il **reconnaît l'image de ses parents dans le miroir.**

Entre 1 et 2 ans. L'acquisition de la marche fait évoluer la perception de son corps, il **se reconnaît dans le miroir.**

Entre 2 et 4 ans. Il **découvre son sexe et la différence des sexes.** Il nomme et localise les différentes parties de son corps, c'est le « **corps perçu** », il **prend conscience de son propre corps.**

• La conscience de la globalité du corps n'est pleinement atteinte qu'après 6 ans, étape du « **corps connu** » et l'**acquisition du schéma corporel** se situe **vers 11 ans.**

Fiche 14 Le développement cognitif

Recueillir les informations, s'informe

La **cognition**, ou activité mentale, intellectuelle, comprend l'**acquisition** (apprentissage, attention, perception), le **stockage** (mémorisation), la **transformation** (d'après les images mentales ou représentations), et l'**utilisation des connaissances** (restitution, raisonnement, etc.).

1 Le développement intellectuel

Le développement intellectuel est progressif et comprend différents stades selon Piaget :

De 0 à 18 mois, l'intelligence sensori-motrice : l'enfant fait des **actions réflexes** issues des réflexes archaïques (marche automatique, succion, agrippement, etc.) présents à la naissance, **puis** il fait des **découvertes par hasard** qu'il aime reproduire. Il fait des actions intentionnelles en laissant tomber un jouet afin qu'on le ramasse.

Définition

Cognitif : « qualifie les processus par lesquels un organisme acquiert des informations sur l'environnement et les élabore pour régler son comportement : perception, formation de concepts, raisonnement, langage, décision, pensée, etc. » (H. Piéron, 1987).

De 18 mois à 3 ans, l'intelligence symbolique : **il réfléchit avant d'agir**, il **imite** les adultes avec des jeux symboliques où il rejoue ce qu'il a pu observer. Il sait qu'un objet caché hors de sa vue n'a pas disparu et peut le retrouver, c'est le **stade de permanence ou de persistance de l'objet**.

De 3 à 6 ans, la pensée prélogique : il est curieux de tout, pose des questions (c'est la **période des « pourquoi ? »**), acquiert les **repères de temps et d'espace**. Il invente des histoires, il peut avoir un copain imaginaire (**fabulation**).

De 2 à 6-7 ans, on parle de pensée pré-opérationnelle : il peut se représenter des objets non visibles, des actions passées ou futures.

De 7 à 12 ans, la pensée concrète puis la pensée logique : le **raisonnement logique** apparaît, il aime les histoires d'aventures et **distingue le réel de l'imaginaire**. Il est capable de mémoriser de longs textes, sa **capacité d'attention** augmente, il **accède à l'abstraction**.

2 L'acquisition de la notion de temps et d'espace

- **L'enfant développe principalement la notion de temps grâce aux rythmes de la vie quotidienne**. Les heures de repas, de sieste et du coucher donnent des repères. Les rituels à l'école et les activités apprennent à l'enfant à se repérer dans le temps.

Exemple

Se repérer dans la semaine

On cite quotidiennement le jour de la semaine, on réalise un planning où les jours d'école sont représentés par une image (ex. : cartable) ou une couleur (ex. : vert) et les jours de repos par d'autres images ou couleurs (ex. : maison, rouge).

- **Ce n'est que vers 4-5 ans que l'enfant comprend la notion de temps.**
- **L'enfant acquiert la notion d'espace à partir de 2 ans** – avant celle du temps – grâce à différentes activités. Par exemple, les **parcours de motricité** effectués en école maternelle aident les enfants à se repérer dans l'espace car ils leur apprennent à se situer, s'orienter, se déplacer en utilisant des adverbes de lieu.
- De la même façon, les activités confiées en classe (« aller chercher les crayons sur l'étagère, à côté du dictionnaire ») participent à l'acquisition de la notion d'espace.
- **Vers 4 ans la latéralisation apparaît.**

3 Le développement du graphisme

- **L'expression graphique évolue chez l'enfant** avec l'évolution de la préhension et avec la représentation qu'il a de son corps (acquisition du schéma corporel). **Il existe 3 phases.**

• Phase 1 : le réalisme fortuit de 2 à 3 ans

Vers **15 mois**, l'enfant fait des **gribouillages**.
Vers **18 mois**, il fait des **boucles** car son poignet est plus souple.
Vers **2 ans**, il **maîtrise mieux son mouvement.**

• Phase 2 : le réalisme manqué puis intellectuel, de 3 à 5 ans

Vers **3 ans**, il veut représenter des personnes, c'est l'âge du **bonhomme têtard** composé d'**1 cercle et 2 jambes.**
Vers **4 ans**, le dessin se précise avec l'apparition des éléments du corps (buste, bras, jambes), des **formes géométriques** (rectangle, carré, triangle, permettant de dessiner une maison), l'enfant s'exerce à imiter l'écriture des adultes.

• Phase 3 : le réalisme visuel de 5 à 6 ans

Vers **5 ans**, il **essaie de reproduire la réalité** dans son dessin, ce qu'il voit ; il dessine les **cheveux**, les **détails du visage**, les **vêtements**, etc.
Vers **6 ans**, il sait lire et écrire.

4 Le développement du langage

Voir Fiche 63

Le développement du langage dépend à la fois de **capacités neurocognitives innées** et d'une **rencontre de l'enfant avec un environnement humain parlant** (Claude Bursztejn, professeur de psychiatrie de l'enfant et de l'adolescent).

Il est conditionné au bon fonctionnement :
- des organes de la phonation : appareil respiratoire, bouche, pharynx, cordes vocales ;
- des zones cérébrales spécialisées dans le langage ;
- de l'appareil auditif.

Fiche 15 Le développement affectif, social et émotionnel

Recueillir les informations, s'informe

1 Le développement affectif et émotionnel

• L'**enfant**, pour se développer harmonieusement, a besoin de **relations affectives stables et satisfaisantes.**

• Le **développement affectif du nourrisson** est lié aux relations qu'il tisse avec les différentes personnes qui s'occupent de lui mais il est également lié aux autres dimensions de son développement.

• Deux courants de pensée permettent de comprendre ce développement (*M. Maury*, 2008) :
– les **courants psychanalytiques**, comme la **théorie freudienne ;**
– les **courants issus de l'observation** directe du comportement des bébés et de leurs interactions dans la psychologie du développement, comme la **théorie de l'attachement**.

A La théorie freudienne

Sigmund Freud a défini plusieurs stades dans le développement psychoaffectif de l'enfant.

L'info en +

Sigmund Freud : 1856-1939
Père de la psychanalyse, il a mis en lumière le rôle de l'inconscient dans la construction de la personnalité, notamment à travers l'étude des rêves.

• Les 3 stades prégénitaux
– **Le stade oral (de 0 à 1 an).** L'enfant prend plaisir à sucer son pouce, ses jouets, téter au sein ou au biberon.
– **Le stade anal (vers 2 ans).** L'enfant apprend à maîtriser ses sphincters et constate avec plaisir qu'il a une certaine emprise sur autrui.
– **Le stade phallique (vers 3 ans).** L'enfant contrôle son sphincter urétral et s'affirme, il manifeste de la curiosité sexuelle, prend conscience de la différence anatomique des sexes.

• Le complexe d'Œdipe (de 4 à 7 ans).
C'est une période d'angoisse de castration pour le petit garçon, et correspond à l'envie de posséder un pénis pour la petite fille. Cela se manifeste aussi par une attirance pour le parent de l'autre sexe et engendre un sentiment de rivalité, voire de haine pour le parent de même sexe.

• La période de latence (de 7 à 12 ans)
Les conflits des stades précédents sont moins prégnants. L'enfant va étendre ses **activités sociales** et fréquenter des milieux relationnels différents. Dans cette période, l'enfant est plus **disponible pour des apprentissages pédagogiques**.

• La période génitale (à partir de 12 ans)
C'est une crise narcissique et identificatoire en parallèle des modifications physiques par **réactivation des problématiques des stades précédents**, notamment du **stade oral** (pouvant générer anorexie mentale, alcoolisme, tabagisme) et du **complexe d'Œdipe** (l'adolescent recherche des substituts parentaux qu'il idéalise).

B L'attachement

D'après **J. Bowlby**, c'est un lien affectif et social développé par une personne envers une autre, c'est un **besoin inné**, présent à la naissance. L'attachement débute dès la grossesse et se met en place durant les trois premières années de la vie. Il va influencer la façon dont l'enfant va par la suite établir des relations sociales pour le reste de sa vie.

Définition

Attachement : sentiment d'affection durable.

L'info en +

John Bowlby : 1907-1990
Auteur de la théorie de l'attachement qui affirme la nécessité pour un enfant de développer une relation d'attachement avec au moins une personne qui prend soin de lui de façon cohérente et continue.

2 Le développement social

A La socialisation

- C'est un **processus majeur pendant l'enfance (socialisation primaire)**, mais qui se **poursuit à l'âge adulte (socialisation secondaire)** en fonction de notre environnement.

- **L'enfant commence à se socialiser vers 2 ans** car il parle et recherche le contact avec les autres enfants.

Définition

Socialisation : processus par lequel l'enfant apprend à vivre en groupe, en intériorisant les éléments de sa culture (valeurs, codes, règles de conduite), ce qui lui permet de former sa propre identité et de s'intégrer à la société dans laquelle il vit.

- **Les facteurs essentiels** à cette socialisation sont :
– les **relations avec la famille** (parents, grands-parents, fratrie, etc.) ;
– l'**entrée en structure d'accueil collectif** (crèche, école, centre de loisirs, etc.) ;
– les **relations amicales**, camarades ;
– l'**accès aux loisirs** (activités sportives, culturelles, etc.).

B Les étapes de la socialisation

À 2-3 mois. L'enfant manifeste ses désirs avec son corps (cris, pleurs).

À 3-4 mois. Il est capable d'accueillir les personnes avec un sourire ou des rires.

À 8 mois. Survient « l'angoisse du 8e mois », c'est une **période d'angoisse de l'abandon** pour l'enfant après une longue période de fusion avec sa mère. L'**objet transitionnel** (« doudou ») est un objet qui peut être choisi par l'enfant (ours en peluche, bout de tissu, etc.), il sert de transition en remplaçant la mère lorsqu'elle n'est pas là.
Ce « doudou » a plusieurs fonctions : **réconfort** quand la mère est absente, **confident** quand l'enfant est contrarié, **compagnon** pour s'endormir, il sert aussi à **se rassurer** et à **se protéger**.

À 1 an. C'est la **phase d'opposition**, l'enfant refuse tout pour tester les adultes.

À 2 ans. Le développement du langage accélère le **processus de socialisation**. Il joue à côté des enfants, ne partage pas ses jouets. C'est le **début des conflits dans la fratrie**.

À 3 ans. Il participe à des **jeux collectifs**. Il s'affirme en disant « **non** » et « **je** ».

À 6 ans. Il entre au CP. **Il doit savoir vivre en groupe**.

Fiche 16 Les rythmes de l'enfant

Recueillir les informations, s'informe

1 Les besoins

Chaque individu a des besoins à satisfaire, allant des **besoins physiologiques de base ou primaires** aux **besoins psycho-sociaux ou secondaires**.

A La pyramide de Maslow

Abraham Maslow (psychologue) les a classés de façon hiérarchique, dans une pyramide : la pyramide de Maslow présente à sa base les besoins physiologiques qui sont des besoins fondamentaux.

Remarque

La satisfaction des besoins d'un niveau engendre les besoins du niveau suivant.

B Les 14 besoins de Virginia Henderson

- Virginia Henderson a également classé par ordre les besoins primaires, secondaires et en a énoncé 14 :

① Respirer

② Boire et manger

③ Éliminer (les déchets qui résultent du fonctionnement de l'organisme)

④ Se mouvoir et maintenir une bonne posture

⑤ Dormir et se reposer

⑥ Se vêtir et se dévêtir

⑦ Maintenir la température du corps dans les limites normales

⑧ Être propre, soigné et protéger ses téguments

⑨ Éviter les dangers

⑩ Communiquer avec ses semblables

⑪ Agir selon ses croyances et ses valeurs

⑫ S'occuper en vue de se réaliser

⑬ Se récréer

⑭ Apprendre.

Remarque

L'enfant ne peut répondre seul à tous ses besoins, il a besoin des adultes. Plus il grandit, plus il devient apte à y répondre.

2 Les rythmes de l'enfant

A Le sommeil

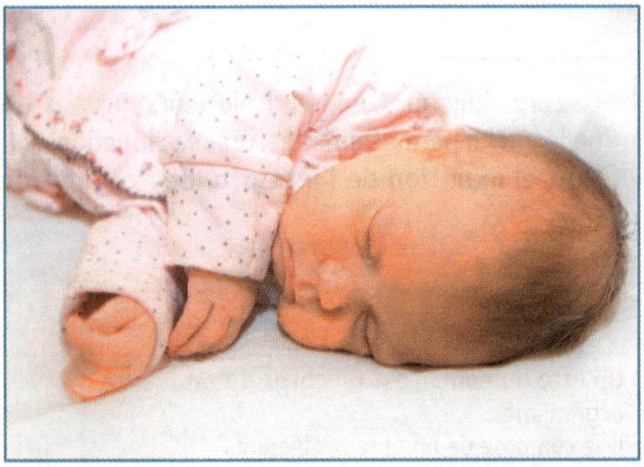

- **Dormir est un besoin fondamental de l'organisme.**
- Le sommeil permet :
– **la croissance staturale** : en effet c'est la nuit que l'hormone de croissance (**somatotropine**) est sécrétée, avec un pic pendant les premières heures de sommeil ;
– **la mémorisation** ;
– **la récupération de la fatigue physique et mentale.**
- Le **sommeil** est constitué de **plusieurs cycles** (environ 5-6) se succédant dans une nuit.
Un cycle compte 5 phases :
– l'**endormissement** ;
– le **sommeil lent léger et très léger** ;
– le **sommeil lent profond** ;
– le **sommeil lent très profond** ;
– le **sommeil paradoxal.**
- L'alternance veille-sommeil est un rythme circadien (c'est-à-dire d'une durée d'environ 24 heures).
- Les **rituels** (coucher à heure fixe, se laver les dents, lire une histoire, etc.) avant de coucher l'enfant **favorisent** son **endormissement** car ils le sécurisent, l'aident à se construire et calment les angoisses. Ils constituent un repère pour l'enfant.

Les besoins de sommeil selon l'âge		
Âge	**Durée totale de sommeil (en heures)**	**Durée du sommeil diurne**
Naissance	16	alternance de périodes de sommeil de 3 à 4 h
6 mois	15	3 siestes de 1 h 30 à 2 h
1 an	13-14	2 siestes de 1 h 30 à 2 h
2 à 4 ans	12	1 sieste de 2 h à 2 h 30
4 à 6 ans	11	Selon l'enfant

B La capacité d'attention

- La **capacité d'attention** des enfants **augmente avec l'âge** mais, pour un même âge, elle varie d'un enfant à l'autre.
- Elle est aussi **influencée par le type d'activité, le rythme veille-sommeil,** la durée d'attention demandée précédemment, **la fatigue**, **le bruit**.
- Les professionnels multiplient les activités et proposent des activités variées afin de maintenir la concentration des enfants.

Fiche 17 L'organisation générale du corps humain

Recueillir les informations, s'informer

Le corps humain comprend plusieurs niveaux d'organisation structurale et fonctionnelle qui lui permettent d'assurer ses fonctions vitales : **nutrition, relation, reproduction,** et **maintien de l'intégrité de l'organisme.**

1 Les niveaux d'organisation du corps humain

Un être humain, c'est un corps ou un organisme. Il se compose de nombreux éléments anatomiques qui s'assemblent comme un jeu de construction.	
Tout d'abord les appareils ou systèmes : appareil digestif, appareil respiratoire, appareil circulatoire, appareil endocrinien, appareil génital, appareil locomoteur, système nerveux, système immunitaire qui sont en relation permanente entre eux. **Un appareil ou un système est une association d'organes qui travaillent ensemble pour assurer une même fonction.**	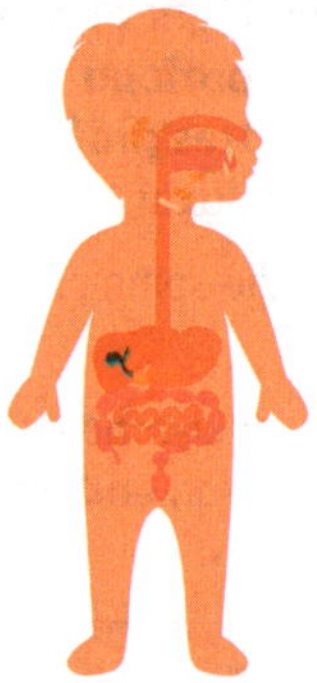 L'appareil digestif assure la fonction de nutrition.
Ensuite les organes : cœur, poumon, rein, foie, estomac, intestin, vessie… **Un organe est un ensemble de tissus spécifiques capable de remplir une (ou plusieurs) fonction déterminée. Le corps en possède 78.**	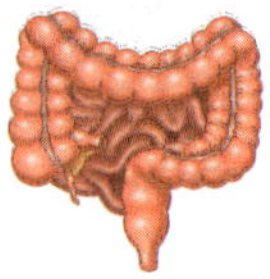 L'intestin est un organe qui assure l'absorption des nutriments.
Puis, les tissus : tissu épithélial, tissu conjonctif, tissu musculaire, tissu nerveux, tissu sanguin. **Le tissu est un ensemble de cellules de même morphologie qui remplissent une même fonction.**	 Le tissu épithélial de l'intestin est un ensemble de cellules.
Et enfin, les cellules : cellule nerveuse, cellule sanguine, cellule musculaire, cellule reproductive. **La cellule est l'unité vivante de construction et de fonctionnement du corps.** Elle fonctionne de manière autonome et est capable de se reproduire. Elle est le siège de l'information génétique (ADN contenu dans son noyau).	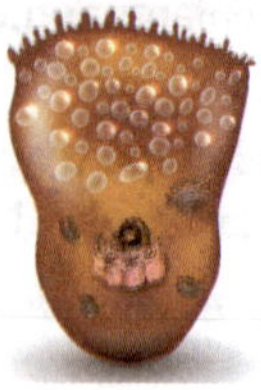 L'entérocyte est la cellule qui constitue le tissu épithélial de l'intestin.

2 Les différentes fonctions de l'organisme

A Les fonctions de nutrition

• Elles assurent la **croissance** et l'**entretien du corps**. Elles correspondent à l'ensemble des fonctions assumant l'approvisionnement en matière et en énergie d'un organisme ainsi que son entretien et son renouvellement. Elles permettent ainsi la survie de l'individu.

• Ces fonctions comprennent notamment :
– **l'alimentation, la digestion et l'absorption.** Ces fonctions sont assurées par l'appareil digestif ;
– **la respiration.** Cette fonction est assurée par l'appareil respiratoire ;
– **la circulation.** Cette fonction est assurée par l'appareil circulatoire ;
– **l'excrétion.** Cette fonction est assurée par l'appareil urinaire.

B Les fonctions de relation

Ce sont les différentes fonctions permettant à un organisme d'interagir avec son environnement. Il s'agit essentiellement :
– des **fonctions sensorielles** assurant la réception des informations extérieures. **Cette fonction est assurée par les organes des sens** (œil, oreille) ;
– des **fonctions d'analyse et d'intégration des informations**, commande musculaire, communication nerveuse. **Ces fonctions sont assurées par le système nerveux** ;
– des **fonctions motrices** qui permettent à l'organisme de se déplacer et d'agir sur son environnement (activité musculaire et mouvements). **Ces fonctions sont assurées par l'appareil locomoteur.**

C La fonction de reproduction

Cette fonction permet la **transmission de la vie** et la pérennisation de l'espèce humaine. **Cette fonction est assurée par l'appareil génital féminin et l'appareil génital masculin.**

D Les fonctions de maintien de l'intégrité de l'organisme

Elles regroupent :
– la fonction permettant la **coordination des fonctions vitales** de l'organisme et la régulation les appareils entre eux. **Elle est assurée par le système endocrinien (maintien de l'homéostasie, production d'hormones)** ;
– la fonction permettant à l'organisme de se maintenir en bonne santé en luttant contre les agressions extérieures comme les virus, les bactéries par exemples. **Elle est assurée par le système immunitaire.**

Fiche 18 L'appareil locomoteur

Recueillir les informations, s'informe

L'appareil locomoteur est constitué par un **squelette osseux** articulé et par des **muscles** qui prennent appui sur les os et les mettent en mouvement. Cet appareil est sous le contrôle du cerveau (système nerveux). Le squelette joue un rôle important :
– il **assure la rigidité des membres** et constitue la charpente du corps humain ;
– il **soutient les parties molles**, les viscères (estomac, intestin, foie) ;
– il **protège les organes vitaux** (cerveau, cœur, poumons).

1 Les différents os du squelette humain

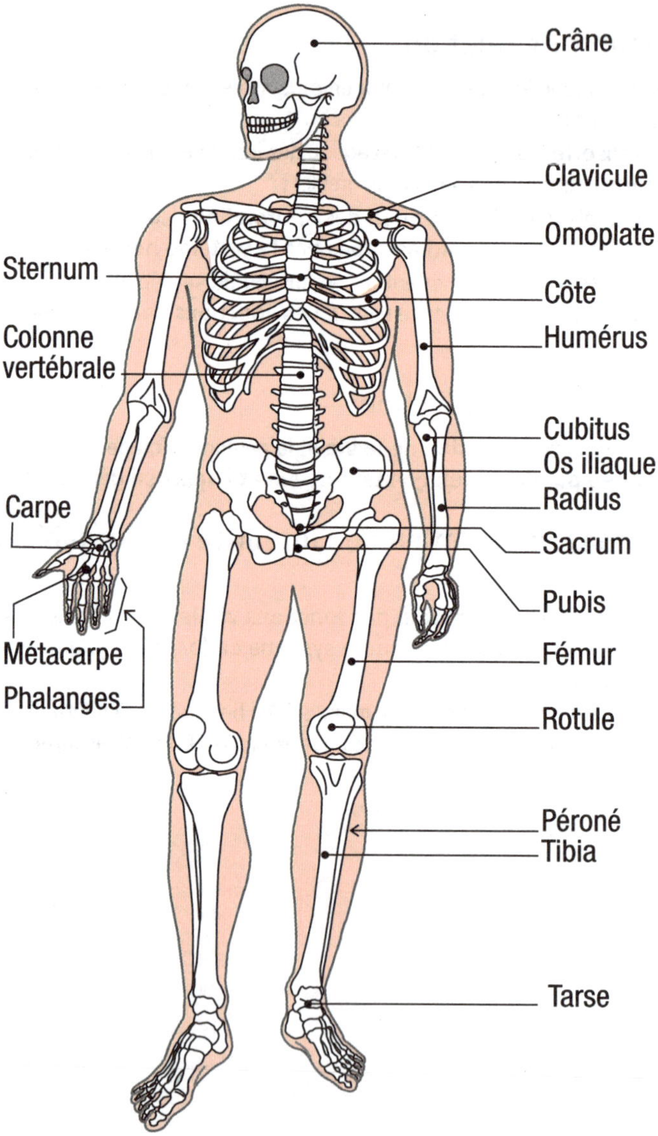

2 Les articulations

Les **articulations relient les os entre eux.** Elles sont à la fois des points d'appui et des points fixes sur lesquels les os s'appuient pour bouger.

① Les articulations fixes ou sutures

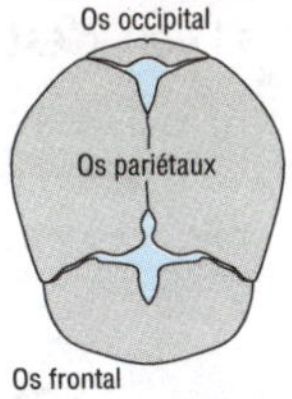

Os du crâne

② Les articulations semi-mobiles

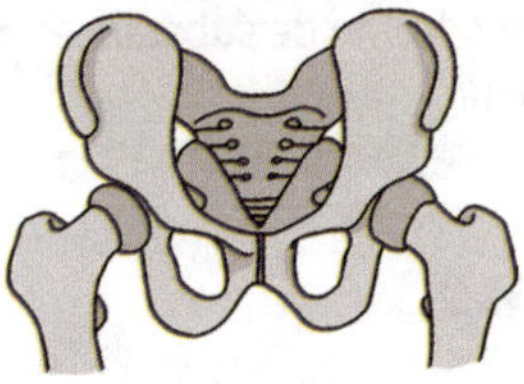

Le bassin

③ Les articulations mobiles

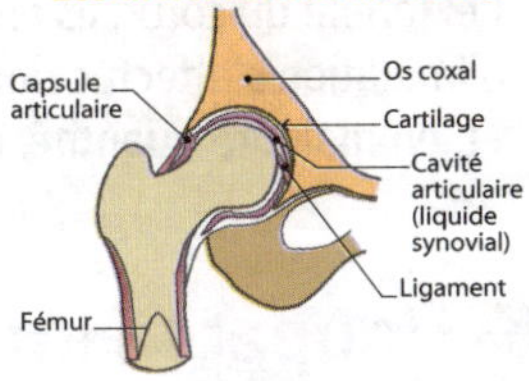

La hanche

Les 3 types d'articulations

3 Les muscles

Les muscles sont les organes actifs. Ce sont des tissus composés de fibres musculaires qui se contractent lors des mouvements corporels. Les muscles donnent sa forme au corps.

① Les muscles squelettiques

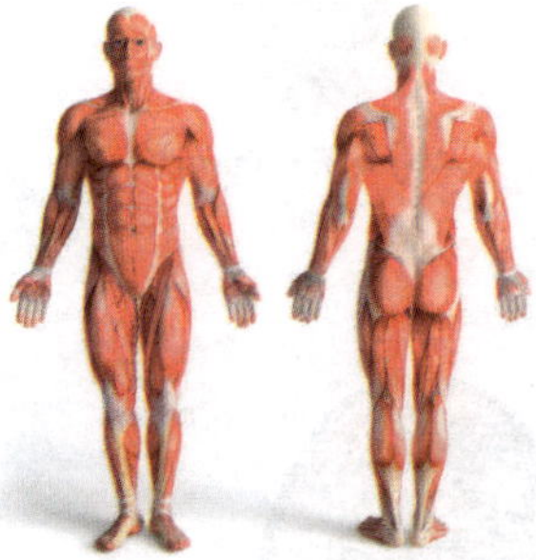

Ex. : biceps, deltoïde, quadriceps, pectoraux…

② Les muscles lisses ou viscéraux

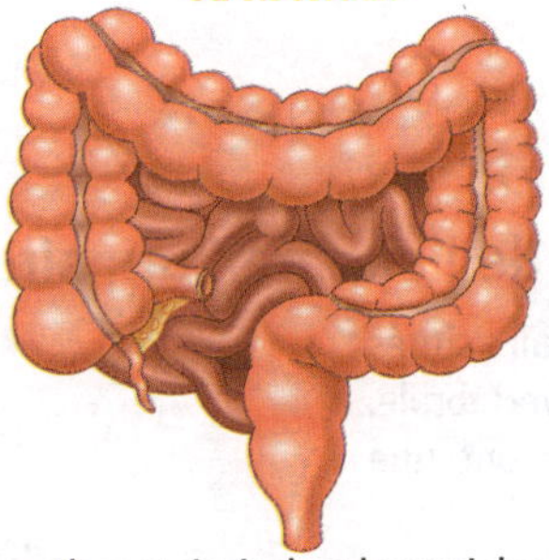

Ils sont situés dans la paroi des organes creux. Ex. : l'intestin.

③ Le muscle cardiaque

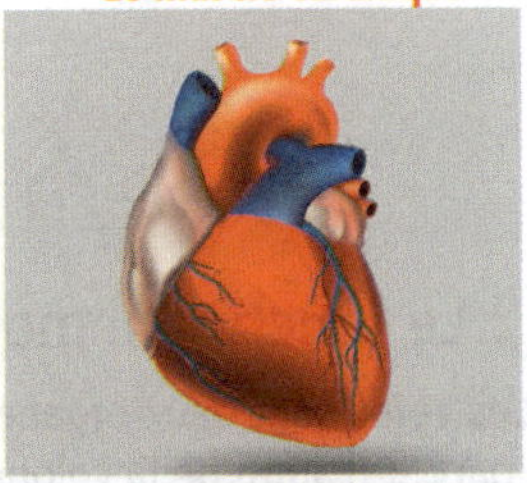

Le myocarde est le tissu du cœur qui lui permet de se contracter.

Les 3 types de muscles

4 L'hygiène et la croissance de l'appareil locomoteur

• **Le suivi régulier de la croissance** est effectué lors des examens de santé obligatoires chez un médecin. Ces visites permettent de vérifier si l'enfant se développe convenablement et s'il est en bonne santé. **Le suivi régulier des mesures de l'enfant** (taille, poids, périmètre crânien) **permet de vérifier l'évolution de sa croissance.**

• **Les facteurs favorables à un bon développement de l'appareil locomoteur** chez l'enfant sont : une **alimentation équilibrée** et riche en calcium et en phosphore, une **durée de sommeil suffisante** en fonction de son âge car l'hormone de croissance n'est produite qu'au cours de celui-ci, **des sorties en plein air régulières** pour permettre à la peau de synthétiser la vitamine D nécessaire à la fixation du calcium sur les os, de l'**activité physique** pour stimuler la circulation sanguine et donc la croissance des os qui seront bien nourris.

Fiche 19 L'appareil urinaire

Recueillir les informations, s'informe

La vie cellulaire entraîne l'élaboration de **déchets** (urée, acide urique) qui peuvent être toxiques à l'organisme à partir d'une certaine concentration. S'ils ne sont pas rejetés à l'extérieur du corps, ils entraînent la mort en quelques jours ou quelques semaines. Leur élimination s'effectue donc sous forme de substances dissoutes dans l'eau, c'est l'urine et, en moindre quantité, la sueur.

1 L'appareil urinaire

A L'anatomie de l'appareil urinaire

Il comprend les organes suivants :

– **les reins** qui filtrent le sang et produisent l'urine ;

– **la vessie** qui est le réservoir qui collecte l'urine ;

– **les conduits urinaires** : ce sont les **uretères** qui conduisent l'urine des reins à la vessie et l'**urètre** qui évacue l'urine de l'organisme.

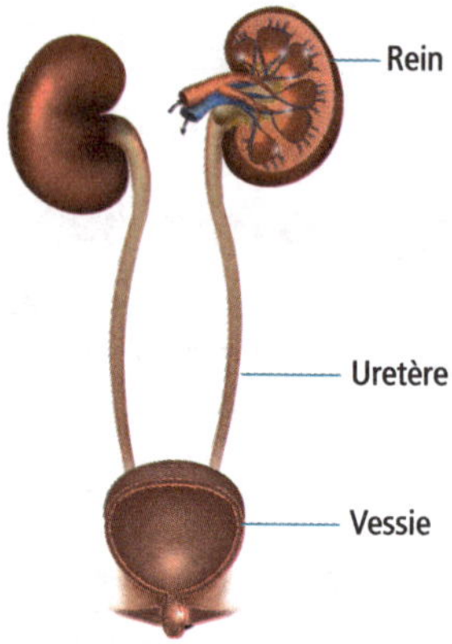

Appareil urinaire

B Le fonctionnement de l'appareil urinaire

• **Les reins** sont deux organes pairs situés de part et d'autre de la colonne vertébrale. Ils ont la forme d'un haricot et ont une masse de 120 à 150 grammes.

• En coupe longitudinale (schéma ci-contre) on remarque deux zones : **la zone corticale** (cortex) à l'extérieur et **la zone médullaire** à l'intérieur.

• La zone médullaire comprend des cônes striés : les pyramides de Malpighi qui aboutissent aux calices qui s'ouvrent dans le bassinet pour collecter l'urine.

• Chaque rein est constitué de nombreux **tubes urinifères** (ou **néphrons**). Ils ont pour rôle de filtrer le sang qui arrive de la veine rénale et qui repart dans l'organisme par l'artère rénale.

• Le résultat de cette filtration est **l'urine**.

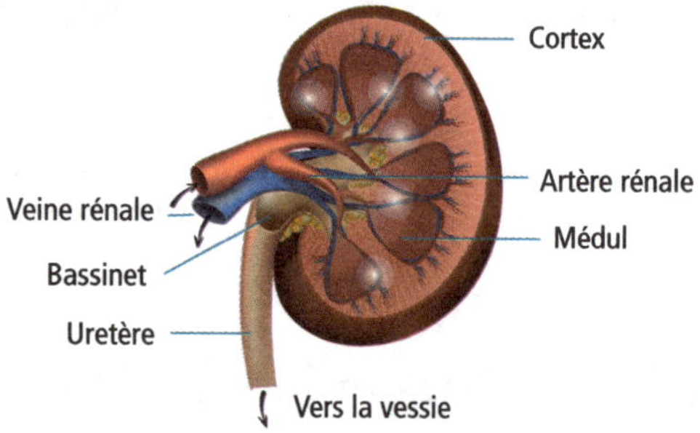

Coupe longitudinale d'un rein

L'info en +

Un adulte rejette environ **1,5 litre d'urine par jour**. C'est une solution salée d'urée. Ce dernier étant un déchet issu de la dégradation des protéines par l'organisme, il doit être éliminé.

2 Le contrôle des sphincters et l'acquisition de la propreté chez l'enfant

A Les sphincters

• La vessie et le rectum sont fermés par des muscles circulaires que l'on appelle des **sphincters**. Le **sphincter vésical** contrôle l'émission d'urine alors que le **sphincter anal** contrôle l'émission des matières fécales (selles).

• Lorsque la vessie est pleine, le sphincter vésical s'ouvre et les contractions musculaires de la paroi de la vessie assurent sa vidange. La contraction et le relâchement des sphincters est volontaire. L'enfant mettra un certain temps pour en assurer leur maîtrise.

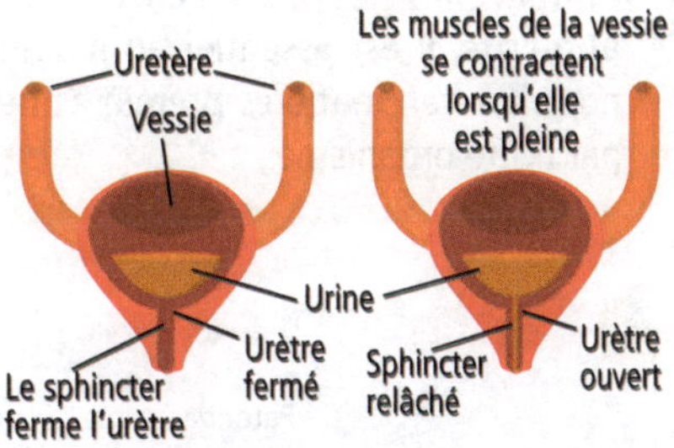

La vessie

B L'acquisition de la propreté

• Elle constitue l'aboutissement du contrôle des sphincters. Elle ne doit pas être commencée trop tôt et doit se faire de manière douce et progressive sans forcer l'enfant.

① le système nerveux de l'enfant doit être suffisamment mature pour qu'il perçoive les sensations de contractions et de relâchement des sphincters (autour de 28 mois) ;

② l'enfant doit être assez mature intellectuellement pour exprimer son désir d'uriner ou de déféquer : il peut dire « pipi », « caca », « pot » ;

③ l'enfant doit être assez mature affectivement pour vouloir abandonner ses couches et aller aux toilettes comme les grands.

Remarque

L'enfant met un certain temps pour assurer la maîtrise de sa vessie. **La continence sera acquise de jour comme de nuit entre 24 et 30 mois.**

• La « propreté » peut d'abord être partielle, de jour avec incontinence la nuit. La **continence anale** pourra être acquise de jour comme de nuit vers 24 mois alors que l'incontinence urinaire persistera plus longtemps.

3 Les troubles du contrôle des sphincters

A L'énurésie

• **L'énurésie « primaire » :** l'enfant n'a jamais été propre ou sur une période inférieure à un an. C'est la forme la plus fréquente (75 % à 85 %).

• **L'énurésie « secondaire » :** elle fait suite à une période de propreté supérieure à 1 an et débute habituellement entre 5 et 7 ans. Un événement déclenchant (naissance d'un enfant, séparation, deuil…) est souvent retrouvé pour expliquer ce trouble.

Définitions

Énurésie : miction répétée, involontaire, le plus souvent nocturne, chez l'enfant de plus de 5 ans.

Encoprésie : émission fécale répétée et involontaire de consistance normale ou quasi normale dans des lieux non appropriés, généralement diurne, survenant inopinément, après l'âge habituel d'acquisition de la propreté.

B L'encoprésie

On qualifie d'encoprésie les émissions fécales à partir de 4 ans. Elle survient généralement par périodes de quelques jours à quelques semaines, en alternance avec des périodes de constipation. Les accidents encoprétiques sont alors quotidiens avec des horaires relativement stables et prévisibles dans la journée. Des événements familiaux (disputes, séparation) ou scolaires (phobie scolaire) peuvent expliquer le déclenchement de ce trouble.

Fiche 20 L'appareil digestif

Recueillir les informations, s'informer

L'appareil digestif est l'ensemble des **organes qui participent à la digestion des aliments.** Il est essentiel au maintien de la vie. En effet, c'est lui qui transforme la nourriture en matières premières nécessaires à l'élaboration de l'énergie consommée par notre organisme.

1 Le schéma de l'appareil digestif

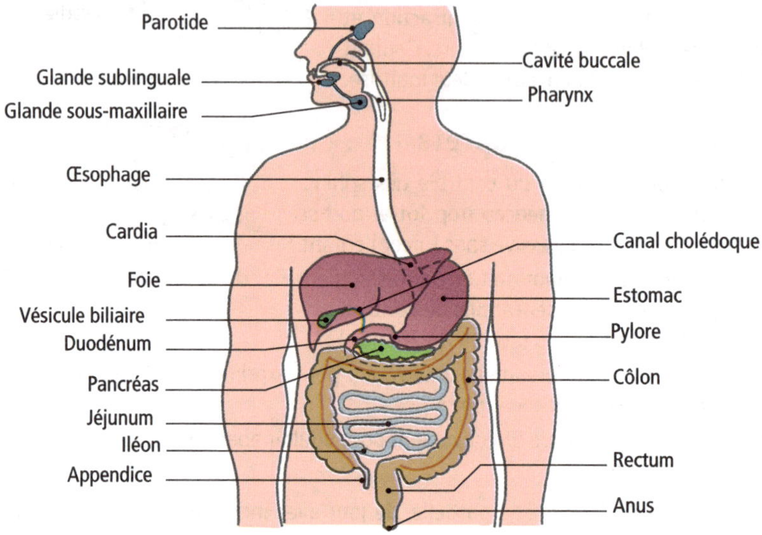

2 L'anatomie de l'appareil digestif

L'appareil digestif commence par la **bouche** et se finit par l'**anus**. La bouche communique en arrière avec le **pharynx**. Elle est tapissée par une muqueuse et contient les dents et la langue. Des **glandes salivaires** y sont annexées et produisent la salive. Le pharynx constitue le carrefour où se croisent les voies aériennes et digestives. Il est le point de départ de l'œsophage, conduit qui communique jusqu'à l'**estomac**. C'est une poche digestive qui rejoint l'**intestin** au niveau du **duodénum**. L'estomac a la forme d'un « J » qui peut se distendre de 25 centimètres dans sa longueur et de 11 centimètres dans sa largeur. Il produit le **suc gastrique**. L'**intestin grêle** est le segment du **tube digestif** qui relie l'estomac au **gros intestin**. Sa longueur totale est de 7 mètres environ et son diamètre est de 3 centimètres. Dans sa partie supérieure, le **duodénum** débouche les canaux excréteurs du **pancréas** qui produit le **suc pancréatique** et de **la vésicule biliaire** qui collecte la **bile** produite par le **foie.** À la suite de l'intestin grêle se présente le gros intestin. Il mesure 1,5 mètre et a un diamètre de 3 à 8 centimètres. Il dessine un cadre autour de l'intestin grêle. Il se termine par le **rectum** qui s'ouvre à l'extérieur par un orifice, l'**anus** qui est muni d'un **sphincter**.

3 La digestion des aliments

À retenir

Les aliments parcourent un long chemin de la bouche au gros intestin. Ils sont transformés par des processus de **digestion mécanique et chimique** afin que les nutriments puissent être utilisés par l'organisme.

• **La digestion mécanique** a lieu dans la bouche et l'estomac. Les aliments sont réduits en bouillie. Les dents broient les aliments en petits morceaux et l'estomac réalise leur brassage et leur fragmentation grâce à des contractions.

• **La digestion chimique** dissout les nutriments et les divise en éléments assimilables. Elle se déroule tout au long du tube digestif grâce à des enzymes et à des sucs digestifs comme la salive, l'acide chlorhydrique sécrété par l'estomac, la bile sécrétée par le foie, le suc intestinal et le suc pancréatique.

4 L'absorption intestinale

• **L'intestin grêle** permet l'absorption des nutriments contenus dans la bouillie rendue très liquide.

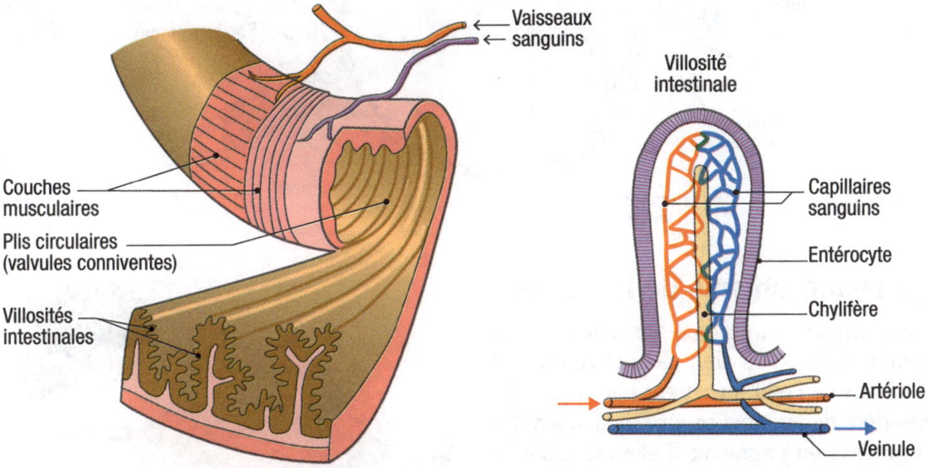

Schéma d'une villosité intestinale

• **Les nutriments** passent alors à travers la paroi de l'intestin grêle et se retrouvent dans les vaisseaux sanguins : c'est l'**absorption intestinale**. Le sang riche en nutriments sert à nourrir l'ensemble des cellules du corps humain.

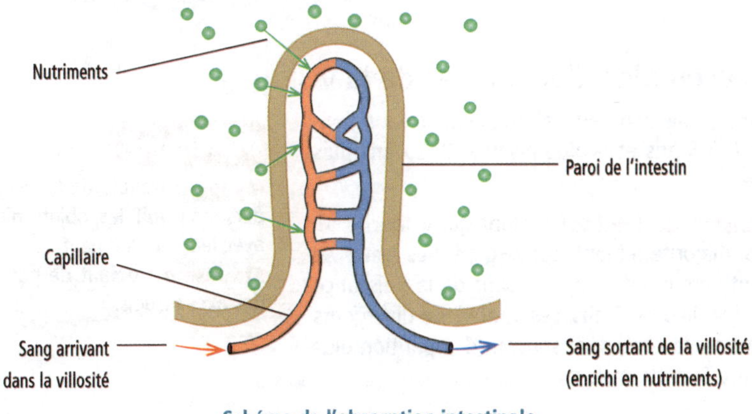

Schéma de l'absorption intestinale

Fiche 21 Les organes des sens

Recueillir les informations, s'informer

1 L'œil

L'œil est l'organe de la vision, il nous permet de capter la lumière de notre environnement et de la convertir en message nerveux, lequel est transmis au cerveau qui l'analyse.

A L'anatomie de l'œil

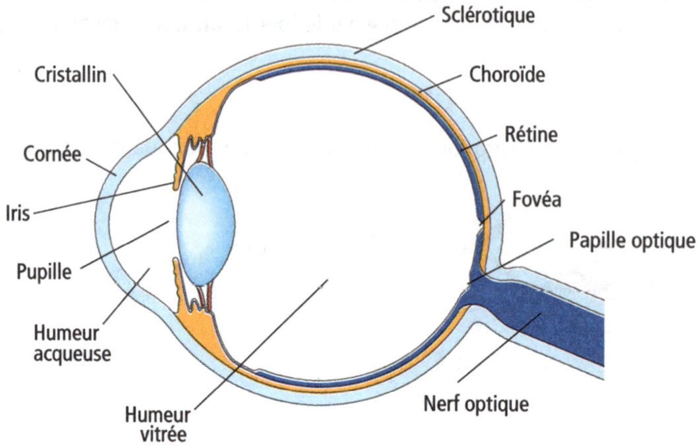

B Le mécanisme de la vision

- **Les rayons lumineux** qui traversent la **cornée** (membrane transparente recouvrant le devant de l'œil), pénètrent par la **pupille**, ouverture de l'**iris** qui se rétrécit si la lumière est intense ou s'agrandit si elle est faible. Ils convergent ensuite dans le **cristallin**, qui agit comme une lentille, avant d'aller stimuler les cellules de la **rétine**.

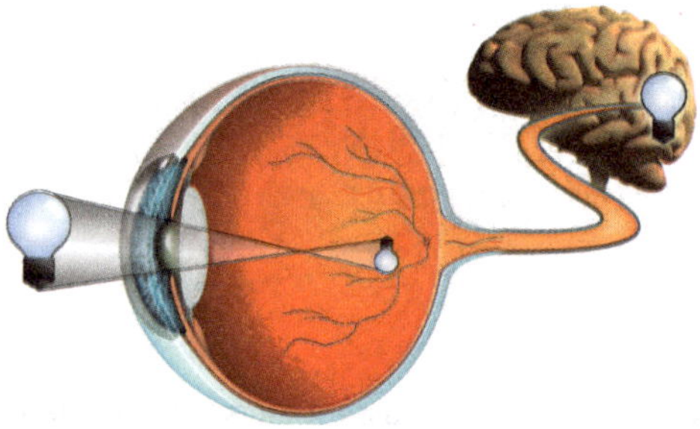

- **L'iris et la pupille** servent de diaphragme à l'œil, le **cristallin** sert de lentille convergente, et la rétine, d'écran. L'image rétinienne, renversée par rapport à l'objet, est perçue droite grâce au cerveau.

C Des exemples d'anomalies de la vision

- **La myopie.** Elle apparaît habituellement dans l'enfance vers 6 à 8 ans et évolue jusqu'à 20-25 ans puis se stabilise.

- **Le strabisme de l'enfant** (enfant qui « louche »). Il est très majoritairement convergent (les yeux se rapprochent vers le nez) apparaissant de la naissance presqu'à l'âge de 5 ou 6 ans. Les strabismes divergents (un œil part sur le côté) sont souvent d'apparition plus tardive (entre 6 et 10 ans).

Définitions

Myopie : trouble de la vision où la personne voit les objets plus flous avec leur éloignement.
Strabisme : défaut de parallélisme des axes visuels.

2 L'oreille

A L'anatomie de l'oreille

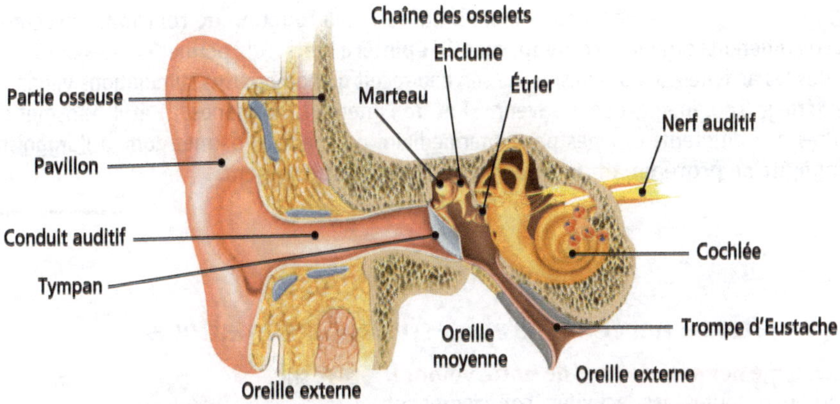

• **Le rôle de l'oreille externe :** l'oreille externe est composée du pavillon et du conduit auditif. Son rôle est de **recueillir** et de **transmettre les vibrations de l'air au tympan**.

À retenir

L'oreille est l'organe qui permet de capter les sons et de transmettre l'information sensorielle au cerveau.

• **Le rôle de l'oreille moyenne :** l'oreille moyenne est située dans l'épaisseur du **rocher** et comprend la caisse du **tympan**, les **trois osselets**, les **deux fenêtres** et la **trompe d'Eustache**. L'oreille moyenne est responsable de l'augmentation de l'intensité des ondes sonores qui arrivent (cette amplification est d'environ 20 à 30 décibels). Elle les transforme en vibrations mécaniques qui sont transmises à l'oreille interne.

• **Le rôle de l'oreille interne :** l'oreille interne est constituée du **labyrinthe osseux** qui contient des éléments anatomiques responsables de l'équilibration (maintien du corps en équilibre) et d'autres responsables de l'audition.

B Le mécanisme de l'audition

Les ondes sonores sont transportées par les oreilles externe et moyenne vers l'**organe de Corti** (oreille interne), où elles sont transformées en influx nerveux, qui emprunte ensuite le nerf auditif jusqu'au cerveau, qui analyse les ondes sonores.

Ondes sonores → **Oreilles externe et moyenne** → **Influx nerveux** → **Nerf auditif** → **Cerveau = sons**

C Les troubles de l'audition

• **Les otites.** Elles sont très courantes, notamment chez les enfants de 6 mois à 3 ans, sont généralement sans gravité et ne sont pas contagieuses.

Définitions

Otite : inflammation de l'oreille, externe, moyenne ou interne.

Surdité : perte complète de la capacité d'entendre d'une ou des deux oreilles.

• **La surdité.** On distingue :
– **la surdité de transmission** : elle n'est jamais totale et touche l'oreille externe et moyenne. L'audition peut être récupérée. Elle est caractérisée par la perte des sons graves ;
– **la surdité de perception** : elle touche l'oreille interne. Elle ne peut pas être traitée médicalement mais elle peut être efficacement corrigée avec des appareils auditifs.

Fiche 22

L'évolution du système nerveux

Recueillir les informations, s'informe

Le système nerveux est un des appareils qui assure la **fonction de relation.** Il est constitué de différents organes : **cerveau, moelle épinière, nerfs,** qui permettent de coordonner toutes les activités de l'organisme. Le cerveau reçoit de nombreuses stimulations venant de l'extérieur (son, image, odeur, saveur...) et de l'intérieur (hormones...) et il transmet des ordres aux différents organes par l'intermédiaire des nerfs. Il permet donc à l'organisme **d'agir, de se protéger, et de s'adapter à son environnement.**

1 L'organisation du système nerveux

A Le système nerveux cérébro-spinal ou somatique

- **Ce système nerveux dépend de notre volonté.** Il coordonne toutes les activités conscientes et volontaires qui mettent le corps en relation avec l'extérieur : agir, entendre, voir, sentir...
- Il comprend :

– le **système nerveux central** (encéphale : cerveau, cervelet, tronc cérébral et la moelle épinière) ;

– le **système nerveux périphérique** (nerfs crâniens (12 paires) et nerfs rachidiens ou nerfs spinaux (31 paires).

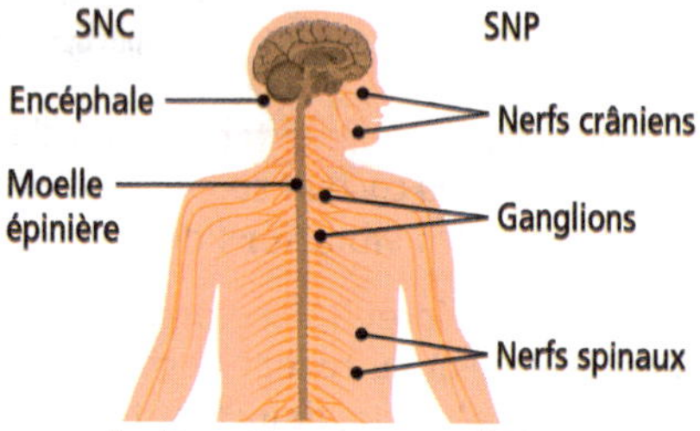

Système Nerveux central (SNC) et périphérique (SNP)

B Le système nerveux neuro-végétatif ou autonome

Ce système nerveux ne dépend pas de notre volonté. Il contrôle les fonctions vitales de l'organisme (circulation, digestion, respiration...). Il comprend :

– **le système nerveux sympathique** qui déclenche certaines actions du corps ;

– **le système nerveux parasympathique** qui calme les actions du corps.

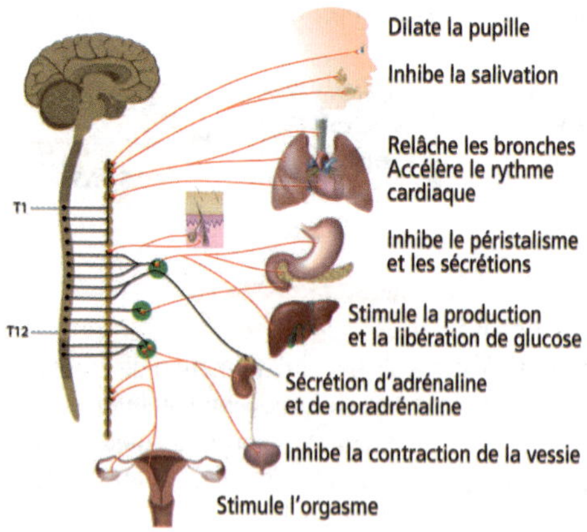

Système sympathique

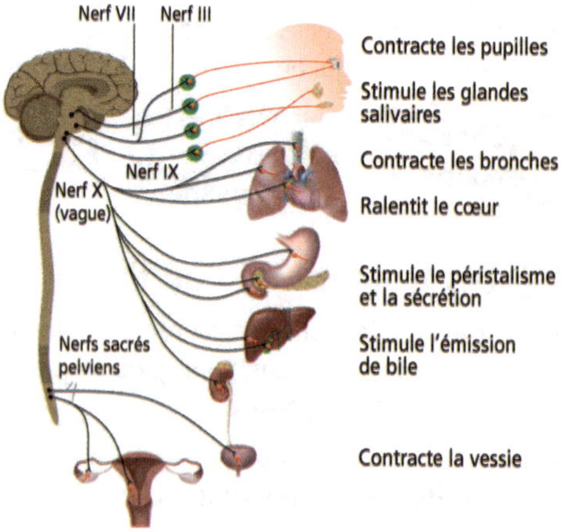

Système parasympathique

2 L'évolution du système nerveux

À la naissance, le système nerveux, et particulièrement le cerveau, de l'être humain est peu développé. **Les 5 premières années sont déterminantes pour son développement.** C'est pourquoi il est important de soutenir l'enfant dans la gestion de ses émotions et dans ses apprentissages pour son développement intellectuel.

A Le développement du cerveau de 0 à 12 mois

À la naissance, le cerveau n'est pas encore développé. Sa maturation se fera au cours de la première année de vie grâce aux stimulations venues de son environnement. Les **contacts physiques** et les **interactions avec la voix** et les **expressions du visage**, nombreux au cours des soins quotidiens, rassureront l'enfant et l'aideront à développer ses capacités intellectuelles.

B Le développement du cerveau de 12 mois et 3 ans

- **Entre 1 et 3 ans, le cerveau d'un enfant est deux fois plus actif que celui d'un adulte.**
- Il acquiert de nouvelles habiletés dont la **marche** et le **langage.** L'enfant comprend mieux le fonctionnement de ce qui l'entoure. Il prend conscience de son identité (son corps, son nom). Il se rend compte qu'il peut interagir avec son entourage. Il a besoin de jouer : c'est sa façon d'apprendre et de se développer.

> **À retenir**
>
> C'est par le jeu que l'enfant acquiert les connaissances les plus importantes telles les habiletés intellectuelles, sociales, motrices, langagières et affectives.

C Le développement du cerveau de 3 à 5 ans

- Pour encourager ce développement, l'enfant a besoin de conditions favorables dont **une alimentation complète et équilibrée**, un **bon sommeil**, et des **activités physiques.**
- L'enfant acquiert des **aptitudes** et des **habiletés intellectuelles importantes** (langage, mathématiques) qui lui serviront à l'entrée à l'école. Il **prend davantage conscience de lui-même et des autres.** Il veut être reconnu comme un garçon ou comme une fille. Il faut toutefois continuer de l'exposer à toutes sortes de jouets et d'activités qui conviennent autant aux filles qu'aux garçons. Il s'ouvre peu à peu aux jeux collectifs mais le jeu symbolique lui plait particulièrement (faire semblant, imiter les adultes).
- **Les jeux libres sont importants pour encourager sa créativité** en lui donnant l'occasion de mener des activités, de prendre des décisions et de faire des choix. C'est particulièrement important pour le développement de l'attention, de la concentration, de la mémoire, des émotions et de la pensée.

> **À retenir**
>
> De 3 à 5 ans, le développement du cerveau de l'enfant est accéléré.

D Le développement du cerveau après 5 ans

- Après 5 ans, des transformations du cerveau le rendent plus efficace, il consomme pour cela beaucoup plus d'énergie. L'enfant est maintenant capable de mettre des informations en relation et de réaliser des processus mentaux plus complexes, comme **lire** ou **faire des additions.**
- À partir de 7 ans, il **pourra développer des stratégies pour mieux mémoriser ce qu'il apprend** (lire à haute voix par exemple). Grâce aux progrès intellectuels qu'il réalise, l'enfant est maintenant capable de **jouer à des jeux de règles,** car il en comprend bien le fonctionnement. **Il s'ouvre à l'univers des autres et apprend à négocier.** Il peut exprimer son point de vue et comprendre l'impact d'un geste positif ou négatif. Il est plus facile de discuter avec lui de façon logique. **Il est capable de collaboration et de compromis.** Le niveau d'interactions avec les autres augmente et l'enfant aime les jeux de collaboration ou de compétition.

> **L'info en +**
>
> Après 5 ans, Le cerveau d'un enfant de 6 ans atteint déjà 90 % de sa taille adulte.

Fiche 23 Le handicap : notion, définition, types de handicap

Recueillir les informations, s'informer

Le mot « handicap » vient du terme anglais *hand in cap* (la main dans le chapeau). Cet anglicisme apparait officiellement dans les textes de loi français en 1957, sous le terme « handicapé », le plus souvent accolé au mot « travailleur ». C'est seulement à partir de 1980, que le mot handicap est associé aux individus dans l'incapacité d'assurer un rôle et une vie sociale normaux du fait de déficience(s).

1 Les définitions du mot handicap

Le rapport mondial sur le handicap de 2015 présente le handicap comme « une notion complexe, évolutive, multidimensionnelle et controversée ». Différentes définitions ont été formulées en fonction de ce à quoi on identifie le handicap.

- **Définition selon l'Organisation mondiale de la santé (OMS)**

« Est handicapée toute personne dont l'intégrité physique ou mentale est passagèrement ou définitivement diminuée, soit congénitalement, soit sous l'effet de l'âge ou d'un accident, en sorte que son autonomie, son aptitude à fréquenter l'école ou à occuper un emploi s'en trouvent compromises. »

- **Définition selon la loi handicap du 11 février 2005 portant sur l'égalité des droits et des chances, la participation et la citoyenneté des personnes handicapées**

En France, cette loi définit légalement le handicap comme suit : « Constitue un handicap, au sens de la présente loi, toute limitation d'activité ou restriction de participation à la vie en société subie dans son environnement par une personne en raison d'une altération substantielle, durable ou définitive d'une ou plusieurs fonctions physiques, sensorielles, mentales, cognitives ou psychiques, d'un polyhandicap ou d'un trouble de santé invalidant. »

2 Les différents types de handicaps

A Le handicap moteur

Le handicap moteur se caractérise par une capacité limitée pour un individu de se déplacer, de réaliser des gestes, ou de bouger certains membres. L'atteinte à la motricité peut être partielle ou totale, temporaire ou incurable, selon son origine (maladie acquise ou génétique, malformation congénitale, traumatisme dû à un accident, vieillissement…).

B Le handicap sensoriel

Le handicap sensoriel résulte de l'atteinte d'un ou plusieurs sens. Il se caractérise majoritairement par des incapacités issues d'une **déficience auditive ou visuelle.**

On distingue deux types de handicap sensoriel :
– **le handicap visuel.** Il correspond à une déficience de la fonction visuelle ;
– **le handicap auditif.** Il désigne une perte partielle (malentendant) ou totale de l'audition. C'est un handicap qui peut entraîner des troubles de la parole.

Exemples

Handicaps moteurs : paralysies, amputations, infirmité motrice cérébrale, spina bifida, myopathie.

Handicaps sensoriels :
– visuels : cécité et malvoyance, amblyopie, achromatopsie ;
– auditifs : surdité (quatre niveaux de déficience : déficience auditive légère, moyenne, sévère, profonde).

C Le handicap psychique

Le handicap psychique se définit par l'**atteinte d'une pathologie mentale entraînant des troubles mentaux, affectifs et émotionnels**, soit une perturbation dans la personnalité, sans pour autant avoir des conséquences sur les fonctions intellectuelles.

Exemple

Handicaps psychiques : psychose, schizophrénie, maladies bipolaires, troubles graves de la personnalité (personnalité *border line*), troubles névrotiques graves comme les TOC (troubles obsessionnels compulsifs).

D Le handicap mental ou intellectuel

Le handicap mental est une **déficience des fonctions mentales et intellectuelles**, qui entraîne des difficultés de réflexion, de compréhension et de conceptualisation, conduisant à des problèmes d'expression et de communication chez la personne atteinte.

– **À la conception** (maladies génétiques : syndrome de Down, syndrome de Klinefelter, syndrome de l'X fragile ; aberrations chromosomiques : trisomie 21…).
– **Pendant la grossesse** (radiation, virus (rubéole), médicaments, parasites, alcool, tabac…).
– **À la naissance** (souffrance cérébrale du nouveau-né (manque d'oxygène), prématurité…).
– **Après la naissance** (maladies infectieuses, virales ou métaboliques : coqueluche, rougeole, méningite…), intoxications (exposition au plomb), traumatismes crâniens, noyades, asphyxies…).

Exemple

Handicaps mentaux ou intellectuels : trisomie, troubles DYS (dyslexie, dyspraxie, dysphasie), autisme…

E Les maladies invalidantes

Les maladies invalidantes sont des maladies qui, de par leurs effets sur l'organisme, peuvent générer un handicap, et évoluer dans le temps.

Exemple

Maladies invalidantes : épilepsie grave, insuffisance cardiaque sévère, sclérose en plaque, mucoviscidose, troubles musculo-squelettiques (TMS), hémophilie.

Fiche 24 La règlementation relative aux aires de jeux et équipements

Recueillir les informations, s'informer

1 Les aires collectives de jeux et leurs équipements

A À quoi servent-elles ?

- Les aires collectives de jeux sont des lieux d'épanouissement pour les enfants. Elles leur permettent de développer leur motricité et leur confiance en soi, de nourrir leur imaginaire et de favoriser leur relation aux autres.
- L'enfant utilise des équipements spécialement conçus pour lui, mais toutefois ce sont aussi des lieux à risques. Une réglementation stricte définie par différents décrets répertorie les obligations permettant d'assurer la sécurité des utilisateurs.

B La sécurité des aires de jeux

- Ces prescriptions sont spécifiques à certains risques particuliers comme **le choix du site**, l'aménagement, l'hygiène, l'entretien et la maintenance…
- L'équipement doit **résister à un usage intensif** et à toutes les contraintes raisonnablement prévisibles : la fatigue, le vieillissement, la corrosion et l'usure, les variations climatiques et saisonnières. Il doit pouvoir supporter de manière prolongée et répétitive le poids cumulé de nombreux enfants, leurs acrobaties et les bousculades.

Remarque

La réglementation donne des prescriptions de sécurité concernant **toutes les aires collectives de jeux** (jardins publics, établissements scolaires, haltes garderies, crèches…).

- La résistance de l'équipement passe aussi par **une bonne stabilité**. C'est l'ensemble du jeu combiné qui doit être conforme aux exigences de sécurité. Le fabricant doit s'en assurer dès la conception. L'association de modules provenant de fabrications différentes est fortement déconseillée car il peut exister des décalages entre deux éléments juxtaposés qui peuvent être des sources d'accidents.
- Les surfaces de l'équipement pouvant entrer en contact avec n'importe quelle partie du corps des enfants et avec leurs vêtements doivent être parfaitement lisses (pas de surface rugueuse, pas de bavures ni d'aspérités ; pas de pointes qui dépassent ; pas de décalage à la jonction de deux éléments) ou arrondies (pas d'arêtes saillantes).
- L'équipement d'aire collective de jeux ne doit **présenter aucun risque de coincement** de la tête, du corps, des membres, des doigts des enfants qui les utilisent ainsi que de tout ou partie de leurs vêtements. Les parties d'équipement élevées doivent être correctement protégées pour éviter tout risque de chute accidentelle. En aucun cas, la protection choisie ne doit constituer en elle-même une incitation à grimper.
- Les matériaux utilisés pour la fabrication des équipements et les substances employées pour les traiter ne doivent pas être toxiques (exemple : les équipements qui utilisent le bois).

C Les informations et l'accessibilité aux adultes

• **L'aménagement d'une aire collective de jeux** doit prévoir la mise en place d'affichages informatifs visibles, lisibles et indélébiles, sur ou à proximité des équipements ou à chaque entrée de l'aire de jeux afin de :
– permettre aux adultes, témoins d'un problème survenant sur l'aire de jeux, de savoir qui contacter (identité et coordonnées de l'exploitant ou du gestionnaire de l'aire de jeux) ;
– favoriser une bonne utilisation des équipements en précisant la tranche d'âge à laquelle il est destiné.

• **Les équipements** doivent être conçus de manière que, quelles que soient les circonstances, les adultes puissent accéder à tous les endroits où les enfants sont susceptibles de se trouver.

2 Les équipements et matériels éducatifs et pédagogiques

A Qu'appelle-t-on « matériel éducatif » ?

Le matériel éducatif est l'ensemble du matériel (mobiliers, jouets, jeux…) permettant d'accompagner les enfants dans leur éveil et à chaque étape de leurs apprentissages. Il doit répondre à des **exigences de sécurité** données par les réglementations françaises et européennes et tenir compte de l'âge des enfants.

B Normes et réglementation

• Ces équipements et matériels suivent le **Code de la consommation** (art. L 221-1) : « Les produits et les services doivent, dans des conditions normales d'utilisation ou dans d'autres conditions raisonnablement prévisibles par le professionnel, présenter la sécurité à laquelle on peut légitimement s'attendre et ne pas porter atteinte à la santé des personnes ».

• Les jeux et jouets doivent porter le **marquage CE** de conformité à ces exigences. Même en cas de détournement d'usage du produit, les équipements et matériels éducatifs et pédagogiques doivent répondre à des normes qui prennent en compte :

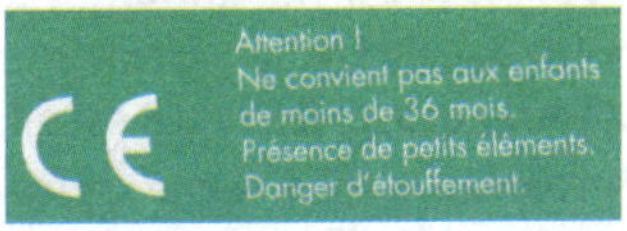

– la solidité, la stabilité, ainsi que toutes les mesures concernant la sécurité (parties saillantes, coincements, accessibilité à l'adulte, parties détachables, toxicité, chutes, résistant aux tractions, aux manipulations ; ne pas être inflammable …) ;
– l'ergonomie des équipements, et la prise en compte de la morphologie des utilisateurs ;
– la facilité d'entretien : les matériaux doivent être facilement lavables ;
– la durabilité.

Fiche 25 Les produits de soin et la peau du jeune enfant

Recueillir les informations, s'informer

La peau d'un bébé né à terme a la même structure, c'est-à-dire le même nombre de couches que celle de l'adulte. La **peau** est l'enveloppe extérieure du corps.

1 Les éléments de la peau

A Les 3 couches de la peau

– **L'épiderme :** c'est la **couche la plus superficielle de la peau**, c'est un épithélium stratifié qui se renouvelle continuellement ;
– **Le derme :** c'est un tissu conjonctif qui **héberge des vaisseaux sanguins et des nerfs**.
– **L'hypoderme :** c'est un tissu adipeux qui joue un **rôle fondamental dans la thermorégulation** (permet d'isoler du froid).

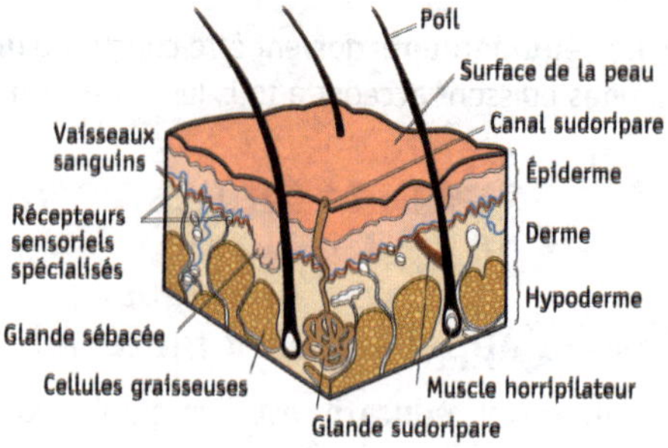

Schéma de la peau

B Les caractéristiques de la peau du jeune enfant

• **De la naissance à environ 6 ans**

• Les différentes couches de la peau sont plus minces (la peau d'un adulte est cinq fois plus épaisse), ce qui augmente sa fragilité en ne formant **pas une barrière protectrice efficace**.

• La perméabilité est plus importante dans les premiers mois. **La peau est** donc **plus sensible aux agressions extérieures** – telles le chaud, le froid, les frottements, les produits d'hygiène – et aura tendance à être plus **sujette aux irritations.**

• **La production de mélanine est plus faible que pour l'adulte**, ce qui la rend particulièrement sensible aux UV. **La protection face au soleil et à la chaleur est presque inexistante.**

Remarque

Même si à première vue la **peau de l'enfant** semble identique à celle de l'adulte, au niveau des fonctions elle diffère fortement, et doit par conséquent faire l'objet d'un **soin particulier.**

• La peau de l'enfant est moins acide que celle de l'adulte. **Le PH est à peine inférieur à 7** pour le jeune enfant alors qu'il est de 5,5 pour l'adulte. Elle est donc plus **sensible aux infections.**

• La **peau** est plus **sèche** car les **glandes sébacées** (qui apportent les lipides à la peau et forment une barrière efficace) sont **immatures et moins actives jusqu'à l'âge de 7 ans.**

• **Jusqu'à 3 ans,** les **glandes sudoripares** sont **immatures et moins actives.** Elles sont incapables de produire suffisamment de sueur pour éliminer l'énergie emmagasinée ce qui entraîne dans le cas de fortes chaleurs les **coups de chaleur,** avec **déshydratation aiguë.**

• **Après 6 ans**

• **La structure de la peau et de ses phanères arrivent à pleine maturité à environ 6 ans.** En conséquence, les mécanismes naturels de défense sont moins développés. Pour garder une peau saine et en bonne santé, il est nécessaire d'utiliser des produits de soins spécifiques et adaptés à l'enfant.

Définition

Phanères : substances naturellement présentes dans l'organisme humain produites par les différentes couches qui composent la peau. Les principaux phanères sont les cheveux, les poils et les ongles.

2 Les produits de soin adaptés à la peau du jeune enfant

A Le choix des produits de soin

La peau du jeune enfant demande des soins particuliers, il est important de bien choisir les produits pour le corps, les cheveux et le cuir chevelu des bébés.

Attention !

Des produits bien tolérés par le grand enfant ou l'adulte peuvent être toxiques pour le bébé.

- **Privilégier des nettoyants doux** : les savons alcalins sont agressifs pour la peau. Ils éliminent les lipides et la dessèchent. Il est souhaitable d'utiliser des produits qui ont un pH en dessous de 7.
- Favoriser des **bains quotidiens courts** en utilisant de l'**eau tiède** (à 37-38° C). En effet, l'**eau chaude** et les **longs bains** éliminent le film hydrolipidique, et donc **assèchent la peau.**
- **Hydrater la peau** des tout-petits est important. Les crèmes hydratantes ont des effets positifs chez les enfants à risque de développer un eczéma. Pour certains problèmes ou affections particulières, il est possible d'**utiliser des produits de soin spécifiques.**
- **Protéger par un écran solaire spécial bébé (indice 50)** à appliquer sur les zones de peau exposées pour permettre une protection contre les rayons ultra-violets (UV) nocifs.

Définition

Film hydrolipidique : film protecteur recouvrant la totalité de la surface de l'humain. Il est formé par une émulsion d'eau et de graisse.

- **Appliquer une crème protectrice de type pâte à l'eau sur la région du siège** pour empêcher l'agression de la peau par les urines et les selles (risque d'érythème fessier).
- **Choisir les produits en fonction de l'âge de l'enfant**. Les besoins de la peau ne sont pas identiques pour un nourrisson jusqu'à 3 mois, un bébé jusqu'à 3 ans et pour un enfant plus grand.

B Les produits de soin

Produits	Propriétés
Le savon doux en solution liquide	Le savon doux doit protéger la barrière cutanée de l'évaporation de l'eau, l'hydrater et préserver la richesse cellulaire de la peau. Il nettoie en douceur et évite le dessèchement de la peau et du cuir chevelu.
Le liniment oléo-calcaire	Il s'agit d'un produit naturel constitué de 50 % d'huile d'olive et de 50 % d'eau de chaux. Ses propriétés antiseptiques et apaisantes sont recommandées en cas de rougeurs ou d'érythèmes fessiers. Il ne nécessite pas de rinçage, la fine couche grasse sert de film protecteur.
L'eau nettoyante ou eau micellaire	La solution nettoyante élimine les salissures en douceur pour le siège et les plis. Sa composition permet d'éviter les risques d'assèchement et d'irritation de la peau. Elle ne nécessite pas de rinçage.
Le lait de toilette	Il nettoie en douceur la peau fragile des nourrissons et des enfants tout en apportant un confort immédiat. Il est nécessaire de bien le rincer, s'il est utilisé quotidiennement, et de refermer correctement le flacon afin de limiter la contamination du produit par des micro-organismes.
Le savon en pain (dermatologique)	Il est composé d'une base nettoyante végétale qui élimine les salissures de la peau tout en douceur. Sans parfum, ni colorant, il limite les risques d'assèchement et d'irritations de la peau. Toutefois il est de moins en moins utilisé car il existe un risque de développement de micro-organismes.
Les lingettes	Elles représentent un facteur de risque d'irritation important à cause de la présence d'un conservateur chimique (le phénoxyéthanol). Ne les utiliser que de façon exceptionnelle (ex. : voyage ou un pique-nique) et procéder à un rinçage. Elles ont un coût élevé et sont donc très peu utilisées en collectivité.

Fiche 26

Les produits et matériel de jeux et les courants éducatifs

Recueillir les informations, s'informer

Le jeu est une activité primordiale pour le développement de l'enfant. À travers le jeu, l'enfant découvre son corps et apprend à interagir avec les autres. Le jeu favorise le développement physique, intellectuel, social et même affectif de l'enfant. Il diffère selon les âges et **demande un matériel adapté.**

1 Quel jouet choisir ?

• Le jouet doit être :
– **adapté aux facultés psychomotrices et à la taille** de l'enfant ;
– **dépourvu de danger** lors de son utilisation (non tranchant et non toxique) ;
– **agréable au toucher**, lavable et fabriqué en matériau solide.

• La **réglementation** impose que tous les jouets destinés aux enfants comportent l'identité du fabricant ou de son mandataire, ainsi que :
– le marquage CE qui garantit la sécurité et la qualité ;
– la mention NF Petite enfance qui inclut des contrôles encore plus stricts ;
– les avertissements nécessaires à leur utilisation.

2 De jeux adaptés au développement de l'enfant

A Les jeux individuels

De 0 à 12 mois. **L'enfant découvre son corps et les objets qui l'entourent**. Cette découverte se fait avec les mains et aussi en portant tous les objets à la bouche. Il est important de **proposer des activités stimulant la motricité globale et fine, l'éveil et les sens.**
Exemples : boîte à encastrer, tapis de sol de couleur vive, poupée, mobile musical, hochet…
De 1 an à 2 ans. C'est le temps du jeu parallèle. **L'enfant joue à côté des autres enfants mais pas encore avec eux**. Sont encouragés tous les **jeux de développement de la motricité et de l'équilibre** tout en favorisant la **socialisation.**
Exemples : pâte à modeler, marionnettes, toboggan, jouets à bascule, jeux de rythme, téléphone, dînette…
De 2 ans à 3 ans. L'enfant a développé des compétences au niveau de la motricité et du langage. C'est la **période de transition entre le jeu individuel et le jeu collectif**. C'est le temps du jeu associatif. **Il joue avec les autres tout en restant autonome.**
Exemples : danse, farandole, jeux de ballons, tricycle, parcours de motricité…
De 3 ans à 6 ans. Son langage s'est développé. Il peut exprimer ses intérêts, affirmer ses choix, et partager ses idées avec les autres. Il **s'amuse à « faire semblant »**. Il est capable de comprendre et de suivre les règles de jeu. Il aime aussi jouer seul.
Exemples : casse-têtes, jeux de construction, dessins, jeux de rôles, déguisements, jeux de sociétés simples (tic-tac-toc, jeu de dames, jeux de mémoire, etc.).

B Les jeux collectifs

De 2 ans à 3 ans. Les enfants jouent les uns avec les autres. Ils collaborent pour atteindre un objectif. C'est une période où **les jeux collectifs jouent un rôle primordial dans le développement de la socialisation et de l'imaginaire.**
Exemples : corde à sauter, jeux de société, marelle, course, jouer au docteur…

De 3 ans à 6 ans. L'enfant coordonne bien ses mouvements. Il peut pousser, lancer et tirer, ce qui permet de pratiquer de nombreux jeux et activités extérieures. Il peut jouer seul mais **les autres enfants sont dorénavant ses partenaires de jeu préférés.**
Exemples : jouer avec des ballons, faire du tricycle ou de la bicyclette, courir, glisser, se balancer…

C Le matériel d'activités créatives

Attention !
Tous ces produits doivent exclusivement être utilisés en présence d'un adulte.

- **La peinture. Elle permet à l'enfant de développer ses 5 sens :** la vue grâce aux couleurs, l'ouïe avec le contact de la peinture sur le papier, l'odorat par l'odeur de la peinture, le toucher notamment grâce à la peinture au doigt et même le goût car les enfants ne se privent pas de la mettre à la bouche, raison pour laquelle **il est impératif que la peinture soit non toxique et lavable.**
- Elle se présente sous différentes formes (poudre, pâte fluide plus ou moins épaisse) pouvant se diluer à l'eau. Il est recommandé d'utiliser pour les jeunes enfants la **peinture au doigt dès 12 mois** : norme CE EN 71 et la **gouache** (peinture à l'eau) **dès 3 ans** : norme CE.
- **Les produits de collage.** Tout comme la peinture, il est important que **la colle** ne représente pas de dangers pour les enfants. Elle **doit être sans solvant, non toxique, non inflammable** sous formes liquide, pâteuse ou en bâton.
- **Les produits « faits maison ».** Pâte à sel, pâte à papier, pâte à modeler permettent à l'enfant de fabriquer des figurines, des objets en développant son **imagination** et sa **créativité**, sa **coordination motrice** en le sensibilisant aux modifications des matières.

3 Les courants éducatifs

A La pédagogie Pikler (dite Lóczy)

Cette pédagogie **favorise le développement autonome et harmonieux de l'enfant en intervenant le moins possible.** Elle implique un environnement adapté pour l'enfant, dépourvu de dangers afin qu'il puisse exercer sa motricité en toute liberté. **L'enfant découvre le jeu par lui-même** sans jamais que l'adulte ne s'immisce dans l'acquisition des postures. **Cette pédagogie est de plus en plus appliquée en établissement d'accueil de la petite enfance.**

B La pédagogie Montessori

- La pédagogie créée par Maria Montessori repose sur l'éducation sensorielle conduisant à une **perception consciente des positions ou des mouvements des différentes parties du corps.**
- Le maître mot de cette pédagogie est : « apprends-moi à faire tout seul ». Les adultes observent les enfants sans freiner leurs impulsions mais en leur indiquant les gestes appropriés.

C La pédagogie Piaget

- Basée sur les différents stades de développement de l'enfant, **cette pédagogie s'attache à montrer que c'est par l'expérience que l'on s'approprie des informations nouvelles** : « on n'apprend qu'à partir de ce que l'on sait ». Cette pédagogie affirme que **pour stimuler correctement un enfant, il est nécessaire de lui imposer autant d'activités qu'il peut en faire, aussi difficiles soient-elles s'il peut réussir à les faire.**
- L'enfant est donc incité à jouer dans la mesure de ses capacités, et au-delà, s'il le demande. L'équilibre réside dans la stimulation de l'enfant en veillant à ne pas le mettre en situation d'échec.

D La pédagogie Freinet

C'est une **pédagogie qui respecte le rythme biologique de l'enfant** et trouve une harmonie entre les différentes composantes de l'éducation : cognitive, sociale et affective. C'est une **pédagogie active où l'enfant devient acteur de son apprentissage.**

Fiche 27 Les produits d'entretien et la notion du développement durable

Recueillir les informations, s'informer

L'entretien des locaux est une activité quotidienne dans les établissements d'accueil de la petite enfance. **Les produits d'entretien utilisés doivent répondre à certains critères** que ce soit en matière d'**hygiène des locaux,** de **santé pour les usagers et le personnel** ou pour la **protection de l'environnement**.

1 Le développement durable

- Il est important que les collectivités utilisent des produits répondant aux impératifs du développement durable, à savoir des **produits éco-responsables**.
- Ceux-ci doivent être :

– **labellisés qualité environnementale**, par exemple : NF ENVIRONNEMENT
– **biodégradables** ;
– **exempts de substances dangereuses**, donc sans les pictogrammes suivants :

Corrosif

Toxique

Toxique, irritant

Cancérogène

Danger pour le milieu aquatique

– conditionnés dans un emballage constitué de matériaux recyclés ou renouvelables ;
– concentrés, ou en grand conditionnement ;
– munis de systèmes de pompe ou doseur.

2 Les produits d'entretien

A La classification des produits d'entretien selon leur action

• Les détergents

Il s'agit de **produits nettoyants**. Les composants principaux des détergents sont les **tensio-actifs** qui permettent de **décoller et émulsionner les salissures**. Les détergents sont dotés de pouvoirs mouillant, dispersant (solubilisant), émulsionnant, moussant, dégraissant et sont souvent associés à des agents anti-redéposition.

• Les désinfectants

Leur utilisation permet d'éliminer, de **tuer** ou de **freiner les micro-organismes** et/ou d'**inactiver les virus indésirables**. Ces produits doivent satisfaire aux normes AFNOR. Ils sont **bactéricides, fongicides, virucides** et/ou **sporicides**. Le résultat de la désinfection est dit momentané.

Définitions

Bactéricide : tue les bactéries.
Fongicide : tue les champignons microscopiques.
Virucide : inactive les virus.
Sporicide : détruit les spores.

Remarque

Il est impératif de nettoyer avant d'appliquer le désinfectant. On ne doit ni rincer, ni essuyer un désinfectant.

• Les détergents-désinfectants

Ces produits présentent les **propriétés de détergence et de désinfection.** Leur utilisation permet un gain de temps et une simplification du travail.

- **Les abrasifs**

Ce sont des **détergents** sous forme de pâte ou de poudre contenant de la silice ou de la calcite finement broyée qui donne au produit une **action abrasive**. Ils agissent par action mécanique (par frottement et par usure de la tâche).

- **Les détartrants**

Ces **produits acides** permettent d'éliminer les dépôts de calcaire (exemple : détartrage des sanitaires). Le tartre est l'ennemi de la propreté. Il rend le nettoyage compliqué et favorise l'installation de micro-organismes difficiles à déloger.

- **Les produits de protection des sols**

Ce sont des produits spécifiques contenant des composants (polymères, cires…) qui par dépôt sur la surface, assurent la protection des sols face aux attaques extérieures.

- **Les agglutinants**

Ce sont des **produits** du type dépoussiérants qui sont **capables de réunir des particules solides** et de les enrober d'une mince couche adhésive **pour éviter leur dispersion**.

B Les règles d'utilisations des produits

- **Les paramètres d'action des produits d'entretien**

La température de l'eau
Le respect de la température assure l'efficacité du produit. Une température trop élevée peut augmenter la toxicité du produit.

+

Le temps d'action
Un temps d'action est nécessaire pour que les réactions chimiques agissent.

+

Nettoyage efficace

+

L'action mécanique
Pour éliminer les souillures adhérentes, l'action des produits doit être complétée par un brossage énergique.

+

Le dosage
Un dosage insuffisant diminue l'efficacité du produit. Un dosage excessif rend difficile le rinçage, provoque une perte inutile de produit, et contribue à la pollution des eaux.

- **Les conseils d'utilisation**

Afin de prévenir le risque chimique pour le manipulateur et pour optimiser l'efficacité du produit il est nécessaire de :
- **porter les EPI nécessaires** (gants de nettoyage et lunettes) ;
- **ne jamais mélanger deux produits** (risque de réactions chimiques dangereuses pour le manipulateur et risque d'incompatibilité ou/et d'inactivation) ;
- **respecter le mode d'emploi** et les conditions d'utilisation ;
- **fermer et étiqueter les flacons** contenant les produits dilués ;
- **stocker à l'abri de la chaleur et de la lumière** et assurer la rotation des stocks ;
- **ne pas utiliser de flacons alimentaires** pour reconditionner des produits ;
- **respecter les dates de péremption** ;
- **conserver les fiches de sécurité** des produits dans un classeur facilement consultable en cas d'accidents (ingestion, projection dans les yeux …).

Sigle
EPI : équipement de protection individuelle.

Fiche 28

L'organisation spatiale des locaux

Recueillir les informations, s'informe

1 La réglementation

Le Code de la Santé publique précise les dispositions qui doivent être prises pour les structures d'accueil de la petite enfance : « Les locaux et leur aménagement doivent permettre la mise en œuvre du projet éducatif. […] Les personnels des établissements doivent pouvoir y accomplir leurs tâches dans des conditions satisfaisantes de sécurité, d'hygiène et de confort, en portant aux enfants une attention constante et en organisant de manière adaptée à leurs besoins les repas, le sommeil, le repos, les soins corporels et les activités de jeu et d'éveil. L'aménagement intérieur des établissements doit favoriser en outre l'accueil des parents et l'organisation des réunions pour le personnel. »

2 L'aménagement

Les espaces, les locaux et leur aménagement doivent donc être fonctionnels et organisés. Ils doivent être aménagés :

– pour **offrir, aux enfants** qui y sont accueillis, **des locaux et des aménagements prenant en compte leurs besoins** au niveau des repas, du sommeil, du repos, des soins corporels et des activités de jeux et d'éveil ;

– pour **favoriser l'accueil des parents** ;

– pour pouvoir **organiser des réunions pour le personnel.**

Exemple

Plan de la halte-crèche « Brindille » de la ville de Thorigne-Fouillard

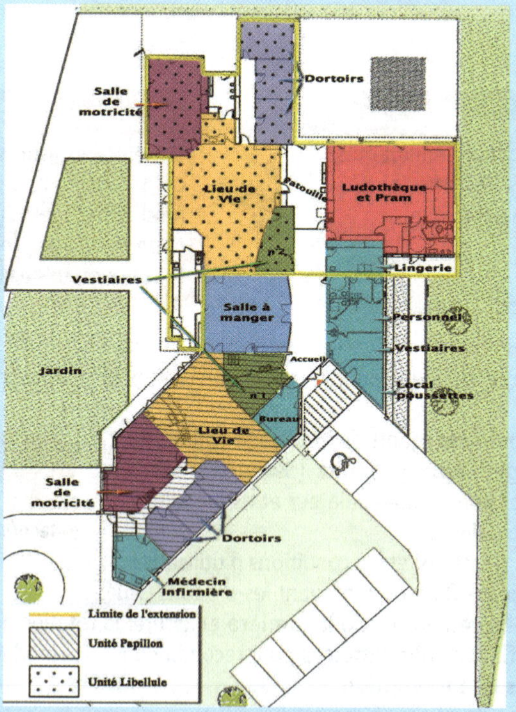

www.ville-thorigne-fouillard.fr

3 Les espaces intérieurs

• Situés de préférence en rez-de-chaussée pour qu'ils soient faciles d'accès, les espaces intérieurs doivent présenter :
– **une salle accueil-vestiaire-local** comprenant bancs, patères pour le déshabillage, casiers individuels et panneau d'affichage informatif (règlement de fonctionnement, projet éducatif, menus, réunions…) ;
– **plusieurs salles d'éveil** pour réaliser des activités « décloisonnées » dont une servira de salle à manger ;
– **des salles de repos** permettant la surveillance des enfants ;
– **des sanitaires** équipés de lavabos adaptés aux enfants, baignoire enfants et toilettes séparés avec des cloisons à mi-hauteur et lavabos ;
– **une cuisine aménagée** (table de cuisson, four, réfrigérateur, évier (mitigeur), placard, plan de travail, lave-mains à commande non manuelle), et réserves ;
– **une biberonnerie** placée à proximité du lieu de vie des bébés ;
– **des services généraux** : bureau du directeur, accueil, secrétariat, une salle de réunion du personnel, des vestiaires du personnel, une buanderie (lave-linge, sèche-linge) et un local d'entretien, un local pour les déchets, un local de rangement éducatif et de stockage des jeux extérieurs.

Remarque

Dans tous les cas, les revêtements des sols, parois, et matériaux des mobiliers doivent être facilement lavables et désinfectables pour le respect de l'hygiène.

• Certains services comme les services d'accueil familial doivent disposer d'un **local réservé à l'accueil des assistants maternels et des parents**, d'une **salle de réunion** et **d'un espace réservé aux activités d'éveil** des enfants.

4 Les espaces extérieurs

Les établissements sont tenus de posséder un **jardin (et/ou une terrasse) suffisamment spacieux, ombragé, clos (hauteur de la clôture : 1,50 m) et aménagé en toute sécurité.** Cet espace d'éveil et de jeux permet aux enfants de s'aérer, de se dépenser et d'entrer en relation avec la nature.

Remarque

Dans ces espaces intérieurs et extérieurs, le mobilier, les couleurs, les volumes, les matériaux divers, les reliefs doivent offrir un lieu clair, agréable, chaleureux, et harmonieux pour accompagner l'évolution et l'épanouissement des enfants à tous les niveaux (sécurité, confort, respect du rythme des enfants, apprentissages, motricité…).

QCM Recueillir les informations, s'informer

Parmi les propositions suivantes, cochez la ou les bonnes réponses.

1. Pour être admis en crèche, l'enfant doit :

❍ a. avoir entre 2 mois et 3 ans.
❍ b. être en règle au regard des vaccinations obligatoires.
❍ c. avoir entre 4 et 6 ans.

2. Les effectifs des personnels présents dans les établissements d'accueil collectif sont réglementés. Il faut prévoir un professionnel :

❍ a. pour 5 enfants qui ne marchent pas.
❍ b. pour 8 enfants qui marchent.
❍ c. pour 10 enfants.

3. Les missions des établissements d'accueil collectif sont :

❍ a. de veiller à la sécurité et au bien-être des enfants.
❍ b. de participer à l'intégration sociale d'enfants en situation de handicaps ou atteints d'une maladie chronique.
❍ c. d'aider les parents afin qu'ils puissent concilier leur vie familiale et professionnelle.
❍ d. de permettre aux parents de partir en congés.

4. L'école maternelle accueille les enfants :

❍ a. de 3 à 5 ans.
❍ b. parfois dès l'âge de 2 ans.
❍ c. à partir de 4 ans.

5. L'école maternelle est obligatoire :

❍ a. oui.
❍ b. non.

6. En école maternelle, la journée scolaire ne peut dépasser :

❍ a. 6 heures.
❍ b. 7 heures.
❍ c. 8 heures.

7. La crèche familiale emploie :

❍ a. des assistantes maternelles agréées.
❍ b. des agents territoriaux spécialisés des écoles maternelles.
❍ c. des agents d'accompagnement à l'éducation de l'enfant.

8. Le sigle MDPH signifie :

❍ a. maison départementale des personnes handicapées.
❍ b. maison départementale pour les handicapés.
❍ c. maison départementale pour la prévention du handicap.

9. L'allocation d'éducation de l'enfant handicapé (AEEH) est versée par :

❍ a. la caisse d'allocation familiale (CAF).
❍ b. la protection maternelle infantile (PMI).
❍ c. l'employeur.

10. L'allocation journalière de présence parentale est :

❍ a. une aide financière permettant de compenser la perte de salaire des parents qui doivent cesser leur activité professionnelle pour rester auprès de leur enfant gravement malade, accidenté ou handicapé.
❍ b. une aide financière versée aux familles si l'enfant est handicapé ou atteint d'un trouble de santé invalidant.

11. Le sigle PAI signifie :

❍ a. projet d'accueil individualisé.
❍ b. programme d'aide individualisé.
❍ c. projet d'aide individualisé.

12. Le sigle PPRE signifie :

❍ a. programme personnalisé de réussite d'enseignement.
❍ b. programme personnalisé de réussite éducative.
❍ c. projet personnalisé de réussite éducative.

13. Le sigle PAP signifie :

❍ a. plan d'accompagnement personnalisé.
❍ b. projet d'aide personnalisé.
❍ c. projet d'accompagnement pratique.

14. Le sigle PPS signifie :

❍ a. projet personnalisé de scolarisation.
❍ b. programme de personnalisation scolaire.
❍ c. projet personnalisé scolaire.

15. Le PAI permet la prise en charge :

❍ a. de pathologies chroniques.
❍ b. de situations de handicap.
❍ c. de troubles de l'apprentissage.
❍ d. d'insuffisances de connaissances et de compétences.

16. La cellule est :

❍ a. constituée de plusieurs organes.
❍ b. la plus petite unité fonctionnelle de l'organisme.
❍ c. un ensemble de tissus.

17. L'appareil est :

❍ a. un ensemble de cellules.
❍ b. constitué de plusieurs organes.
❍ c. constitué d'un tissu.

18. Le système nerveux participe à :

❍ a. la fonction de relation.
❍ b. la fonction de reproduction.
❍ c. la fonction de digestion.

19. L'appareil locomoteur est formé :

❍ a. d'os.
❍ b. de muscles.
❍ c. de peau.
❍ d. d'articulations.

20. Les différents types d'articulations sont :

❍ a. fixes.
❍ b. semi-mobiles.
❍ c. lâches.
❍ d. mobiles.

Solutions : 1. a., b. – **2.** a., b. – **3.** a., b., c. – **4.** a., b. – **5.** b – **6.** a. – **7.** a. – **8.** a. – **9.** a. – **10.** a. – **11.** a. – **12.** b. – **13.** a. – **14.** a. – **15.** a. – **16.** b. – **17.** b. – **18.** a. – **19.** a., b., d. – **20.** a., b., d.

Fiche 29 Les droits de l'enfant

1 La capacité juridique de l'enfant

L'enfant acquiert sa capacité juridique à 18 ans. Il pourra alors exercer les droits dont il jouit comme le droit de vote par exemple.

Définition

Capacité juridique : compétence d'une personne en matière de droit. L'enfant n'a pas de capacité juridique, ce sont ses parents et la société qui doivent défendre ses droits.

2 La Convention internationale des droits de l'enfant (CIDE)

A Respecter les droits des enfants

- En raison de leur vulnérabilité, les enfants ont besoin de droits spécifiques qui reconnaissent leur besoin d'une protection spéciale.
- La **Convention internationale des droits de l'enfant** a été adoptée par l'Organisation des Nations unies (ONU), le 20 novembre 1989. Depuis cette date, **193 pays l'ont signée dont la France en 1990.** Ils se sont donc engagés en la signant à mettre en place des mesures pour **faire respecter les droits des enfants** sur leur territoire.
- Cette convention énonce les droits qui doivent être respectés pour que les enfants puissent développer tout leur potentiel, être à l'abri de la faim et du besoin, et être protégés de la négligence et des mauvais traitements.

B Les principes directeurs de la Convention

Les 54 articles de la Convention peuvent être regroupés en un ensemble de **principes directeurs** et de **catégories de droits.**

- **Respect de l'intérêt supérieur de l'enfant** : l'État doit assurer à l'enfant la protection et les soins nécessaires au cas où ses parents ou les autres personnes responsables de lui en sont incapables.
- **Le droit à la non-discrimination** : l'enfant doit être protégé contre les pratiques qui peuvent pousser à la discrimination raciale, à la discrimination religieuse ou à toute autre forme de discrimination. (Dans de nombreux pays en développement, les enfants handicapés physiques ou mentaux ont un avenir très incertain : on estime que moins de 2 % de ces enfants vont à l'école.)
- **Le droit à la vie, à la survie et au développement** : un enfant a besoin pour survivre et se développer au mieux de ses capacités, d'une alimentation adéquate, d'un logis, d'eau propre, d'une éducation, de soins, de loisirs, et d'activités culturelles.
- **Le droit de participer** : l'enfant est libre d'exprimer des opinions et a le droit de donner son avis sur des questions qui ont une incidence sur sa vie sociale, économique, religieuse, culturelle et politique.

C Les catégories de droits

Le droit à la survie et à la santé	Le droit à la famille	Le droit à l'éducation et à l'instruction	Le droit à la liberté d'opinion et d'expression
Le droit à être protégé contre l'exploitation dans le travail	Le droit à être protégé contre l'exploitation sexuelle et les mauvais traitements	Le droit à être protégé contre toute forme de discrimination	Le droit à être protégé contre la guerre et les privations de liberté

3 Les partenaires

A Le Défenseur des droits

• **Le Défenseur des droits est une institution de l'État complètement indépendante.** Créée en 2011, elle a deux missions principales :
– **défendre les personnes dont les droits ne sont pas respectés** ;
– **permettre l'égalité de tous et toutes** dans l'accès aux droits.

• Le Défenseur des droits est chargé de défendre et de promouvoir l'intérêt supérieur et les droits des enfants. Il est assisté dans cette mission par le **Défenseur des enfants** dont les missions sont de :
– **recevoir et traiter gratuitement les réclamations** concernant des situations pour lesquelles les droits de l'enfant ou son intérêt supérieur n'auraient pas été respectés ;
– **proposer des modifications de textes** (législatifs ou réglementaires) ou de pratiques afin que les droits de l'enfant soient appliqués ;
– **rendre des avis sur tous les projets de lois** qui concernent les enfants ;
– **promouvoir les droits de l'enfant** par des actions de formation et d'information sur le territoire français.

B Unicef France

Unicef France, créée en 1964, sous le statut d'association est reconnue d'utilité publique depuis 1970. **Unicef France représente l'Unicef en France auprès des institutions et de la société civile.** Elle développe des actions qui ont pour but de faire connaître la situation des enfants dans le monde et de collecter des fonds pour soutenir les programmes mis en œuvre par l'Unicef (éducation, vaccination…). Unicef France a également pour mission de **faire connaître la Convention internationale des droits de l'enfant** et d'en promouvoir une meilleure application, sur le sol français comme dans le monde.

C Confédération nationale des associations de la petite enfance (CNAPE)

• Elle a été **fondée en 1948**, c'est une fédération d'associations qui développent des actions socio-éducatives, sociales et médico-sociales en faveur des enfants, des adolescents et des adultes.

• Elle est **reconnue d'utilité publique depuis 1982** et les pouvoirs publics, les magistrats, les élus et les responsables économiques la consultent pour aider à l'élaboration des politiques sociales.

Fiche 30

L'évolution sociologique de la famille

Les parents ont un rôle essentiel dans le développement de leur enfant. La recherche en psychologie révèle que l'enfant a besoin d'**amour** et d'une **structure** (C.M. Lee, 2009). La relation entre l'enfant et ses parents a une grande influence sur la plupart des sphères de son développement.

1 Les rôles des parents

A Apporter de l'amour

Une relation aimante est nécessaire pour que l'enfant puisse acquérir confiance et estime de soi. L'amour se manifeste par des sourires, des câlins, une valorisation, mais aussi par l'intérêt qu'on montre à l'enfant et les moments qu'on partage avec lui.

B Fournir un cadre

- **L'enfant a également besoin d'une structure, d'un cadre.** Les parents montrent à l'enfant les limites d'un comportement acceptable en établissant des règles et des attentes claires. Ils montrent à l'enfant que ses actions ont des conséquences (C. M. Lee, 2009).
- « Les bonnes manières ne peuvent pas s'enseigner, car elles ont leurs racines dans l'inconscient », disait le psychanalyste anglais Alexander S. Neill.
- **Les parents représentent** en effet un **modèle** important **de comportement** pour leur enfant car, très tôt il joue à les imiter, il apprend donc en les observant.

C Favoriser le développement et les apprentissages

- **Les parents vont devoir s'adapter au développement de leur enfant.** En effet, ils vont choyer leur bébé et l'entourer de leur amour et de leur attention alors que ce même bébé, devenu adolescent, aura besoin d'autonomie et de considération.
- **Les parents ont également un rôle essentiel dans l'apprentissage et l'acquisition du langage** chez le jeune enfant en le faisant participer à des activités d'apprentissage régulières (par exemple, lire une histoire), en ayant des interactions parents-enfant de qualité et en mettant à la disposition de l'enfant du matériel d'apprentissage adapté à son âge (par exemple, livres et jouets).

2 Les différentes formes de familles

- **La famille nucléaire :** elle est constituée d'un couple vivant avec un ou plusieurs enfants issus de cette union.
- **La famille recomposée :** elle consiste en un couple vivant avec au moins un enfant dont un seul membre du couple est le parent. C'est le cas, par exemple d'un couple de deux personnes qui ont des enfants issus d'une première union.
- **La famille monoparentale :** elle est formée d'un parent qui vit seul avec son ou ses enfants.

L'info en +

D'après le rapport de B. Capdeville en 2013, les couples avec enfant(s) constituent 27,1 % des ménages, les couples sans enfant sont 25,9 %, les familles monoparentales 19 %, tandis que les célibataires sont 33,6 %.

- **La famille homoparentale :** l'enfant vit avec deux parents de même sexe.
- Le nombre de familles monoparentales a doublé entre 1990 et 2013 (22,2 % des familles en 2013 selon l'Insee) et dans 85 % des cas, la famille monoparentale est constituée de la mère et de son/ses enfants.

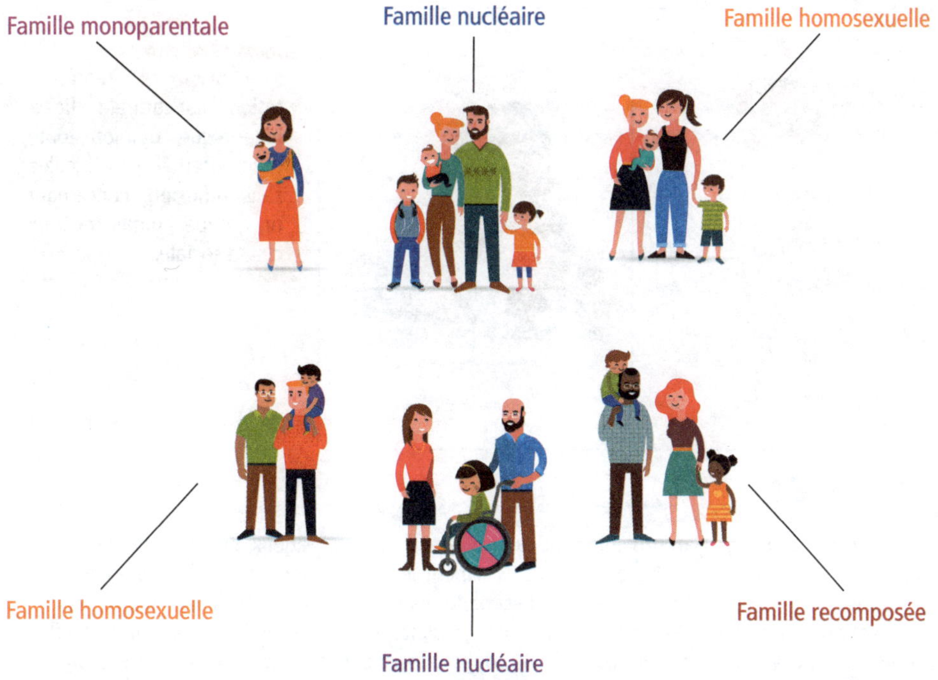

Les différentes formes de famille

3 La vulnérabilité des familles

- **Les familles peuvent rencontrer des périodes difficiles, les rendant vulnérables,** comme la perte d'emploi, une baisse importante des revenus, une dégradation des conditions de travail, la perte du logement ou un logement insalubre, une séparation, le départ d'un pays (familles migrantes), des difficultés de santé, l'apparition d'un handicap, voire un décès. La vie familiale se trouve ainsi perturbée, les personnes pouvant se retrouver isolées, vivre des difficultés psychologiques, financières et matérielles.
- **Les familles peuvent se retrouver en situation de précarité.** La précarité est un état qui est incertain, sans base assurée. Les familles précaires connaissent une dégradation de leurs conditions de vie : les fins de mois difficiles génèrent privations de consommation (alimentation, loisirs, santé, etc.), retards de paiement, incapacité de répondre aux besoins matériels et éducatifs essentiels de leurs enfants et risquent, à terme, de s'installer dans une vulnérabilité durable.
- **Les conditions de vie précaires impactent sans conteste le développement de l'enfant** (C. Zaouche-Gaudron, 2006) : impact sur la santé, le bien-être physique et mental et la réussite scolaire de l'enfant.
- Mais cette seule affirmation ne suffit pas à rendre compte de la variabilité de leur impact. Il faut pour cela considérer le contexte dans son ensemble, économique certes, mais surtout familial et environnemental (C. Zaouche-Gaudron, 2006).

Fiche 31 Les stéréotypes concernant les professionnels et les enfants

Adopter une posture professionnelle adapt

1 Qu'est-ce qu'un stéréotype ?

Définition

Stéréotype : représentation caricaturale figée, idée reçue, opinion toute faite acceptée et véhiculée sans réflexion, concernant un groupe humain ou une classe sociale.

Exemple

Stéréotypes pour les garçons : ils sont curieux, intelligents, courageux, bruyants, hardis, agressifs, ambitieux, portent les cheveux courts. Ils aiment le sport, le foot, se battent, prennent des initiatives, aiment les mathématiques, conduisent des camions….

Stéréotypes pour les filles : elles sont polies, sensibles, calmes, attentives aux autres, timides, curieuses, dociles, portent des robes et de longs cheveux. Elles restent à la maison, font le ménage, aiment lire, pleurent facilement, racontent des ragots, aiment les jolis vêtements, ont peur des abeilles.

Le danger des stéréotypes est qu'ils peuvent discriminer une personne ou un groupe, les menant à être mis à l'écart ou à être victimes d'injustices.

2 Les stéréotypes concernant les enfants

Le développement de l'enfant passe par ce que leur transmettent les parents, l'école et les personnes qu'ils rencontrent dans le milieu dans lequel ils évoluent (personnels de crèche, halte-garderie, assistantes maternelles…). La littérature jeunesse, les jeux et les médias mis également à la disposition des enfants pour leur développement sont eux aussi porteurs de stéréotypes.

A Les stéréotypes dans la littérature enfantine

Hélène Montardre, auteure de l'article *Livre jeunesse* : *peut mieux faire* (*Cahiers pédagogiques*, n° 372, 1999), relève que les rôles principaux sont très souvent attribués aux garçons, les filles se trouvant généralement dans des rôles secondaires. Elle fait le constat que pour 10 livres où le personnage principal est un homme, un seul a une héroïne féminine.

B Les stéréotypes dans les jeux pour enfants

Les stéréotypes trouvent également leur origine chez les industriels. Depuis les années 1990, les fabricants de jouets se sont mis à fabriquer des jouets pour un sexe ou pour l'autre, ce qui leur permet de multiplier leurs ventes.

3 Les stéréotypes concernant les professionnels

A La féminisation du travail

Depuis plusieurs années, **la part des femmes augmente dans la population active (48,2 % en 2014 d'après l'INSEE)**. Mais la féminisation du travail s'est réalisée sans véritable mixité : la plupart des études et des métiers restent à dominante masculine ou féminine : aux filles, le médical et le paramédical, le luxe, les médias. Aux garçons, le numérique et les nouvelles technologies, l'aéronautique et le spatial, la robotique et l'automobile... (Enquête CSA pour l'association « Elle bouge » publiée le 8 mars 2016.)

Remarque

Les stéréotypes de sexe se retrouvent dans le nom des professions : « On parle toujours de l'infirmière, mais du docteur ; du pompier, mais de la secrétaire… ».

B Lutter contre les stéréotypes filles-garçons

Le rapport parlementaire du 16 janvier 2014 « Lutter contre les stéréotypes filles-garçons, un enjeu d'égalité et de mixité dès l'enfance » établi par le Commissariat général à la stratégie et à la prospective fait **30 propositions pour lutter contre les stéréotypes dont certaines sont en direction des professionnels :**

– sensibiliser le personnel éducatif à l'égalité des sexes ;
– inciter les fédérations sportives à la mixité des pratiques ;
– créer un « plan national d'action pour la montée en mixité des métiers de la petite enfance » ;
– poursuivre le programme d'expérimentation « ABCD de l'égalité », dans les écoles maternelles et primaires qui vise à transmettre une culture de l'égalité et du respect entre les filles et les garçons, dès leur plus jeune âge, en agissant sur les pratiques des acteurs de l'éducation et sur les représentations des élèves.

C Une éducation neutre

Ce rapport préconise également l'**ouverture de crèches expérimentales** : le personnel encadrant de ces crèches veillerait spécifiquement à **prodiguer une éducation neutre**, en initiant par exemple aussi bien les filles que les garçons au bricolage ou à la cuisine. Un mode de fonctionnement inspiré de la Suède, où dans certaines crèches plus aucune référence masculine ou féminine n'est autorisée.

Fiche 32 Le principe de laïcité

Adopter une posture professionnelle adapt…

Le principe de laïcité est une conception de la société organisée sur la séparation de l'Église et de l'État et qui exclut la religion de l'exercice de tout pouvoir politique ou administratif, et, en particulier, de l'enseignement. Le principe de la laïcité de l'État est inscrit dans l'article 1er de la Constitution française de 1958.

1 Les Assises de la République

Elles ont permis de formuler les recommandations suivantes :
– **associer** pleinement **les parents d'élèves** à la mission **éducative de l'école ;**
– faire partager le règlement intérieur et la **Charte de la laïcité** ;
– favoriser le **travail conjoint** des **collectivités locales**, de l'**Éducation nationale** et de l'ensemble des **services de l'État** pour la réussite éducative des jeunes ;
– **construire un cadre commun pour la mise en œuvre du principe de laïcité** dans les temps scolaires et périscolaires par l'introduction d'un volet « laïcité/citoyenneté » dans les projets éducatifs territoriaux ;
– **mobiliser les acteurs associatifs, le monde économique et la société civile** pour soutenir l'action de l'école dans la lutte contre les déterminismes sociaux.

Voir Fiche 66

L'info en +

Les Assises locales et départementales de la mobilisation de l'École et de ses partenaires pour les valeurs de la République se sont déroulées du 9 février au 24 avril 2015.

2 La charte de la laïcité à l'école

Par cette charte en 15 points, la Nation confie à l'école la mission de faire partager aux élèves les valeurs de la République.

Extrait de la charte

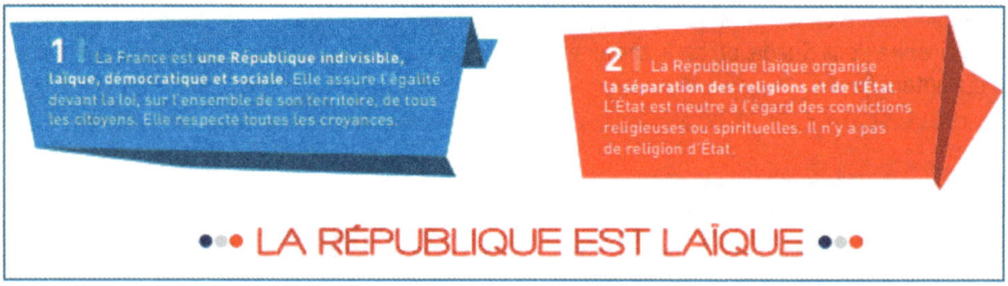

3 L'observatoire de la laïcité

L'observatoire de la laïcité assiste le Gouvernement dans son action visant au respect du principe de laïcité en France. Il réunit les données, produit les analyses, études et recherches permettant d'éclairer les pouvoirs publics sur la laïcité. Il est consulté par le Premier ministre ou les ministres sur des projets de textes législatifs ou réglementaires.

Fiche 33 Le secret professionnel, discrétion professionnelle, secret partagé

Adopter une posture professionnelle adaptée

1 Le secret professionnel

• **Le secret professionnel est une notion de droit pénal**, pour laquelle l'article 226-13 du Code pénal dispose que « la révélation d'une information à caractère secret par une personne qui en est dépositaire soit par état ou par profession, soit en raison d'une fonction ou d'une mission temporaire, est punie d'un an d'emprisonnement et de 15 000 euros d'amende ».

Définition

Secret professionnel : obligation de taire toute information à caractère secret apprise dans le cadre de sa profession. Il porte sur ce qui a été confié, mais aussi sur ce qui a été vu, lu, entendu, constaté ou compris.

• **Est soumise au secret professionnel toute personne qui en est dépositaire** soit par état ou par profession, soit en raison d'une fonction ou d'une mission temporaire.

• **Le secret professionnel peut être levé sur autorisation de la personne concernée.** Cette levée est obligatoire quand elle concourt à assurer la protection des personnes.

Exemple

Cas de levée du secret professionnel

Maltraitance, préservation de la santé publique : révélation de maladies à déclaration obligatoire ou nécessitant une surveillance, préservation de l'ordre public : dénonciation de crimes ou délits, bon déroulement des procédures de justice.

2 La discrétion professionnelle

• **Les salariés des organismes de droit privé gestionnaires d'établissements et services sociaux et médico-sociaux** sont, eux aussi, tenus à une **obligation de discrétion**.

• Cette obligation concerne tout ce qui touche à la vie de la structure dans laquelle ils travaillent, son organisation et vise à garantir son bon fonctionnement. **En cas de manquement** à cette obligation, l'agent s'expose à des **sanctions disciplinaires**.

Définition

Discrétion professionnelle : obligation pour les agents publics de taire les informations, documents ou faits dont ils ont connaissance dans l'exercice de leurs fonctions.

• **L'obligation de discrétion est donc plus large que le secret professionnel.** Elle concerne l'ensemble des agents de l'administration ou des salariés et non une liste limitative de professionnels.

3 Le secret partagé

L'article 1 du décret n° 2016-994 du 20 juillet 2016 stipule que **les professionnels participant à la prise en charge d'une même personne peuvent échanger ou partager des informations** relatives à la personne prise en charge dans la **double limite** :

① des seules informations strictement nécessaires à la coordination ou à la continuité des soins, à la prévention, ou au suivi médico-social et social de ladite personne ;

② du périmètre de leurs missions.

Définition

Partage d'informations à caractère secret : communication d'informations à caractère secret entre professionnels d'un même établissement (partage interne) ou avec des partenaires (partage externe).

Fiche 34 Les valeurs, normes, règles professionnelles

1 Les règles professionnelles

• **Les règles professionnelles**, en application des dispositions légales et réglementaires en vigueur, **s'appliquent aux professionnels d'un secteur.**

Exemple

L'Union fédérative nationale des associations de familles d'accueil et assistants maternels (UFNAFAAM) a rédigé un code de déontologie comptant plusieurs principes, notamment :
– **les professionnels offrent un cadre sécurisant attentif et bienveillant** à l'égard des personnes accueillies ;
– **ils s'adaptent aux besoins et aux possibilités de la personne ;**
– **ils tiennent compte des volontés des familles** et n'imposent pas leurs valeurs personnelles mais peuvent proposer d'autres approches d'éducation ou d'intégration sociale. Ils veillent à **ne pas juger la famille.**

Définition

Déontologie professionnelle : ensemble des devoirs et des droits régissant l'exercice d'une profession.

• **Dans les établissements et services d'accueil des enfants de moins de 6 ans**, l'activité des professionnels est encadrée par le Code de la santé publique.

Exemple

L'auxiliaire de puériculture dispense à l'enfant des soins d'hygiène et de confort. Ces soins sont délégués à l'auxiliaire par la puéricultrice et l'infirmier, ils sont donc effectués en collaboration avec eux et sous leur responsabilité.

2 Le règlement intérieur

Définition

Règlement intérieur : document qui précise un certain nombre d'obligations que le salarié et l'employeur doivent respecter à l'intérieur de l'entreprise.

• Les dispositions du **règlement intérieur** doivent être conformes aux dispositions des lois, règlements et conventions collectives applicables.

• Il est à distinguer du **règlement intérieur élaboré par les établissements et services d'accueil des enfants de moins de 6 ans** (article R. 180-11 du décret du 1er août 2000) qui précise les **modalités** d'organisation et de fonctionnement de l'établissement ou du service, et notamment :
– les **horaires et les conditions de départ des enfants** ;
– les **modalités de délivrance de soins spécifiques**, occasionnels ou réguliers ;
– les **modalités d'intervention médicale** en cas d'urgence ;
– les **modalités d'information et de participation des parents** à la vie de l'établissement ou du service.

3 Les normes

Voir Fiche 6

Les lieux d'accueil de la petite enfance sont soumis à des normes (règles) : normes d'accueil (par exemple, capacité maximale d'accueil), normes de qualification des personnels, normes d'hygiène et de sécurité (par exemple, présence d'extincteurs), normes environnementales (par exemple, label Ecocert).

Fiche 35 Les notions de responsabilités civile et pénale

Adopter une posture professionnelle adaptée

1 La responsabilité civile

- **Toute personne responsable d'un dommage doit réparer le préjudice** causé à la victime en lui versant des **dommages et intérêts.**
- Le **dommage** peut être **matériel, financier, physique** ou **moral.**
- **Une personne majeure** est responsable des dommages causés par ses propres actions. Elle est également responsable des dommages causés par sa négligence ou par son imprudence.
- **Dans le cas d'un salarié**, c'est son **employeur** qui est **responsable** des faits commis par cet employé, dans le cadre de ses fonctions et durant le temps de travail.
- **La souscription d'une assurance responsabilité civile** permet l'indemnisation des victimes en préservant le patrimoine personnel de la personne condamnée.

2 La responsabilité pénale

- **La responsabilité pénale est l'obligation de répondre des infractions personnelles à la loi** (contraventions, délits, crimes).
- La responsabilité pénale vise la **sanction de comportements** considérés comme des **atteintes à l'ordre public**. Elle ne vise pas la réparation du dommage causé à la victime.
- La responsabilité pénale débouche sur des amendes, des travaux d'intérêt général, ou des peines d'emprisonnement ferme ou avec sursis.
- **Les assurances ne peuvent pas intervenir en matière de responsabilité pénale.**

	Droit civil	Droit pénal
Entre qui et qui ?	Entre des personnes privées : d'un côté le plaignant, de l'autre le défendeur.	Entre un accusé et la société, représentée par le Ministère public (ou « parquet »).
Pour quoi ?	Arbitrer un conflit de droit dans des domaines très variés (famille, contrats, successions…).	Punir des actions répréhensibles appelées « infractions » : contraventions, délits, crimes.
Quelles sanctions ?	Tribunal de proximité Tribunal d'instance Tribunal de grande instance + Juridictions spécialisées : Conseil des Prud'hommes, Tribunal de commerce…	Tribunal de proximité (contraventions) Tribunal de police (contraventions) Cour d'assises (crimes)
Quels tribunaux ?	Dommages-intérêts versés à la partie adverse. Exécution d'une obligation.	Amende versée au Trésor public. Prison : emprisonnement pour les délits, réclusion pour les crimes.

Fiche 36 Les principaux risques du secteur d'activité et leur prévention

Adopter une posture professionnelle adapté

1 Les principaux risques du secteur d'activité

A Les risques principaux pour l'enfant

• Étouffements, noyades, chutes, intoxications, brûlures et électrocutions sont les principaux dangers autour de l'enfant.

© www.santepubliquefrance.fr

• **Santé publique France** publie une brochure « Protégez votre enfant des accidents domestiques » qui cite les exemples d'accidents par des mises en situation et donne des conseils de prévention applicables en milieu familial, mais également dans les établissements de la petite enfance.

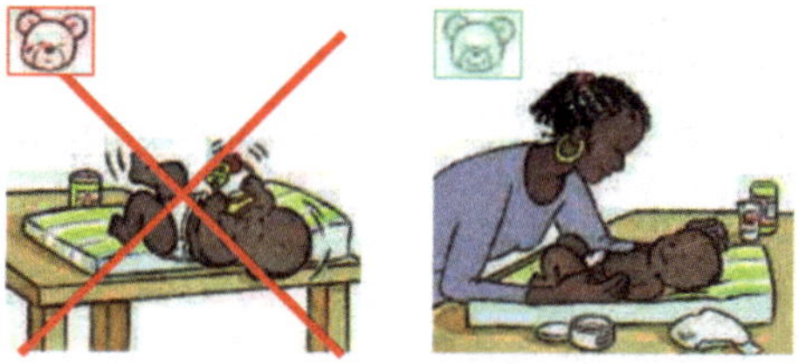

© www.santepubliquefrance.fr

• Les risques sont dus à des accidents domestiques ou des accidents de la voie publique (en se rendant dans l'établissement d'accueil ou en rentrant au domicile).

Définitions

Accident domestique : accident survenant à l'intérieur de la maison ou les parages (escaliers extérieurs, jardin).
Accident de la voie publique (AVP) ou accident de la route : a lieu sur le réseau routier entre un engin roulant (automobile, moto, vélo, etc.) et toute autre chose (chaussée, panneaux, barrières de protection, bâtiment, mobilier urbain, arbre…) ou personne.

B Les « jeux » dangereux à l'école

• Depuis plusieurs années des « jeux » dangereux sont apparus dans les cours d'école dès la maternelle. Les plus petits jouent au jeu de la tomate (ils bloquent le plus longtemps possible leur respiration) basé sur la privation d'oxygène ou le jeu des poumons, rêve indien, etc.

• À partir du primaire, durant les récréations ou lors des activités périscolaires, le jeu du foulard qui consiste en un étranglement, est le plus répandu. Cette pratique, qui prive le cerveau d'oxygène, et provoque des hallucinations, est faite bien évidemment à l'écart des adultes, et entraîne les effets suivants :
– une sensation de chaleur de la tête, bourdonnements, sifflements, éblouissements ;
– une perte de conscience complète et souvent convulsive ;
– une mort apparente avec cessations des mouvements respiratoires ;
– une mort réelle.

• Plus récemment, est également apparu le « jeu du glaçon » qui occasionne de très graves brûlures pouvant aller jusqu'à la mutilation. L'association avec le sel est redoutable car la température chute alors au-dessous de zéro, ce qui engendre engelures et brûlures.

• L'Éducation nationale, particulièrement attentive à ces phénomènes, a édité un guide d'intervention et une fiche d'accompagnement pour les intervenants en milieu scolaire afin de sensibiliser le personnel.

C Les risques du métier

• **Les employés des établissements de la petite enfance et les intervenants à domicile** sont concernés par des contraintes de travail physiques, psychiques et organisationnelles.

• **Ils sont exposés :**
– aux **risques de chutes** et **glissades** ;
– aux **risques liés à l'activité physique** : risques de lombalgies, de troubles musculo-squelettiques (TMS) ou d'accidents liés notamment aux manutentions répétées de charges et de personnes ;
– aux **risques psychosociaux** : risques de stress, de souffrance, de *burn-out* ;
– aux **risques infectieux** : au cours des soins, des soins d'hygiène mais aussi des activités d'entretien (des locaux et du linge ou de gestion des déchets) ;
– aux **risques chimiques** : liés à l'utilisation fréquente de produits d'entretien et d'antiseptiques.

Définitions

Accident du travail : accident survenu au salarié par le fait ou à l'occasion de son travail, quelle qu'en soit la cause. Pour que l'accident du travail soit reconnu, le salarié doit justifier des deux conditions suivantes :
– il a été victime d'un fait accidentel dans le cadre de son activité professionnelle ;
– le fait accidentel a entraîné l'apparition soudaine d'une lésion.

Maladie professionnelle : résultat de l'exposition plus ou moins prolongée d'un salarié à un risque physique, chimique, biologique, ou à des conditions dans lesquelles il exerce son activité professionnelle.

2 La prévention des risques liés à l'activité physique

• L'objectif de la prévention est de diminuer, voire de supprimer les accidents de travail et les maladies professionnelles du secteur.

• Elle passe par une évaluation des risques propres aux établissements et par la mise en œuvre d'actions portant sur les équipements, l'aménagement des locaux et des postes de travail, sur l'organisation du travail et par la prise en compte des facteurs psychosociaux.

• **Le personnel doit suivre une formation PRAP petite enfance** spécifique aux salariés travaillant dans des établissements spécialisés en structures d'accueil de la petite enfance (crèches, garderies, écoles maternelles) ou encore à domicile car dans ce secteur, les activités physiques se caractérisent majoritairement par la manutention de jeunes enfants, partiellement autonomes et par le maintien de postures contraignantes.

Sigle

PRAP : prévention des risques liés à l'activité physique.

• **L'Institut national de recherche et de sécurité (INRS)** propose un dossier « Travail et sécurité Petite enfance. Elle court, elle court, la prévention » à télécharger sur le site http://www.inrs.fr

• Un guide de prévention des TMS pour les métiers de la petite enfance existe, et propose des fiches adaptées aux différentes activités. Ce guide est élaboré sous le pilotage de l'Aract Poitou-Charentes et de l'ASSTV 86.

Fiche 37

Les règles de rangement des produits

Les produits alimentaires, d'entretien, d'hygiène, les médicaments doivent être rangés et stockés de manière à assurer le maintien de la qualité des produits (hygiène et conditions de conservation).

1 Les règles générales de rangement des produits

Le rangement des **produits alimentaires**, **d'entretien**, **d'hygiène**, des **médicaments** doit suivre certaines **règles relatives :**

– **aux stocks** : les produits sont rangés de manière à respecter la **règle du premier entré premier sorti** (PEPS : les nouveaux produits sont placés derrière de manière à utiliser en premier les produits les plus anciens), ce qui permet d'assurer une bonne rotation des stocks ;

– **à l'ergonomie** : afin de faciliter la **manipulation des produits** (exemple : les produits lourds et encombrants en bas, les produits plus légers en haut, les produits les plus utilisés à niveau d'homme) ;

– **à la sécurité** : les **produits d'entretien** et les **médicaments** doivent être tenus **hors de portée des enfants** (pour éviter les accidents par absorption) et **éloignés des produits alimentaires** ;

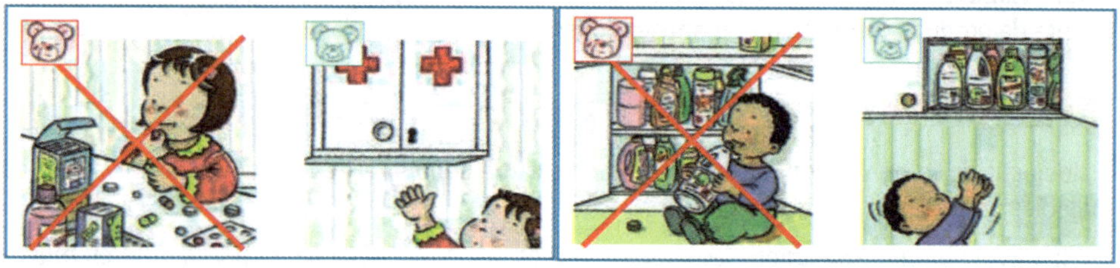

– à **l'hygiène** : mise en place de **procédures de nettoyage** afin de permettre un rangement du matériel dans des locaux propres. Le stockage au sol doit être proscrit, y compris les gros volumes.

2 Le rangement des produits alimentaires

• Le stockage des denrées alimentaires nécessite de l'attention et certaines précautions. Il est utile de bien lire les conditions de stockage et les conditions de conservation sur l'étiquette des produits.

• Au moment du rangement, il faut vérifier :

– **les dates de péremption des produits.** Deux dates importantes sont à respecter : la date de durabilité minimale et la date limite de consommation ;

– **l'hygiène des lieux de stockage** (placard, étagères, réfrigérateur, congélateur…). Si nécessaire, les entretenir.

• Lors du rangement, vérifier les dates de péremption des produits déjà en stock et **res-**

Définitions

Date de durabilité minimale (DDM) : limite au-delà de laquelle un aliment est susceptible d'avoir perdu ses qualités microbiologiques ou ses qualités organoleptiques, physiques, nutritives, gustatives, etc. La DDM est exprimée sur les conditionnements par la mention « à consommer de préférence avant le… ».

Date limite de consommation(DLC) : elle s'applique à des denrées microbiologiquement très périssables, qui, de ce fait, sont susceptibles, après une courte période, de présenter un danger immédiat pour la santé humaine. La DLC est exprimée sur les produits réfrigérés par la mention « à consommer jusqu'au ».

pecter le PEPS ou **mettre sur le devant la date de péremption la plus courte.**

- **Pour les produits réfrigérés, bien respecter les zones de fraîcheur du réfrigérateur ou du congélateur** (lire correctement la notice de l'appareil). **Lorsque la DLC** est courte, il faut l'utiliser très rapidement, lorsqu'elle **est dépassée, le produit est impropre à la consommation,** il faut alors le jeter.

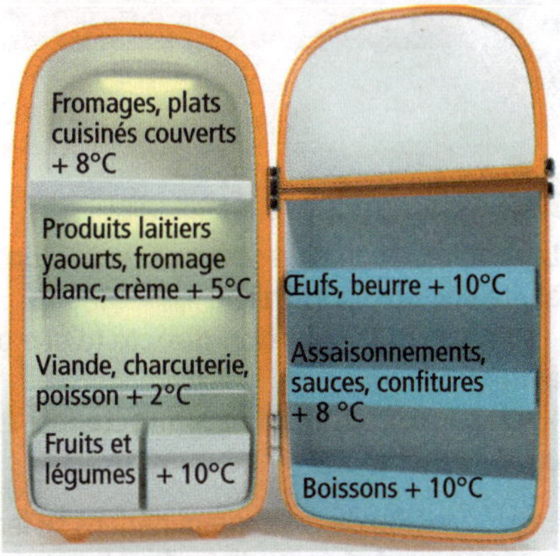

3 Le rangement des produits d'entretien et d'hygiène

En raison de leur dangerosité, **il faut respecter lors du rangement et du stockage des règles précises :**

① **Lire les conditions de stockage sur l'emballage** ou la fiche produits (la rubrique « Manipulation et stockage » de la fiche de sécurité) et appliquer les consignes.

② **Stocker les produits dans une armoire ou un local ventilé,** frais, sec, aéré, à l'abri de l'humidité et fermé à clé. Les étagères ou le sol doit être en matière ininflammable, imperméable, et résistants aux produits chimiques.

À retenir

Les produits d'entretien ne sont pas des produits comme les autres car ce **sont des produits chimiques.**

③ **Séparer les produits incompatibles** (exemple : acides et basiques).

④ **Ranger les liquides en dessous des solides.**

⑤ **Éviter de les stocker en grande quantité** (les effets dangereux de certains produits sont démultipliés par la quantité de produit).

⑥ **Étiqueter les produits en cas de reconditionnement** mais ne jamais transvaser dans des bouteilles de type alimentaire ou ayant contenu un autre produit et **ne jamais mélanger les produits.**

4 Le rangement des médicaments et de la trousse de secours

- **L'organisation du stockage doit permettre d'éviter tout risque de confusion,** qui peut entraîner la survenue d'une erreur médicamenteuse potentiellement grave. Les **médicaments** et la **trousse de secours** doivent être détenus **dans des armoires, trousses fermées à clé ou disposant d'un mode de fermeture assurant la sécurité.** Ils doivent être conservés à l'abri de l'humidité, de la lumière et à une température adaptée à leur condition de conservation.

- Les médicaments doivent être conservés dans leur emballage (pour connaître la date de péremption et le numéro de lot) avec la notice d'utilisation. Il est nécessaire de vérifier régulièrement les dates de péremption sur les médicaments, les produits et le matériel de l'armoire à pharmacie ou de la trousse de secours pour garantir le maintien de la qualité.

Fiche 38

L'origine des biocontaminations

1 Introduction

La contamination peut se faire à partir d'un réservoir de germes qui abrite une flore particulière ;
– soit par **contamination directe** (d'une personne infectée à une autre) ;
– soit par **contamination indirecte** (par exemple par un aliment, une fourchette, une tétine, un verre…).

La **prévention** de ces contaminations se fera par le **respect d'une hygiène professionnelle adaptée** et par la **réalisation et le suivi de vaccins spécifiques chez le jeune enfant.**

Définition

Flore microbienne (ou microbiote) : micro-organismes appartenant à un environnement spécifique.

2 Les différents types de micro-organismes

Virus	Champignons microscopiques	Protozoaires	Bactéries
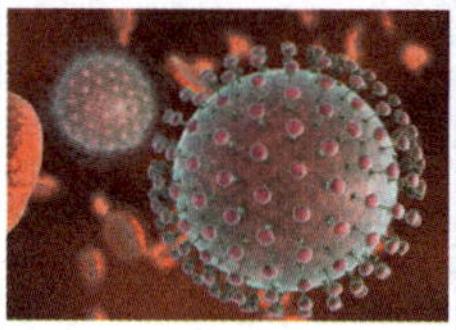	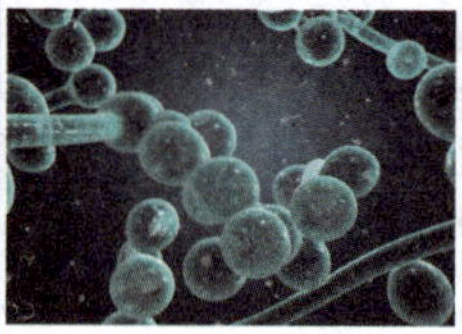	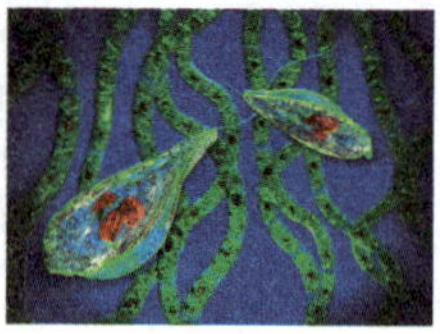	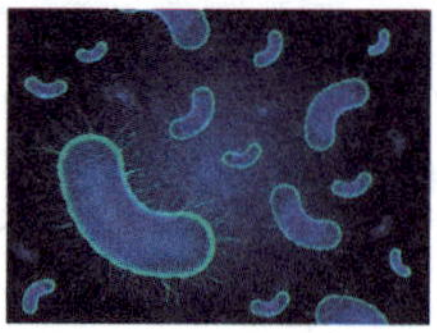

3 Les différents types de flore

A La flore du sol

Le sol renferme une infinité de **micro-organismes.** Certains sont **utiles** par exemple pour **décomposer les végétaux** ou transformer des minéraux afin de les rendre assimilables par les plantes ; d'autres sont **nuisibles** comme la **bactérie du tétanos** ou certains champignons microscopiques pouvant affecter notre appareil respiratoire.

B La flore de l'air

La flore de l'air rassemble les **micro-organismes** de l'air qui proviennent du sol, de l'eau et ceux qui sont issus des voies respiratoires de l'homme. Ils **peuvent rester en suspension dans l'air**, se déposer sur des surfaces ou être véhiculés d'**un patient à l'autre.**

Exemples : **virus de la grippe, de la rubéole, Bacille de Koch** (tuberculose)…

C La flore de l'eau

L'eau peut contenir des micro-organismes pathogènes comme le **virus de l'hépatite A**, ou des bactéries comme ***Escherichia coli***, les **légionelles**…

Ces micro-organismes sont généralement éliminés par les procédés de **désinfection de l'eau** dans les centres de potabilité, mais on peut les retrouver dans les eaux stagnantes.

D La flore des aliments

Toutes les **bactéries** ne sont pas nuisibles comme celles participant à l'élaboration des fromages (*Penicilium roqueforti*) ou les **levures** participant à l'élaboration du pain (*Saccharomyces cerisiae*). D'autres peuvent être pathogènes et se développent à la faveur d'une rupture de la chaîne du froid ou à la suite à de mauvaises conditions d'hygiène.

4 Les voies de transmission et de pénétration

- Les micro-organismes peuvent avoir comme origine :

– la personne elle-même : c'est une contamination endogène ;
– l'environnement humain ou matériel : c'est une contamination exogène.

- Les micro-organismes peuvent entrer dans le corps par :

– **la voie cutanée**, lors d'une lésion de la peau ou des muqueuses (exemple : le tétanos) ;
– **la voie respiratoire** en inhalant un air contaminé (exemples : la tuberculose ou la grippe) ;
– **la voie digestive** par absorption d'aliments ou d'eau contaminés (exemples : salmonelles, listeria) ;
– **la voie sanguine** par blessure ou injection avec du matériel non stérile (exemples : hépatites).

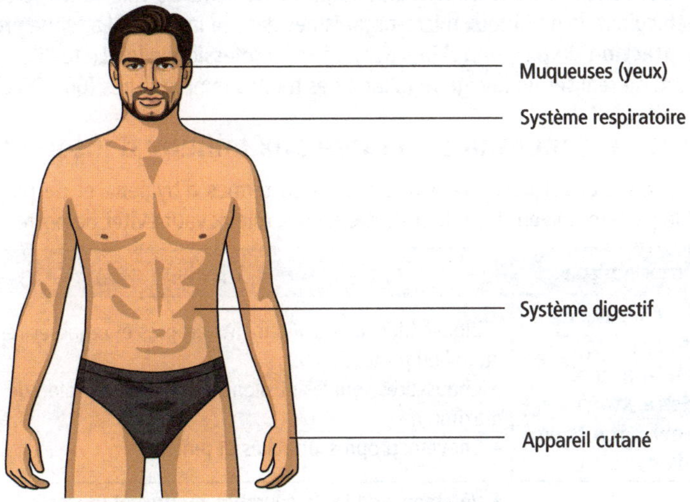

Les voies de pénétration des micro-organismes

Fiche 39 L'hygiène professionnelle

Les métiers de la petite enfance imposent une présentation irréprochable et un comportement professionnel. On se doit de respecter :
– les règles d'hygiène et de sécurité ;
– les personnes que les professionnels côtoient (enfants, parents) ;
– l'image de la structure.

1 Le rôle de la tenue professionnelle

A Le port de la tenue professionnelle

• **La tenue professionnelle varie en fonction du lieu d'intervention.** Elle répond à des critères d'hygiène, de sécurité et de confort. Elle est aussi le moyen d'être reconnu par les parents, les personnes extérieures à la structure et les autres membres de la structure.

• **Elle prévient les biocontaminations.** En effet, les vêtements de ville sont vecteurs de contamination en véhiculant de nombreux micro-organismes dans leurs fibres. La tenue professionnelle **assure une protection du personnel** lors des activités professionnelles. Le textile doit être résistant et permettre de réaliser un lavage régulier à des hautes températures (60-90° C).

B La tenue vestimentaire adaptée aux milieux d'intervention

La tenue d'un professionnel doit être irréprochable en termes d'hygiène et de présentation. Le maquillage et le parfum doivent être discrets. De même, mieux vaut éviter de porter des bijoux.

Lieux d'intervention	Tenues
Structures d'accueil de la petite enfance : crèche, multi-accueil, halte-garderie, structure d'accueil pour enfants en situation de handicap…	• Blouse blanche ou vêtements propres et repassés réservés au milieu professionnel • Chaussures souples et silencieuses avec un talon de 3 cm maximum • Cheveux propres, attachés et remontés
École maternelle	• Vêtements de la vie courante, propres et repassés • Blouse (tout sauf blanche afin d'éviter qu'elle ne se salisse trop vite) • Cheveux propres et attachés • Chaussures adaptées
En centre de loisirs sans hébergement ou à domicile	• Vêtements de la vie courante propres et repassés • Blouse ou tablier de protection pour certaines activités • Chaussures adaptées • Tenue adaptée pour des activités en plein air

C Les caractéristiques de la tenue professionnelle

Caractéristiques	Justifications
La charlotte	• Elle permet d'éviter la chute de cheveux et de pellicules porteurs de germes.
Le masque	• Il protège de la contamination par les postillons lors de maladies comme le rhume.

Caractéristiques	Justifications
Une tunique et un pantalon Mélange coton/polyester (35 % - 65 %) Manches courtes Blanche ou couleur claire	• Ils supportent un lavage à haute température. • Ils facilitent les mouvements. • Les manches courtes aident au respect des règles d'hygiène (lavage des mains). • Cette tenue permet d'être identifié(e) par les personnels et les usagers. • Une tenue de couleur claire facilite le repérage des salissures. • Elle permet la prévention de la contamination des enfants fragilisés.
Des ongles courts, ni vernis, ni bijoux	• Les risques de contamination manuportée sont réduits. • On évitera ainsi de blesser les enfants.
Des gants	• Le port des gants protège du contact avec les matières biologiques (sang, urine, excréments).
Des chaussures confortables silencieuses, lavables et antidérapantes	• Elles aident à supporter la station debout. • Le repos des enfants est ainsi respecté. • Elles assurent la sécurité des personnels.
Des surchaussures	• Elles préviennent la transmission des micro-organismes.

2 Le lavage des mains

A Un protocole obligatoire

Le lavage des mains permet d'éviter les contaminations manuportées. Les ongles doivent toujours être courts, propres, sans vernis. Les bijoux sont interdits.

B Les différentes méthodes de lavage des mains

- **Le lavage simple :** il s'effectue avec de l'eau et du savon (durée : 1 minute).
- **Le lavage antiseptique :** il s'effectue avec de l'eau et une solution antiseptique (1,5 à 2 minutes).
- **La friction hydro-alcoolique :** elle s'effectue avec une solution hydro-alcoolique. Il s'agit de la méthode la plus utilisée en structure car elle est simple et efficace.

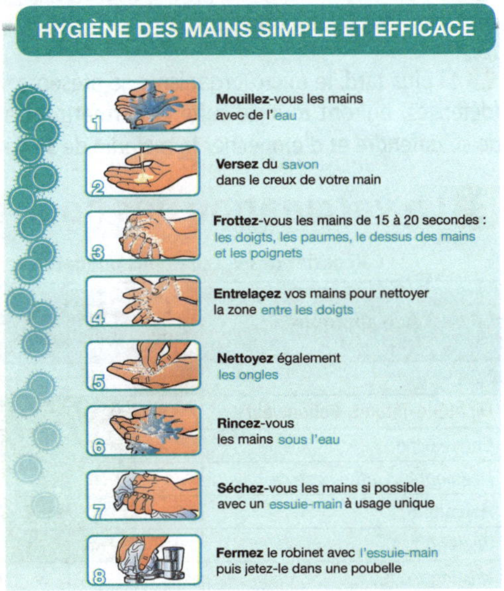

© www.santepubliquefrance.fr

- Il faut compter un lavage simple pour 3 à 4 frictions hydro-alcooliques

C La fréquence du lavage des mains

- **Lavage simple :** avant et après le repas, avant et après un passage aux toilettes, après des travaux salissants, avant et après la manipulation d'aliments, après des travaux d'entretien, après la manipulation de linge souillé et d'ordures.
- **Lavage antiseptique :** dans les zones à forts risques infectieux (sanitaires, cuisine), avant de réaliser un soin de *nursing* (toilette, change) ou le soin d'une plaie, avant et après la distribution des repas.

Fiche 40 La vaccination des enfants et des professionnels

Adopter une posture professionnelle adapté

1 Les enjeux de santé publique de la vaccination

• **Rôle et enjeux.** La **vaccination** permet de sauver des millions de vies en assurant une prévention individuelle et collective. **L'enjeu est de se protéger mais aussi de protéger les autres** : enfants et adultes plus fragiles du fait de leur âge ou de leur état de santé et qui ne peuvent être vaccinés (nouveau-nés, femmes enceintes, personnes qui souffrent d'une affection chronique ou temporaire contre-indiquant la vaccination, personnes âgées).

• **Conséquences.** En France, la vaccination a rendu possible l'arrêt de la transmission, voire l'élimination de certaines maladies infectieuses (variole, poliomyélite). Être à jour dans ses vaccinations, **c'est être protégé toute la vie.**

2 Le principe de la vaccination

étape 1 On introduit dans le corps un micro-organisme complètement inactif ou très affaibli.

étape 2 En réaction à cette attaque inoffensive, le corps produit des défenses appelées **anticorps**.

étape 3 Si plus tard, le micro-organisme se présente, les anticorps (défenses) agiront tout de suite et permettront à l'organisme de se défendre et d'empêcher la maladie de se développer.

Remarque

Les vaccins protègent seulement des maladies contre lesquelles on est vacciné.
Par exemple, le vaccin contre le tétanos ne protège que contre le tétanos.

3 La vaccination des nourrissons et des enfants

Calendrier des vaccinations obligatoires (en rouge) et recommandées (en bleu)

Âge approprié	1 mois	2 mois	4 mois	5 mois	11 mois	12 mois	16-18 mois	6 ans	11-13 ans	14 ans
BCG	■									
Diphtérie-Tétanos-Poliomyélite		■	■		■					
Coqueluche		■	■		■					
Haemophilus influenzae de type b		■	■		■					
Hépatite B		■	■		■	Rattrapage possible jusqu'à 15 ans				
Pneumocoque		■	■		■					
Méningocoque C				■		■	Rattrapage possible jusqu'à 24 ans			
Rougeole-Oreillons-Rubéole						■	■			
Papillomavirus humain (HPV)									■	■
Grippe										
Zona										

Remarque

Le calendrier des vaccinations (ou calendrier vaccinal) précise les vaccinations nécessaires, en fonction de l'âge et des risques. Il évolue chaque année afin de s'adapter à l'évolution des maladies et à leur fréquence, des risques d'épidémies, des groupes de personnes les plus exposées à une maladie (qui peuvent changer au cours du temps), des nouveaux vaccins qui nécessitent moins d'injections, des nouvelles connaissances scientifiques sur la durée de protection.

A Les vaccinations obligatoires

• **Les enfants entrant en collectivité (crèche, école…)** doivent avoir reçu le vaccin contre la diphtérie, le tétanos et la poliomyélite (DTP) :
– **la diphtérie et tétanos** : la primovaccination, c'est-à-dire la première administration d'un vaccin, qui intervient à l'âge de 2 à 4 mois, ainsi que le premier rappel à 11 mois, sont obligatoires. Les rappels sont ensuite recommandés à 6 ans, entre 11 et 13 ans, à 25 ans puis tous les dix ans ;
– **la poliomyélite (ou « polio »)** : la primovaccination et les rappels sont obligatoires jusqu'à l'âge de 13 ans.

> **L'info en +**
> Les parents qui oublient de faire vacciner leur enfant peuvent être punis de 1 500 € d'amende. Ils risquent également l'éviction de leur enfant de la crèche ou de l'école. En cas de refus de faire vacciner son enfant ou d'entrave à son exécution, la peine est de 6 mois de prison et de 3 750 € d'amende.

• **Les parents ou la personne qui exerce(nt) l'autorité parentale doi(ven)t s'assurer que son enfant est à jour des vaccins obligatoires.**

B Les vaccinations recommandées

• Les vaccins recommandés ne sont pas moins utiles que les vaccins obligatoires, ils prennent juste en compte l'évolution de la société et la diminution de certaines épidémies.

• Les vaccins recommandés à tous les enfants sont les suivants :
– la **coqueluche** ;
– l'***haemophilus influenzae*** de type b ;
– l'**hépatite B** ;
– la **rougeole**, les **oreillons** et la **rubéole** : le vaccin trivalent « ROR » ;
– la **tuberculose** : le « BCG » a longtemps été obligatoire à l'entrée en collectivité. Ce n'est plus le cas depuis 2007. Ce vaccin reste fortement recommandé pour les enfants nés ou résidant en Guyane, à Mayotte, mais aussi en Île-de-France, en raison de la concentration de populations venant de pays où la tuberculose est encore très présente (Afrique, Asie) ;
– les infections à **pneumocoque** et à **méningocoque de type C**.

4 La vaccination des professionnels

• Selon L'article L3111-4 du Code de la santé publique, les vaccinations contre la diphtérie, le tétanos, la poliomyélite et l'hépatite B (si exposé) sont obligatoires pour :
– **les professionnels travaillant en structure d'accueil de la petite enfance** (crèche, halte-garderie). Ils doivent tenir à jour la vaccination Diphtérie-Tétanos-Poliomyélite. Ils peuvent l'associer à la valence coqueluche (vaccin dTcaPolio), qui est seulement recommandée ;
– **les élèves et étudiants** d'un établissement préparant à l'exercice des professions médicales et autres professions de santé.

> **L'info en +**
> Un professionnel travaillant dans un établissement public ou privé de prévention ou de soins sans être vacciné risque une amende de 1 500 €. En outre, il peut aussi être renvoyé et risquer d'être licencié.

• Les rappels de ces vaccins sont réalisés à 25, 45 et 65 ans en cas de poursuite d'activité professionnelle.

• Pour **les assistantes maternelles,** il est simplement recommandé de tenir à jour leur vaccination contre la coqueluche et le DTP.

Les mesures de protections collectives et individuelles

Afin de **supprimer ou de réduire les risques professionnels**, tout employeur est tenu d'assurer la sécurité et de protéger la santé (physique et mentale) des salariés. **Toutes les mesures appropriées doivent être mise en œuvre** pour répondre aux principes généraux de prévention (article L.4121-2 du Code du travail).

« Donner la priorité aux mesures de protection collective et n'utiliser les équipements de protection individuelle qu'en complément des protections collectives si elles se révèlent insuffisantes » est un de ces principes.

Définition

Équipement de protection : dispositif capable d'assurer la protection des salariés contre un ou plusieurs risques professionnels et d'en limiter ainsi les conséquences.

1 Les mesures de protection collective

Quand l'équipement est intégré ou ajouté au matériel ou aux postes de travail, c'est une mesure de protection collective. La sécurité du salarié affecté au poste ou utilisant le matériel est assurée.

A La protection collective des locaux et équipements

- **Les revêtements de sol**, surtout dans les locaux potentiellement glissants (lavabos, toilettes) doivent être recouverts d'un matériau antidérapant (exemple : carrelage anti-déparant).

- Les locaux doivent apporter des **conditions d'acoustique, d'éclairage, et de climatisation satisfaisantes**, par exemple, les murs et les plafonds doivent être recouverts avec des matériaux absorbant le bruit ; des cloisons doivent permettre la séparation des différentes activités (soins, alimentation, jeux, repos…).
- **Les espaces de circulation** (les entrées, les escaliers, les issues de secours) doivent être libres de tout obstacle, il faut donc prévoir des lieux de rangement.
- **Les équipements doivent être conçus de façon ergonomique** (escabeaux, plans de travail à hauteur). Des chariots de service, des tabourets sur roulettes… doivent être mis à disposition des salariés afin d'éviter les manutentions inutiles et les mauvaises postures.

B L'organisation du travail

Voir Fiche 77

- La **mise en place de planning** en lieu d'accueil collectif facilite l'organisation, permet de minimiser les différents risques et de limiter la fatigue des salariés.
- Le **respect des précautions générales d'hygiène** doit être possible. Ainsi des points de lavage des mains doivent être facilement accessibles, nombreux, complets et bien entretenus.
- Des **procédures détaillées et rigoureuses pour le nettoyage et la désinfection** des surfaces et jouets souillés, pour le transport du linge et la gestion des déchets souillés doivent être affichées.

2 Les mesures de protection individuelle

D'une manière générale, au niveau de l'hygiène et de la sécurité, **il est préférable d'avoir les cheveux courts ou attachés, des ongles courts, sans vernis et de ne pas porter de bijoux.**

A Les équipements de protection individuels (EPI)

En établissement d'accueil collectif, les EPI sont indispensables au personnel, mais ils sont également conseillés en milieu familial :

① **un vêtement de protection** (différent de la tenue de ville) : blouse, combinaison, tablier…

② **des gants de protection en vinyle** (pour éviter les risques d'allergie au latex) ;

③ **des chaussures avec des semelles antidérapantes** ;

④ **un masque respiratoire** peut éventuellement être porté, notamment pour la prise en charge d'enfants malades.

B La vaccination

Voir Fiche 40

Des vaccinations sont obligatoires et d'autres conseillées.

Domaine concerné	Professionnels concernés	Vaccinations obligatoires (Obl) ou recommandées (Rec) selon les professions concernées						
		BCG	DTP	Coqueluche	Hépatite A	Hépatite B	Rougeole (vaccin ROR)	Varicelle
Éducation nationale	Personnels au contact des enfants	Obl					Rec	
Social et médico-social	Personnels des établissements de garde d'enfants d'âge préscolaire (crèches, halte-garderie…)	Obl	Obl	Rec	Rec	Obl (si exposés)	Rec (y compris si nés avant 1990, sans ATCD)	Rec (sans ATCD, séronégatif)
	Assistants maternels	Obl		Rec	Rec			
	Personnels des établissements et services sociaux concourant à la protection de l'enfance (dont les pouponnières)	Obl	Obl	Rec (petite enfance)	Rec (petite enfance)	Obl (si exposés)	Rec (y compris si nés avant 1990, sans ATCD) (petite enfance)	Rec (sans ATCD, séronégatif) (petite enfance)

C L'information et la formation

Des **informations et formations** pour améliorer le travail dans les structures ou à domicile **sont recommandées** :

Voir Fiche 36

– pour **apprendre les gestes et postures adaptés aux métiers liés à la petite enfance,** il est conseillé de suivre la formation « PRAP petite enfance » ;

– **pour connaître la conduite à tenir dans le cas d'accident, malaise...** pouvant mettre en danger la vie des enfants ou d'autres salariés, la formation de base aux premiers secours est adaptée ;

– **pour maîtriser les méthodes les plus appropriées à la gestion des déchets** afin d'éviter toute contamination ;

– **pour respecter les règles générales d'hygiène et éviter toute contamination,** il est possible d'assister à des séances d'information ou de formation sur les techniques d'entretien, sur les produits et leur utilisation, sur la maîtrise des risques liés à la manipulation et à la gestion de déchets (consignes précises, affiches, brochures…).

Fiche 42 L'évaluation et l'auto-évaluation, démarche d'analyse de pratique

1 Notions d'évaluation et d'auto-évaluation

• **L'évaluation est une démarche qui vise à mesurer les résultats d'une activité en vue d'en améliorer l'efficacité.**

• **L'auto-évaluation** de sa pratique **consiste** pour le professionnel à porter un regard critique sur ses activités dans l'**objectif d'en améliorer la qualité** et de satisfaire les personnes qu'il accompagne et prend en charge. Le but est également de **mesurer ses forces, ses points de vigilance** et **ses manques** dans sa pratique au quotidien.

• **Leurs intérêts.** Elles permettent de découvrir les imperfections de sa pratique pour **s'améliorer et progresser** : quels savoirs on souhaite acquérir ou perfectionner, quels comportements on veut améliorer ou changer…

Exemple

Situation d'auto-évaluation d'une animatrice d'éveil

À la micro-crèche, Anna, l'animatrice d'éveil réalise une activité peinture avec un groupe de quatre enfants âgés en moyenne de 30 mois.

À la fin de l'activité, elle se questionne afin de savoir si elle a répondu aux objectifs qu'elle s'était fixée pour satisfaire les enfants et améliorer sa pratique professionnelle.
– Les enfants ont-ils aimé faire cette activité ?
– Répond-elle aux besoins des enfants en matière de communication, de développement, etc. ?
– Faut-il modifier la durée de l'activité : est-elle trop longue ? Les enfants ont-ils commencé à se dissiper, etc. ?
– Dois-je apporter des améliorations dans la préparation du matériel et des produits, dans l'organisation des tables et la disposition des enfants ?
Je n'avais pas assez de pinceaux, ils étaient abîmés, j'aurais dû penser à faire une demande d'achat auprès de la directrice ; Yanis et Benjamin étaient à côté, ils ont chahuté. Il faut que je pense à les séparer la prochaine fois, etc.

2 Démarche d'analyse de pratique

L'analyse de pratique est une **méthode de compréhension d'une situation vécue qui vise à en améliorer le résultat.**

Exemple

Analyse de pratique en établissement d'accueil du jeune enfant

Contexte

En halte-garderie au sein d'un groupe de 12 enfants âgés de 15 à 36 mois. C'est l'après-midi, les enfants s'amusent en toute autonomie dans le jardin avec les modules de jeux mis à leur disposition. Deux animatrices d'éveil sont présentes pour surveiller les enfants.

Situation

Sandro (28 mois) et Lilou (25 mois) jouent ensemble depuis un moment sur le toboggan. Survient une dispute entre les deux enfants car chacun veut descendre le premier et Sandro mord Lilou. Il lui laisse la trace de ses dents sur le nez. Une des animatrices le réprimande et propose à Sandro de jouer sur un autre module, mais il revient 5 minutes après et mord de nouveau Lilou.

Questionnement

L'animatrice d'éveil qui est intervenue se demande :
– Comment agir avec l'enfant qui a mordu ?
– Comment agir avec l'enfant qui a subi cette violence ?
– Comment faire pour que cela ne se reproduise pas ?

Actions

① **Dans un premier temps**

L'animatrice ne comprend pas le geste de Sandro. En outre, elle ne souhaite pas faire ressentir sa colère à l'enfant. Elle sépare les deux enfants et constate la seconde morsure. Elle réconforte Lilou qui pleure et parle ensuite à Sandro. Elle lui explique que son geste fait mal, qu'il est donc interdit et qu'il ne faut plus le refaire. Comme ce n'est pas la première fois que Sandro est agressif envers un de ses camarades, il est placé assis pendant 3 minutes près de l'animatrice, puis il retourne jouer avec les autres enfants.

② **Dans un second temps**

Cette animatrice d'éveil se sent en difficulté face à Sandro qui mord de manière répétée. Elle souhaite demander une réunion d'équipe pour parler de ce problème et prendre du recul par rapport à la situation. Elle se renseigne également sur ces violences et se documente. Elle demande également à la puéricultrice de la crèche des conseils pour aider cet enfant mordeur.
L'intérêt de sa démarche est de faire évoluer sa pratique professionnelle en se posant des questions pour développer de nouvelles compétences.

Ainsi, l'analyse de pratique consiste avant tout en un travail personnel, un travail sur soi, d'implication et de compréhension qui peut être mené avec d'autres professionnels pour échanger et mutualiser les expériences (réunion d'équipe, entretien, formation…).

QCM Adopter une posture professionnelle adaptée

Parmi les propositions suivantes, cochez la ou les bonnes réponses.

1. Les micro-organismes sont :

❍ a. des virus.
❍ b. des bactéries.
❍ c. des protozoaires.
❍ d. des félins.
❍ e. des levures.

2. La contamination manuportée se fait par :

❍ a. les mains.
❍ b. l'air.
❍ c. les aliments.

3. Les micro-organismes peuvent pénétrer dans l'organisme par :

❍ a. voie digestive.
❍ b. voie spatiale.
❍ c. voie sanguine.
❍ d. voie cutanée.
❍ e. voie respiratoire.

4. Les droits de l'enfant reposent sur :

❍ a. 8 principes.
❍ b. 10 principes.
❍ c. 12 principes.
❍ d. 15 principes.

5. La déclaration des droits de l'enfant est un texte :

❍ a. national français.
❍ b. international européen.
❍ c. international mondial.

6. La déclaration des droits de l'enfant date de :

❍ a. 1789.
❍ b. 1959.
❍ c. 1989.
❍ d. 2000.

7. La divulgation d'un secret professionnel peut être sanctionnée par :

❍ a. 1 an d'emprisonnement.
❍ b. 2 ans d'emprisonnement.
❍ c. 10 000 euros d'amende.
❍ d. 15 000 euros d'amende.

8. Afin de supprimer ou de réduire les risques professionnels, tout employeur est tenu :

❍ a. de permettre aux salariés de consulter un médecin.
❍ b. d'assurer la sécurité des salariés.
❍ c. de protéger la santé (physique et mentale) des salariés.

9. Les EPI sont :

❍ a. une blouse de travail.
❍ b. une chemise en soie.
❍ c. des gants de protection.
❍ d. des chaussures avec des semelles antidérapantes.
❍ e. un masque respiratoire.

10. Les mesures de protection individuelle sont :

❍ a. l'organisation du travail.
❍ b. les équipements de protection individuels.
❍ c. l'information et la formation.

11. La DDM signifie :

❍ a. décision de durée minimale.
❍ b. date de durabilité minimale.
❍ c. date de dépassement minimale.

12. La DDM est exprimée sur les conditionnements par la mention :

❍ a. à consommer de préférence avant le…
❍ b. à consommer jusqu'au…
❍ c. ne pas dépasser la date…

13. Lorsque la DLC (date limite de consommation) d'un produit est dépassée :

❍ **a.** on peut utiliser le produit très rapidement.
❍ **b.** on peut le congeler.
❍ **c.** le produit est impropre à la consommation, il faut le jeter.

14. Un stéréotype est :

❍ **a.** une représentation caricaturale figée.
❍ **b.** une idée reçue.
❍ **c.** l'expression de gènes.
❍ **d.** un caractère commun aux enfants.

15. Le règlement intérieur de l'entreprise est un document qui précise :

❍ **a.** les départs en vacances des salariés.
❍ **b.** les mesures d'application de la réglementation en matière de santé et de sécurité.
❍ **c.** les règles générales et permanentes relatives à la discipline.
❍ **d.** des dispositions affirmant le principe de neutralité dans l'entreprise et limitant la manifestation des convictions.
❍ **e.** les coordonnées (adresse et numéro de téléphone) des salariés.

16. La responsabilité pénale :

❍ **a.** est l'obligation de répondre des infractions personnelles à la loi (contraventions, délits, crimes).
❍ **b.** vise la réparation du dommage causé à la victime.
❍ **c.** vise la sanction de comportements considérés comme des atteintes à l'ordre public.
❍ **d.** permet l'indemnisation des victimes en préservant le patrimoine personnel de la personne condamnée.

17. La discrétion professionnelle, c'est :

❍ **a.** le calme dans l'exercice de ses fonctions.
❍ **b.** la possibilité de ne pas rendre compte de ses pratiques professionnelles.
❍ **c.** l'obligation pour les agents publics de taire les informations, documents ou faits dont ils ont connaissance dans l'exercice de leurs fonctions.

Solutions : **1.** a., b., c., e. – **2.** a. – **3.** a., c., d., e.– **4.** a. – **5.** c. – **6.** c. – **7.** c, d. – **8.** a. – **9.** a., c., d., e. – **10.** b. – **11.** b. – **12.** a. – **13.** c. – **14.** a., b. – **15.** b., c., d. – **16.** a., c. – **17.** c.

Fiche 43 Les différents espaces de jeux et de détente pour l'enfant

Mettre en œuvre des activités d'accueil favorable à l'activité lib

Les aires de jeux sont des espaces collectifs dans lesquels sont installés des toboggans, des tourniquets, des maisonnettes, des jeux à ressort, des parcours psychomoteurs, des structures multifonctions… Ils doivent répondre à des critères réglementaires stricts pour assurer la sécurité des enfants qui les utilisent.
Ce sont des jeux libres qui leur permettent d'améliorer leur confiance en eux et leur autonomie. Ils favorisent aussi le développement de leur appareil locomoteur et la socialisation.

1 L'aménagement d'espaces de jeux pour l'enfant

L'aménagement d'espaces pour enfants de 0 à 6 ans doit répondre à des **critères de sécurité et d'épanouissement de l'enfant.**

A Les espaces de jeux intérieurs

- **Afin de se sentir en sécurité les enfants ont besoin d'être entourés d'adultes référents** (animatrice, ATSEM, institutrice…) Ils doivent pour cela avoir la possibilité de les voir quelle que soit leur place dans la salle.
- Si ces conditions ne sont pas réunies, les enfants auront tendance à déplacer les jouets afin de se positionner à proximité d'un adulte, voire même cesseront de jouer car l'espace ne leur semblera pas sécurisant.
- **Les jouets et jeux doivent être en nombre suffisant dans un espace dédié afin de favoriser les interactions possibles entre les enfants.** Il est nécessaire d'en avoir en plusieurs exemplaires afin de minimiser les conflits entre les enfants.
- **Le mobilier doit également être adapté à l'âge et à la taille de l'enfant** : entre 60 et 70 centimètres afin de ne pas de constituer une barrière visuelle entre l'adulte et l'enfant.
- Dans certains cas, notamment **pour les plus petits** (0 à 3 ans), le fait de **disposer des photos des parents ou de la famille** dans la salle d'accueil permet de **mieux supporter la séparation.**

B Les espaces de jeux extérieurs

- Pour favoriser le développement moteur de l'enfant, il semble **indispensable de disposer d'espaces de jeux extérieurs.** Ceux-ci permettent à l'enfant d'exercer des activités physiques et créatrices tout en autorisant des temps calmes.
- Les **espaces de jeux extérieurs** sont également des **lieux de socialisation** et **d'éducation à la citoyenneté** où de nombreux apprentissages sont mis en œuvre (respect des règles, respect d'autrui, dépassement de soi, notion de partage…).
- En tenant compte du site et de l'environnement, l'implantation de l'aire de jeux doit répondre aux critères suivants :
– **la surface d'encombrement** de l'équipement (voir dessin page 97, zone bleue) doit être au minimum à 2 mètres d'un obstacle extérieur (banc, mur, arbre) y compris en hauteur ;

– **la zone de sécurité** (voir dessin ci-après, zone jaune) doit être conçue avec un sol amortissant afin de prévenir les blessures en cas de chute.

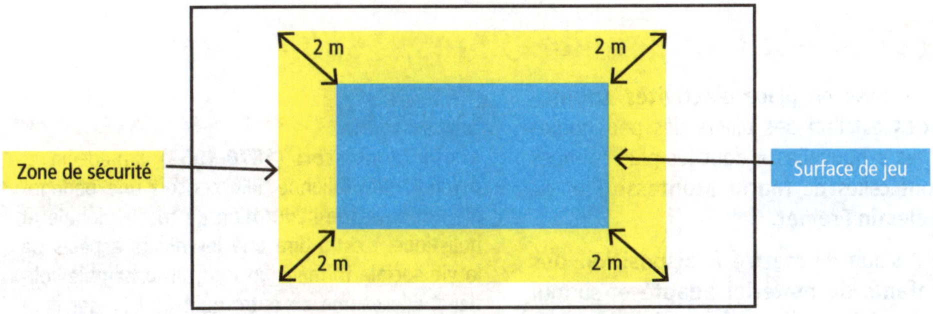

2 L'aménagement d'espaces de détente pour l'enfant

Les temps de détente et de repos sont importants pour le développement de l'enfant. Pour cela, il doit pouvoir bénéficier d'espaces de repos dédiés.

A Les espaces dédiés au sommeil

• **Chaque enfant doit avoir la possibilité de s'isoler et de se reposer** dans un refuge « douillet » afin de pouvoir se reposer s'il en ressent le besoin. Pour cela, il faut qu'il puisse avoir à disposition son objet transitionnel « doudou, tétines » dans un espace clairement identifié et accessible.

• En plus de répondre à des besoins biologiques, le **sommeil** permet aussi de développer la **capacité à se contrôler**, d'**intégrer les apprentissages** et favorise la **mémorisation.**

Remarque

Un adulte doit toujours être présent dans le dortoir tout au long de la sieste. Tout comme l'aire de jeux, ce lieu doit sécuriser l'enfant.

• L'**espace de repos** doit être conçu pour **faciliter les conditions de sommeil et d'endormissement** de l'enfant. La **lumière** doit y être **douce** et les lits adaptés aux enfants. Afin de répondre aux critères de sécurité, sont à éviter, pour les plus jeunes enfants, les **couvertures** et **oreillers**. Ce lieu doit être un « havre de paix » pour les enfants. **Chanter des berceuses** ou **raconter des histoires** les aide à s'approprier les lieux afin qu'ils ne développent pas d'appréhension lors de leur venue.

B Les espaces dédiés au temps calme

• Pour les enfants qui ne parviennent pas à s'endormir ou qui dorment peu, un espace de transition doit être pensé. Il s'agit d'un **espace de « temps calme »** où des **activités apaisantes** peuvent être proposées (lecture d'histoires, comptines…).

• Cet espace servira aussi de **lieu de transition avant la sieste** pour le déshabillage et la récupération du doudou, et d'**espace de réveil** pour les plus grands qui se réveillent souvent avant les plus petits.

Fiche 44

Les conditions favorisant les activités libres et spontanées

Mettre en œuvre des activités d'accueil favorable à l'activité li

1 Que sont les activités libres et spontanées ?

• La mise en place d'**activités spontanées** est l'un des piliers des pédagogies dites « nouvelles » dont les plus connues sont celles de **Maria Montessori** et de **Célestin Freinet**.

Voir Fiche 26

• Il s'agit de **mettre à disposition des enfants du matériel adapté** et surtout de **les laisser libres de réaliser les activités qu'ils souhaitent**. Elles sont en opposition avec les activités dites « dirigées », qui sont préparées et encadrées par l'adulte (peinture, pâte à sel, activités cirque…) et qui servent à développer certaines compétences chez l'enfant.

L'info en +

Maria Montessori (1870-1952) : médecin et psychologue italienne. Elle conçoit une pédagogie qui envisage l'éducation de façon globale et holistique, c'est-à-dire que les divers aspects de la vie sociale forment un tout, un ensemble solidaire. Elle estime en outre qu'il faut laisser libre cours à la spontanéité des enfants afin qu'ils se développent harmonieusement.
Célestin Freinet (1896-1966) : pédagogue français, il a créé une pédagogie fondée sur l'expression libre des enfants et sur l'équilibre entre autonomie et encadrement.

2 L'aménagement de l'espace

A L'espace et l'enfant

• **L'aménagement de l'espace est le véritable moteur de la mise en œuvre des activités spontanées.** Selon Didier Heintz, (architecte qui a notamment travaillé sur l'aménagement de l'espace dans les lieux multi-accueil) « l'espace est un langage et l'enfant dialogue avec lui ». Il est pensé pour répondre aux besoins spécifiques des enfants.

• Les espaces aménagés doivent être adaptés à l'âge des enfants et séparés les uns des autres si des enfants d'âges différents jouent dans la même salle.

Exemple d'espace aménagé pour les 6 à 15 mois

Exemple d'espace aménagé pour les 15 à 30 mois

B L'espace pour la motricité libre

• Il convient de **réserver une grande salle pour la motricité libre.** En accueil collectif, cette salle peut aussi être le lieu de rencontre entre les petits et les grands. Si c'est le cas, il est important d'**organiser l'espace pour faciliter la circulation des enfants.**

• **Il appartient à l'enfant de se mouvoir suivant ses capacités et surtout suivant ses initiatives.** Cela implique que l'enfant se connaît et ne se mettra pas en danger volontairement, raison pour laquelle il faudra lui offrir un environnement avec du matériel adapté et sécurisé (revêtements souples, mobilier en dessous de 70 centimètres, jouets etc.).

- Les **jeux moteurs** sont souvent les plus appropriés pour favoriser les échanges amicaux.

C L'espace pour les activités d'éveil

- Les activités doivent être organisées de façon rigoureuse et montrer une logique de progression. Tous les canaux d'apprentissages de l'enfant sont sollicités : auditif, visuel, olfactif, kinesthésique.

Exemples

Activités sollicitant les différents canaux

L'auditif : les jouets musicaux

Le visuel : espace Snoezelen

L'olfactif

Le kinesthésique : le bac à boules de papier

Définition

Kinesthésique : qui concerne la sensation de mouvement des parties du corps.

- Le matériel doit permettre à l'enfant de remédier seul à ses difficultés et ainsi de s'autocorriger, sous l'œil bienveillant de l'adulte accompagnateur.

3 L'adulte, un observateur vigilant

- Dans la mise en place d'activités spontanées **le plus difficile pour le professionnel de la petite enfance sera de ne pas intervenir pendant les activités, en voulant rythmer les journées.** Il n'est plus question de dire « fini la pâte à modeler ou fini le vélo » au profit d'une autre activité. Il faut savoir faire confiance à l'enfant dont le temps de concentration assez faible le conduira à naviguer d'une activité à l'autre à son rythme.

- Selon Emmi Pikler (pédiatre hongroise) « le seul but des interventions de l'adulte est de maintenir des conditions optimales à l'activité auto-induite des enfants ». Il aura pour mission principale de tout en mettre en œuvre pour assurer sa sécurité.

Fiche 45 Les activités créatives et d'éveil culturel

Dès son plus jeune âge, l'enfant doit apprendre tout ce qui lui est nécessaire pour se construire.
C'est grâce au jeu et aux activités d'éveil qu'il va grandir, s'épanouir et entrer en communication avec les autres.

1 Les apports des activités créatrices et d'éveil culturel

A Les bienfaits sur l'enfant

• Les activités créatrices et d'éveil culturel favorisent le développement de l'enfant :
– elles permettent l'**enrichissement** et la **diversification des expressions émotives** de l'enfant ;
– elles favorisent l'**exploration du monde** et la **mise en œuvre de nouvelles capacités** ;
– elles sont un des premiers modes de **relation et d'échange à l'environnement**, et facilitent l'**intégration** de l'enfant **dans la société**.

• **Les activités ludiques et socialisantes** renforcent les **liens entre l'enfant et autrui** et sont fondamentales pour le développement et l'équilibre du bébé.

B L'éveil musical

• **Un grand nombre d'activités culturelles et artistiques sont accessibles dès le plus jeune âge.**

• Les activités musicales à travers les instruments, mais aussi la voix, sensibilisent l'enfant aux sons et aux rythmes. Elles sont très attrayantes.
De 0 à 6 mois : le tapis d'éveil est adapté.
De 6 à 12 mois : une table d'éveil pourra être proposée.

• Ces activités permettent aussi de manipuler différents instruments (les percussions sont privilégiées car faciles à utiliser pour faire comprendre le principe du rythme) et de découvrir la voix comme outil musical (de cette façon, les enfants apprennent à reconnaître la hauteur des sons). Il faut **proposer aux enfants une démarche musicale et ludique adaptée à leur âge**.

C Le conte et la lecture

• Dès le plus jeune âge, les activités autour du langage (conte) et du livre (lecture) présentent un grand intérêt. Même lorsqu'ils ne s'expriment pas encore par des mots, **les jeunes enfants aiment les échanges**. L'écoute des mots permet d'entendre des sons qui seront intégrés puis assemblés petit à petit, ce qui **facilite l'acquisition du langage**. De plus, les histoires peuvent aider l'enfant à :
– déchiffrer ses émotions ;
– décrire ses sentiments ;
– négocier certaines expériences de vie (arrivée d'un(e) petit(e) frère/sœur par exemple).

• Pour les tout-petits, les livres musicaux en tissu ou carton, les ballons en mousse sont également recommandés. Ils favorisent les découvertes sensorielles et permettent à l'enfant de stimuler ses sens.

2 L'expression corporelle

Les activités d'expression corporelle sont des mouvements du corps (se tourner, se courber, s'étirer, ou sauter…) exécutés en rythme. Il est possible d'associer aux mouvements dansés une musique, ce qui favorise l'expérimentation de son corps et le plaisir de bouger (très tôt les enfants aiment danser à l'écoute de la musique). L'expression corporelle **favorise le développement de la perception, de l'observation et de l'écoute.**

3 L'expression artistique

A Les arts plastiques

- Les arts plastiques sont également accessibles aux enfants à partir de 18 mois : **terre, pâte à modeler, coloriage** et **peinture au doigt** leur apportent de nouvelles sensations tactiles.
- L'intérêt de ces activités est de **faire émerger des compétences créatives et artistiques en développant la motricité fine** (triturer, palper, malaxer, écraser, tenir un gros pinceau, une éponge…), de **faire appel à l'imaginaire** (sensations nouvelles, différentes matières, différentes couleurs…), et de **développer la coordination** de la vue, des mains et de l'esprit, tout en se détendant.

B Le théâtre

Le théâtre offre des expériences enrichissantes en s'amusant tout en développant l'imaginaire.

À partir de 1 an. Les enfants peuvent devenir des spectateurs actifs de **spectacles adaptés qui ne proposent pas une histoire**, mais qui sont conçus comme une **succession de moments reliés par un fil. L'éveil des sens est ainsi stimulé** davantage que la compréhension.

Pour les plus grands. Les spectacles racontent une histoire faisant appel au fantastique, à la poésie, au quotidien, permettant d'**apprendre des notions élémentaires** (par exemple : **l'écologie** et les **sciences naturelles** (pour amener l'enfant à respecter la nature), la **psychologie** (histoires d'expériences vécues par les enfants comme les cauchemars, les querelles entre amis, les désirs insatisfaits, les peurs…), le **psycho-social** (la relations entre pairs, l'entraide, l'amitié, les différences, les règlements de conflits…), la **formation personnelle** (la politesse, la nutrition, la prudence, la sécurité...).

4 Les jeux

D'une manière générale, les **jeux** adaptés à l'âge de l'enfant sont importants pour le développement. Ils **favorisent la construction de la personnalité, la créativité, les développements moteur, cognitif et émotionnel, l'apprentissage des règles de vie** (respect des autres, du matériel…), du partage, de la coopération, de la gestion des conflits et donc permettent la compréhension du quotidien et le **sens de l'initiative et de l'autonomie**.

Fiche 46

La gestion de groupe : la communication et l'animation

1 Les éléments facilitateurs et perturbateurs du déroulement des activités

Certaines actions ou attitudes peuvent aider ou perturber le déroulement des activités.

A Avant le démarrage des activités

L'animateur doit :

– **préparer le matériel et les produits** avant l'arrivée des enfants ;

– **instaurer des rituels d'accueil**, une ambiance sécurisante, chaleureuse et paisible en ayant une présence active ;

Exemple

Rituel d'accueil : chaque enfant pose ses affaires dans un endroit précis et vient se regrouper dans le calme autour de l'animateur.

– **stimuler la curiosité et l'envie des enfants** ;

Exemple

Stimuler l'envie et la curiosité des enfants : pour introduire l'activité, proposer une histoire ou une chanson d'accroche, montrer une réalisation finie.

– **établir des règles de conduite** en donnant des consignes simples afin de favoriser l'autonomie des enfants pendant toute l'activité ;

– **veiller au respect de ces règles** tout au long de l'animation ;

– **laisser les enfants découvrir et explorer le matériel** à disposition.

B Pendant les activités

L'animateur doit :

– **être attentif et à l'écoute** des demandes et interrogations des enfants ;

– **accepter que les enfants se trompent**, qu'ils fassent des erreurs ;

– **permettre à l'enfant d'aller à son rythme** et laisser sa créativité s'exprimer ;

– **prévenir les enfants calmement de la fin de l'activité** afin d'éviter la frustration.

À retenir

Il est important de ne jamais forcer un enfant à participer, tout en veillant à ne pas l'exclure.

C À la fin des activités

L'animateur doit :

– **responsabiliser les enfants** en les invitant au rangement du matériel ;

– **anticiper la préparation d'une future activité** en signalant le matériel défectueux ou endommagé ;

– **prendre le temps d'un retour au calme** en faisant écouter une musique douce par exemple ;

– **prévoir un moment de bilan** afin de féliciter les enfants et valoriser les productions. Cela peut prendre la forme d'une exposition des objets réalisés ou de leur remise aux parents.

2 Les différents modes d'animation et leur choix

Mode d'animation	Activité de l'animateur	Intérêt
Le mode autonome ou libre	L'animateur aménage l'espace de jeu, n'intervient pas, laisse faire l'enfant, reste observateur et veille à la sécurité.	Cette activité est utile pendant les temps calmes, l'accueil ou les départs. Les enfants vivent pleinement leurs découvertes et leurs expérimentations.
Le mode semi-directif ou coopératif	L'animateur propose une activité à l'enfant, donne les consignes, montre la technique, aide et guide si besoin.	Cette activité est conseillée pour les activités artistiques et d'expression, ce qui valorise les enfants qui participent pleinement à l'activité.
Le mode directif	L'activité est imposée par des consignes précises.	Cette activité est à privilégier lors d'activités physiques, d'activités dirigées, de sorties où la sécurité et l'hygiène doivent être assurées. Cette méthode rassure les enfants qui peuvent être frustrés par la rigidité du cadre.

3 Les solutions pour résoudre les situations de tension ou de conflit

① **Communiquer individuellement avec l'enfant en plaçant son visage à la hauteur du sien**, à une trentaine de centimètres lorsque l'on souhaite lui transmettre son message.

② **Être ferme mais non agressif** en adoptant une expression du visage qui soit en harmonie avec le contenu de l'interdit posé.

③ **Donner des instructions positives** plutôt que négatives et **formuler une consigne à la fois.**

④ **Utiliser le mot « stop » plutôt que le mot « non ».** En effet, le « stop » arrête un comportement inadapté, alors que le « non » cultive une dynamique plus agressive et instaure un rapport de force.

⑤ **Fixer les limites et les interdits en équipe.** Une stabilité minimum des interdits est nécessaire pour que l'enfant puisse les intégrer au fur et à mesure de son développement.

QCM Les conditions favorables à l'activité libre et aux activités d'éveil

Parmi les propositions suivantes, cochez la ou les bonnes réponses.

1. Les espaces de jeux :

❍ a. sont éclairés et lumineux.
❍ b. sont sécurisés par la présence d'un adulte.
❍ c. possèdent une lumière tamisée et relaxante.

2. Dans les espaces de jeu intérieur, il est préférable d'avoir :

❍ a. des jouets et des jeux en nombre suffisant.
❍ b. de nombreuses salles permettant d'isoler les groupes d'enfants.
❍ c. du mobilier adapté à l'âge et à la taille de l'enfant.
❍ d. plusieurs exemplaires d'un même jouet.

3. Les espaces de jeux extérieurs :

❍ a. sont des lieux de socialisation.
❍ b. permettent à l'enfant d'exercer des activités physiques.
❍ c. sont des lieux où tout est permis.
❍ d. sont des lieux d'éducation à la citoyenneté.

4. Dans la mise en place d'activités spontanées, le professionnel de la petite enfance doit :

❍ a. éviter les interventions afin de rythmer les journées.
❍ b. faire confiance à l'enfant qui a dans tous les cas un temps de concentration plus faible et naviguera entre les activités à son rythme.
❍ c. interrompre les activités afin de respecter le programme de la journée.

5. Il existe différents modes d'animation :

❍ a. non directif.
❍ b. autoritaire.
❍ c. semi-directif.
❍ d. directif.

6. Le mode d'animation non directif ou autonome est conseillé pour :

❍ a. les temps calmes.
❍ b. les sorties.

7. Les attitudes qui peuvent aider au bon déroulement des activités consistent à :

❍ a. préparer le matériel et les produits avant l'arrivée des enfants.
❍ b. instaurer des rituels d'accueil.
❍ c. stimuler la curiosité et l'envie des enfants.
❍ d. établir des règles de conduite.

8. Lorsqu'un enfant adopte un comportement inadapté, il faut :

❍ a. communiquer individuellement avec lui en plaçant son visage à la hauteur du sien.
❍ b. être ferme mais non agressif.
❍ c. laisser l'enfant agir ; il a le temps d'apprendre.

Solutions : 1. a., b. – **2.** a., c., d. – **3.** a., c., d. – **4.** a., b. – **5.** a., c., d. – **6.** a. – **7.** a., b., c., d. – **8.** a., b.

Fiche 47 Le portage, l'installation et la mobilisation de l'enfant

Objectif : porter un enfant en toute sécurité.

Porter un enfant permet de l'amener d'un endroit à un autre, de le rassurer, de l'installer confortablement et en sécurité et de favoriser la communication afin qu'il découvre son environnement.
Les différentes techniques dépendent de l'âge de l'enfant et du contexte.
Porter un enfant nécessite de connaître les **capacités motrices et posturales de l'enfant, notamment au niveau de l'axe tête-cou-tronc.**
Exemple : à la naissance, l'enfant n'arrive pas à maintenir sa tête car ses muscles sont immatures (hypotonie musculaire), il faudra donc utiliser une technique de portage adaptée et maintenir sa tête.

Matériel	Produit
Équipement d'installation de l'enfant propre (transat, lit, etc.)	Solution hydro-alcoolique (SHA)

Étapes préalables

Étape 1 Se mettre en tenue professionnelle.

Étape 2 Se laver les mains.

Étape 3 Vérifier la température du local (20-22 °C pour la salle d'activités, 18 °C pour la salle de repos de l'enfant).

Étape 4 Préparer l'équipement dans lequel on va installer l'enfant (baisser les barreaux du lit, ouvrir la ceinture de sécurité du transat, installer un tapis d'éveil, etc.).

Étape 5 Se laver les mains ou se désinfecter avec la solution hydro-alcoolique.

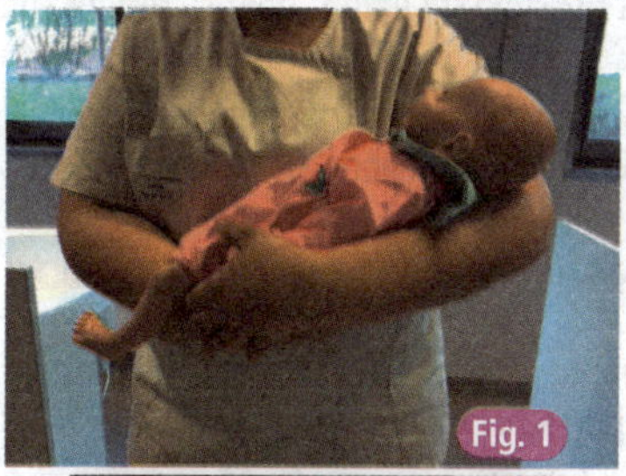
Fig. 1

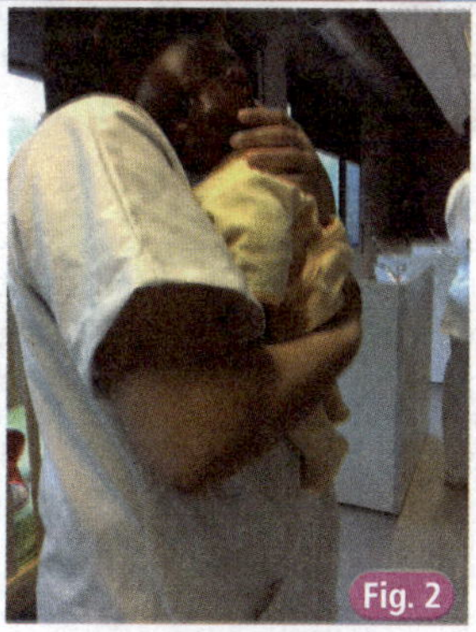
Fig. 2

❶ La position en berceau

Cette technique consiste à : poser la nuque de l'enfant dans le pli du coude du bras et à glisser l'avant-bras sous son dos, la main sous son siège (fig. 1).
La tête de l'enfant est alors calée dans le creux du coude de l'adulte, son dos est soutenu par l'avant-bras.
La deuxième main peut rejoindre la première sous le siège de l'enfant, formant ainsi un berceau.
L'intérêt de cette technique : elle respecte l'axe tête-cou-tronc, favorise la communication avec l'adulte, permet la prise du biberon. C'est de plus une position confortable pour le nouveau-né.

❷ La position redressée sur l'épaule

Cette technique consiste à : positionner l'enfant contre le thorax en maintenant sa tête et son cou avec une main, sa tête est posée contre l'épaule, la deuxième main est placée au niveau du siège de l'enfant (fig. 2).
L'intérêt de cette technique : elle favorise l'émission des rots, prévient les régurgitations, calme l'enfant (problèmes digestifs et stress), favorise la perception sensorielle (odeur, chaleur, toucher avec l'adulte).

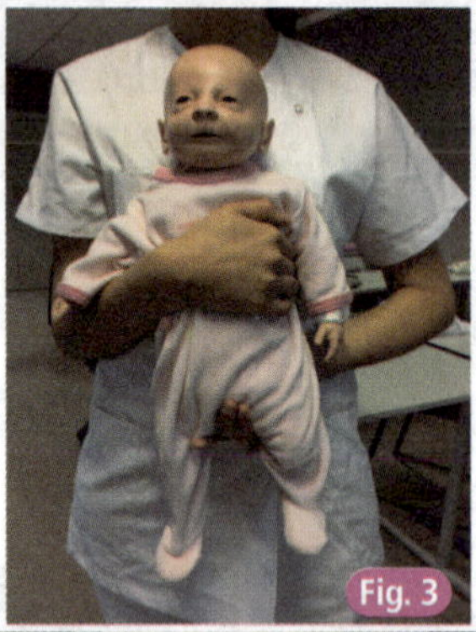 Fig. 3	**❸ La position redressée sur le thorax ou position de sécurité** **Cette technique consiste à :** positionner le dos de l'enfant contre le thorax en position verticale, sa tête est positionnée contre l'épaule et son dos est maintenu avec l'avant-bras passé sous les bras de l'enfant. La deuxième main est placée au niveau du siège de l'enfant (fig. 3). **L'intérêt de cette technique :** elle permet à l'enfant de communiquer avec les autres et de découvrir le monde qui l'entoure.
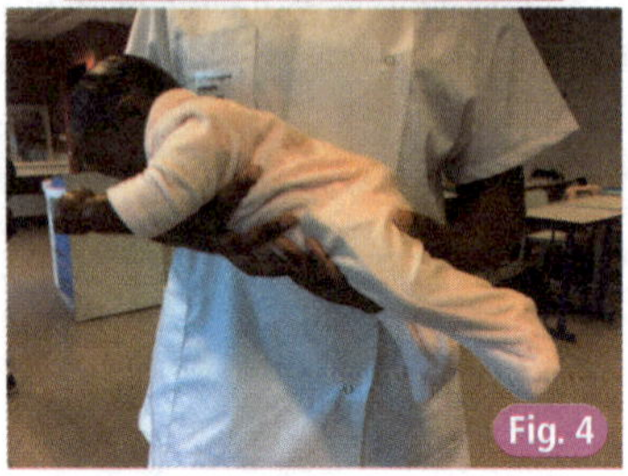 Fig. 4	**❹ La position ventrale** **Cette technique consiste à :** placer l'enfant à plat ventre « à cheval » sur l'avant-bras. Le cou et la tête de l'enfant reposent sur le bras, son bassin est maintenu « à cheval » sur l'autre avant-bras (fig. 4). **L'intérêt de cette technique :** elle permet favorise les mouvements des membres, c'est une position divertissante pour l'enfant, elle respecte son axe tête-cou-tronc.
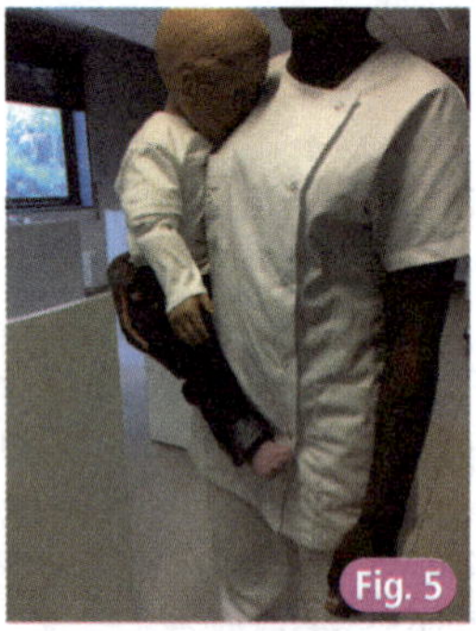 Fig. 5	**❺ La position assise sur la hanche** **Cette technique consiste à :** positionner les jambes de l'enfant de part et d'autre de la hanche (« à cheval ou à califourchon »), son dos est maintenu avec l'avant-bras (fig. 5). On peut ainsi avoir une main libre si la sécurité de l'enfant est garantie. Cette technique est possible si l'enfant tient sa tête et son dos. **L'intérêt de cette technique :** elle permet le transport de l'enfant en gardant une main libre.
 Fig. 6	**❻ Le portage dans un porte-bébé dorsal, ventral ou en écharpe** **Cette technique nécessite :** de bien lire et respecter le mode d'emploi du porte-bébé du fournisseur. **L'intérêt de cette technique :** permettre à l'adulte de promener l'enfant et de vaquer à ses occupations tout en gardant un contact corporel sécurisant (fig. 6).
Autocontrôle	Effectuer un contrôle visuel : vérifier la bonne installation de l'enfant, l'état de propreté du matériel et des locaux.
Hygiène	Se laver les mains. Utiliser la SHA.
Sécurité	Veiller à bien soutenir l'enfant.
Ergonomie et économie	Adapter la technique de portage à l'âge de l'enfant.

Fiche 48 L'habillage et le déshabillage du nourrisson

Réaliser les soins du quotidien

Objectif : habiller un nourrisson en respectant les règles d'hygiène, de confort, d'ergonomie et de sécurité.

Matériel	Produits
1 lavette 1 matelas à langer (coussin de change) 1 serviette Vêtements Nécessaire pour le change si la couche est souillée	Produit détergent-désinfectant Solution hydro-alcoolique (SHA)

Étapes préalables

étape 1 Se mettre en tenue professionnelle.

étape 2 Se laver les mains.

étape 3 Vérifier la température du local (20-22 °C pour la salle d'activités, 18 °C pour la salle de repos de l'enfant).

étape 4 Désinfecter le plan à langer et le coussin de change.

étape 5 Disposer une serviette sur le coussin de change.

étape 6 Préparer le matériel, les vêtements : disposer les vêtements dans l'ordre où ils vont être utilisés.

étape 7 Se laver les mains ou se désinfecter avec la solution hydro-alcoolique (SHA).

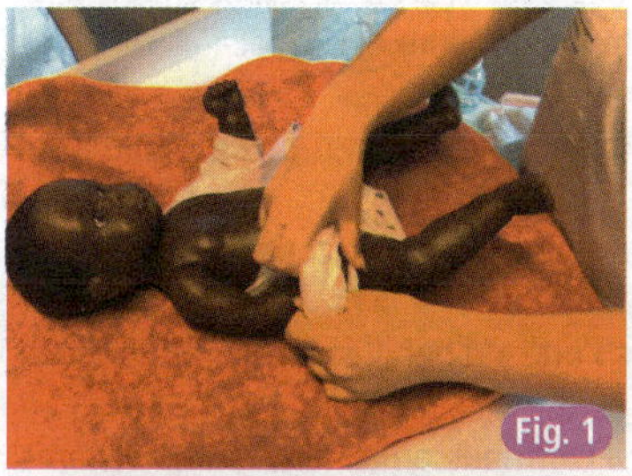
Fig. 1

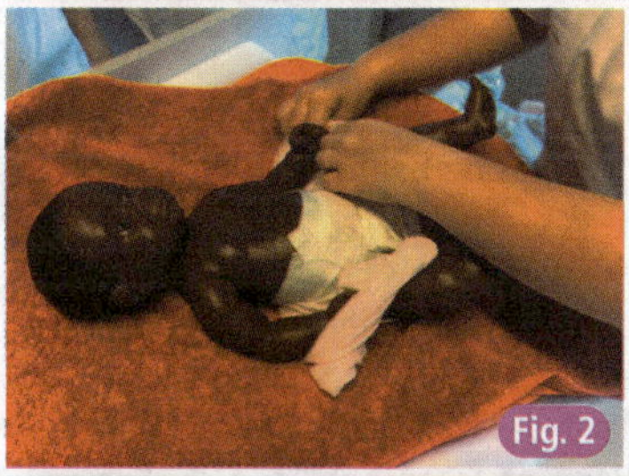
Fig. 2

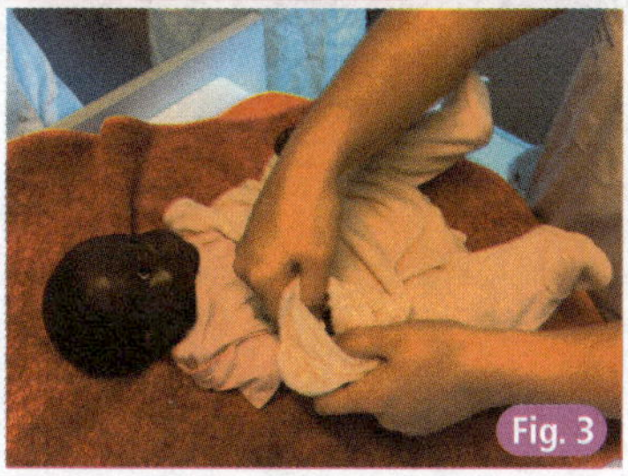
Fig. 3

Voir Fiche 53

Le déshabillage

étape 1 Installer l'enfant sur le coussin de change, lui proposer un jouet, communiquer avec lui.

étape 2 Enlever les vêtements : retirer les bras l'un après l'autre, élargir l'encolure et retirer par la tête en soutenant la nuque (fig. 1).

étape 3 Vérifier la couche et la changer si nécessaire.

étape 4 Mettre le body : le plier en accordéon dans la main et l'enfiler par la tête à partir du menton en dégageant rapidement le visage, introduire les doigts dans une manche et saisir la main du bébé pour faire glisser la manche. De même pour l'autre bras (fig. 2).

étape 5 Dérouler le body et fermer les boutons.

L'habillage : cas d'une grenouillère

étape 1 Froncer la jambe de la grenouillère et glisser le pied (de même pour l'autre jambe).

étape 2 Enfiler les manches (même technique que pour le body) (fig. 3).

étape 3 Tourner l'enfant sur le côté, boutonner dans le dos.

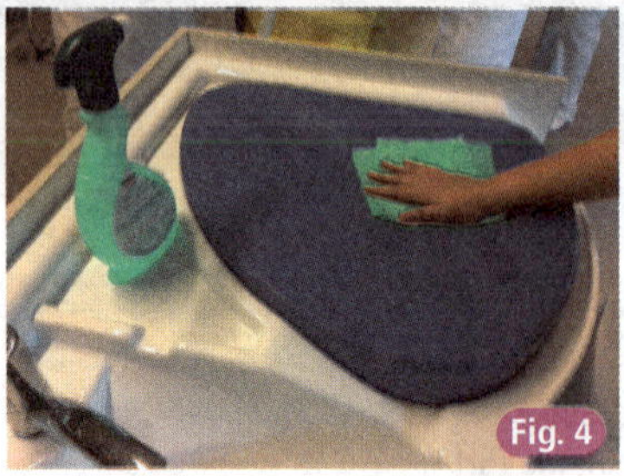 Fig. 4	étape 4 Porter le bébé en soutenant la tête et le dos. étape 5 Le réinstaller confortablement et en sécurité selon le contexte. étape 6 Ranger le matériel, évacuer les déchets, désinfecter le plan à langer (fig. 4). étape 7 Se laver les mains. étape 8 Faire les transmissions.
Autocontrôle	Effectuer un contrôle visuel : vérifier l'habillage de l'enfant, l'état de propreté du matériel et des locaux.
Hygiène	Se laver les mains. Utiliser la SHA.
Sécurité	– En cas d'oubli d'un produit, ne jamais laisser l'enfant seul. Appeler un autre adulte ou amener l'enfant avec soi. – **Veiller à toujours garder une main sur le thorax du bébé tout au long du soin.**
Ergonomie et économie	– Adapter la technique de portage à l'âge de l'enfant. – Lire et respecter le mode d'emploi des produits utilisés.

Conseils

1. Le choix des vêtements se fait en fonction : de l'âge, des activités, du développement psychomoteur, du moment de la journée, du lieu, de la température extérieure et des locaux, de l'état de santé de l'enfant.

Le port de vêtements protège contre le froid, le soleil, maintient la température corporelle, préserve la pudeur et améliore le bien-être.

L'habillage et le déshabillage de l'enfant peuvent se réaliser en positions couchée, assise ou debout.

Il faut choisir avec l'enfant ses vêtements, les disposer dans l'ordre d'habillage. Le professionnel doit aider et stimuler les enfants.

L'habillage est un moment de communication avec l'enfant, il contribue à l'acquisition du schéma corporel.

2. L'habillage-déshabillage de l'enfant se fait en fonction de l'autonomie de l'enfant :

– **Vers 2 ans**, l'enfant peut retirer ses vêtements seul s'il n'y a pas de boutons ou de fermeture Éclair. Il peut revêtir un vêtement large.

– **Vers 3 ans**, l'enfant se déshabille seul, il peut mettre des chaussures sans lacets.

– **Vers 4 ans**, l'enfant est capable de s'habiller à l'aide de repères dans les vêtements (étiquette), boutonner/déboutonner ses vêtements, enfiler ses chaussettes.

– **Vers 5 ans**, il peut s'habiller tout seul, ranger ses affaires, lacer ses chaussures.

Afin de favoriser l'acquisition de l'autonomie pour l'habillage et le déshabillage de l'enfant, l'adulte peut placer les vêtements dans l'ordre, proposer des vêtements larges, sans boutons, élastiqués, indiquer des repères (étiquette, motif, etc.).

Fiche 49 La toilette du visage et des mains

Réaliser les soins du quotidien

Objectif : apporter du bien-être à l'enfant au cours de la toilette.

La toilette du visage de l'enfant est un soin d'hygiène et de confort qui satisfait le besoin d'être propre et de protéger ses téguments. C'est un soin quotidien qui peut être effectué au cours de la toilette complète.

Matériel

2 serviettes de toilette
1 gant de toilette
1 poubelle ou 1 haricot
1 lavette
4 fusettes de coton
1 coussin de change (matelas à langer)
1 jouet
2 compresses stériles
1 mouchoir
1 brosse à cheveux
1 nécessaire pour le change de la couche si besoin

Produits

Produit détergent-désinfectant
Solution hydro-alcoolique (SHA)
Savon
Sérum physiologique

Attention !

La toilette du visage et des mains est un moment de communication avec l'enfant, elle contribue à l'acquisition du schéma corporel.

Étapes préalables

étape 1 Se mettre en tenue professionnelle, se laver les mains.

étape 2 Vérifier la température du local (20-22 °C pour la salle d'activités, 18 °C pour la salle de repos de l'enfant).

étape 3 Désinfecter le plan à langer et le coussin de change.

étape 4 Disposer une serviette sur le coussin de change.

étape 5 Préparer le matériel, les produits.

étape 6 Se laver les mains ou se désinfecter avec la solution hydro-alcoolique.

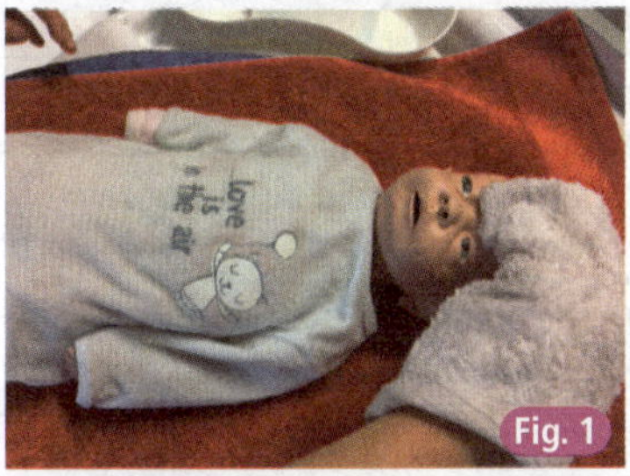
Fig. 1

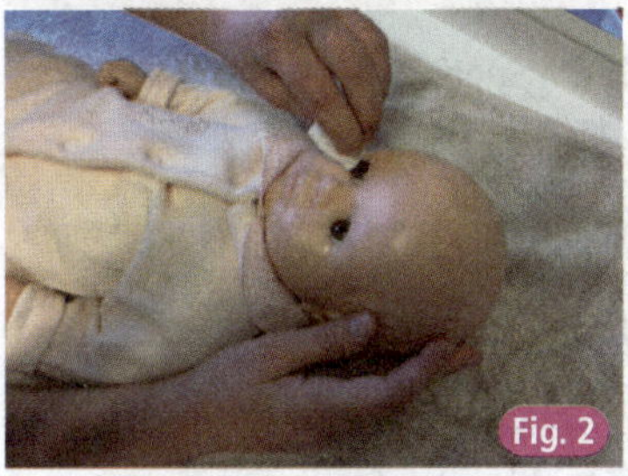
Fig. 2

étape 1 Installer l'enfant sur le coussin de change, lui proposer un jouet, communiquer avec lui.

étape 2 Mouiller le gant, vérifier la température de l'eau.

étape 3 Laver le visage à l'eau claire (front, joues, menton, cou, nez) et sécher (fig. 1).

étape 4 Effectuer les soins spécifiques (soins annexes) :
– **nettoyer chaque œil** avec une compresse stérile humidifiée de sérum physiologique en partant du coin interne de l'œil vers le coin externe, sans revenir en arrière (fig. 2). Changer de compresse pour le deuxième œil ;

Voir Fiche 53

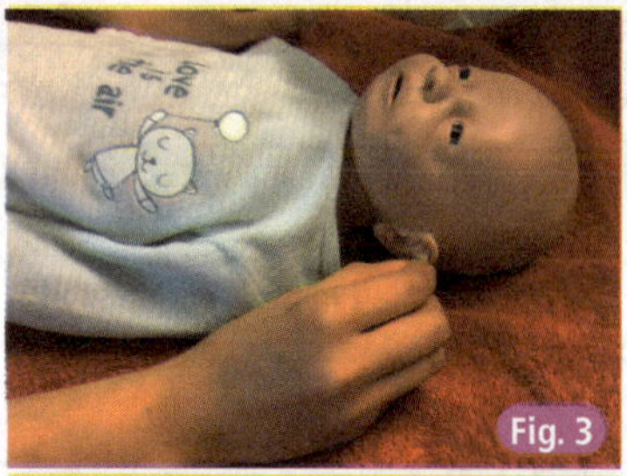 Fig. 3	– **soins des oreilles :** utiliser des fusettes sèches de coton ; nettoyer le pavillon et l'entrée du conduit auditif externe (fig. 3) ;
 Fig. 4 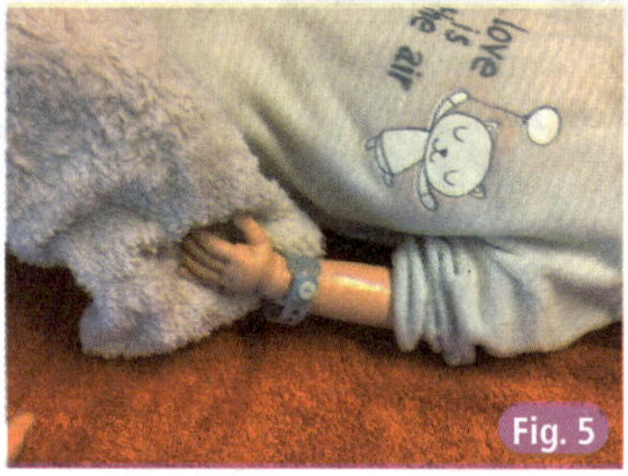 Fig. 5	– **soins du nez :** utiliser des fusettes de coton humidifiées de sérum physiologique (fig. 4). Changer de fusette pour chaque narine. Utiliser le mouchoir si ce geste fait éternuer l'enfant. étape 5 Nettoyer les mains de l'enfant avec le gant savonné, rincer et sécher (fig. 5). étape 6 Brosser les cheveux. étape 7 Vérifier la couche et la changer si nécessaire. étape 8 Porter le bébé en soutenant la tête et le dos. étape 9 Le réinstaller confortablement et en sécurité selon le contexte. étape 10 Ranger le matériel, évacuer les déchets, désinfecter le plan à langer. étape 11 Se laver les mains. étape 12 Faire les transmissions.
Autocontrôle	Effectuer un contrôle visuel : vérifier le visage et les mains de l'enfant, l'état de propreté du matériel et des locaux.
Hygiène	Se laver les mains. Utiliser la SHA.
Sécurité	– En cas d'oubli d'un produit, ne jamais laisser l'enfant seul. Appeler un autre adulte ou amener l'enfant avec soi. – **Veiller à toujours garder une main sur le thorax du bébé tout au long du soin.**
Ergonomie et économie	– Adapter la technique de portage à l'âge de l'enfant. – Lire et respecter le mode d'emploi des produits utilisés.

Conseils

L'initiation de l'enfant aux règles d'hygiène

- L'enfant qui tient debout peut commencer l'apprentissage de la toilette du visage avec l'aide de l'adulte.
- Il faut apprendre au jeune enfant à se laver les mains avec de l'eau et du savon, avant de manger et après tout geste contaminant (passage aux toilettes, mouchage).
- Il faut aussi lui apprendre à se moucher si son nez est obstrué par des mucosités (liquide visqueux sécrété par les membranes du nez).
- L'apprentissage du brossage des dents fait aussi partie des techniques d'hygiène à acquérir, il permet de prévenir l'apparition de caries dentaires et contribue à l'hygiène bucco-dentaire.

Fiche 50 L'entretien des espaces spécifiques aux soins

Réaliser les soins du quotidien

Objectif : éliminer les salissures adhérentes et les micro-organismes :
– du coin infirmerie et des sanitaires en école maternelle ;
– d'une salle de change en crèche ;
– du coin change (table ou matelas à langer) de l'enfant en familial.

En effet, les salles de soins (mobilier et équipements sanitaires : lavabo, évier, bac de trempage, toilettes…) sont des lieux privilégiés de développement des micro-organismes car ils combinent tous les facteurs favorisant leur croissance : les salissures, l'humidité et la chaleur. Cette présence est à la fois particulièrement dangereuse et fréquente. Leur entretien et leur désinfection doivent être quotidiens. **Une désinfection efficace est donc un enjeu majeur pour lutter contre les maladies contagieuses (maladies infantiles, gastroentérite…).**

Matériels utilisés	Produits et consommables
3 bassines 3 lavettes 1 sac poubelle 1 chariot de ménage 1 paire de gants de ménage 1 balayette WC	Détergent Détergent-désinfectant Détartrant Crème à récurer ou détergent spécial sanitaire

Étapes préalables

étape 1 Se mettre en tenue et se laver les mains. étape 2 Préparer le matériel et les produits.

Sanitaires dans une école maternelle

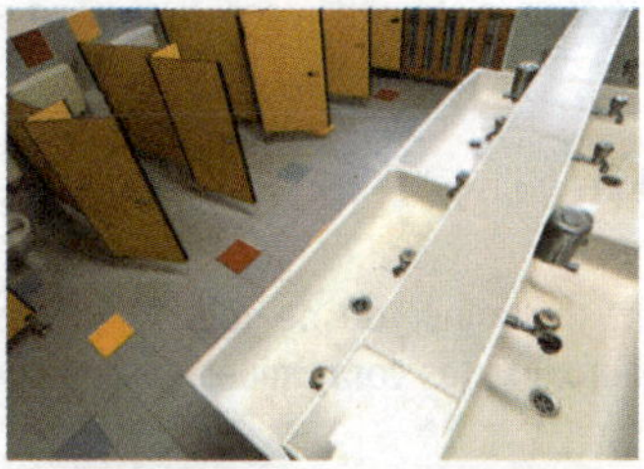

Salle de change en crèche

Table à langer à domicile

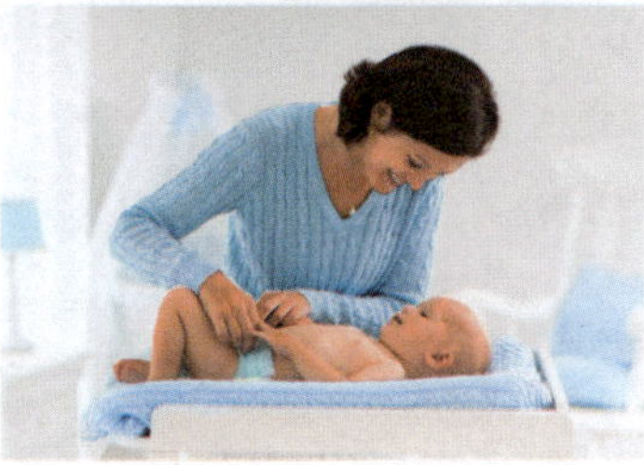

– Aérer la pièce.
– Évacuer les poubelles et le linge sale si nécessaire.
– Réaliser un **bionettoyage** du matériel et des surfaces de la salle de soin en travaillant toujours du plus propre au plus sale.

étape 1 Laver avec une lavette imprégnée de solution détergente ou avec la crème à récurer (pour les sanitaires) ; passer sur toutes les surfaces.

⚠ Retremper régulièrement la lavette dans la solution détergente. Laisser agir le produit.

étape 2 Rincer avec de l'eau claire, en utilisant une autre lavette.

étape 3 **Désinfecter** avec une solution de désinfectant ou de détergent désinfectant sur une troisième lavette.
Laisser agir le produit. Rincer si nécessaire.
Cette méthode doit être appliquée sur toutes les surfaces et les éléments des salles de soins (plan de travail, placard, matelas de change, table à langer, lavabos et sanitaires…).
Nettoyer les matelas et tables à langer après chaque utilisation.
– Replacer un sac poubelle.
– Laver le sol.
– Fermer la fenêtre.

Voir Fiche 73
Voir Fiche 91

Autocontrôle	– Effectuer un contrôle visuel : absence de salissures et de traces. – En collectivité, il est possible de vérifier le nettoyage par un contrôle microbiologique au moyen de lames gélosées ou de boîtes de contact.
Hygiène	– Ranger le matériel : désinfecter les bassines et entretenir les lavettes en machine à laver à 90 °C. – Se laver les mains.
Sécurité	– Lire le mode d'emploi des produits et le respecter (précautions d'emploi, pictogrammes…). – Ne jamais mélanger des produits différents (inactivation et toxicité des produits). – S'assurer de la compatibilité des produits avec les différents revêtements avant de les utiliser. – Ranger les produits pour qu'ils soient inaccessibles aux enfants.
Ergonomie et économie	– Lire le mode d'emploi et le respecter : dosages préconisés…

Définitions

Bionettoyage : procédé destiné à réduire la contamination biologique des surfaces (norme NF X 50-790, activités de service de nettoyage industriel – lexique de propreté).
Il a comme objectif de réduire, voire de supprimer les micro-organismes présents dans le milieu afin d'assainir l'environnement. Il consiste en un entretien en 3 étapes : le nettoyage, le rinçage et la désinfection et il est obtenu en 3 temps :
1. nettoyage (détergent) ;
2. rinçage à l'eau claire (évacuation des salissures et des produits utilisés) ;
3. application d'un désinfectant (ou d'un détergent-désinfectant).

Désinfection : opération au résultat temporaire permettant d'éliminer ou de tuer les micro-organismes et/ou d'inactiver les virus indésirables sur des milieux inertes contaminés en fonction des objectifs fixés.

Nettoyage : action qui consiste à dépoussiérer, laver, purifier afin de supprimer les poussières, les salissures, et les taches.

Fiche 51 La préparation d'un biberon et l'alimentation lactée

Réaliser les soins du quotidien

1 La méthode

Objectif : réaliser un biberon en respectant les règles d'hygiène et de sécurité adapté à l'âge des enfants.

Matériel		Produits
1 biberon complet	1 couteau	Lait en poudre adapté
1 assiette	1 mesurette	Farine infantile adaptée
1 cuillère à café	1 chauffe-biberon	Eau

Étapes préalables : se laver les mains, porter une tenue professionnelle.

Fig. 1

étape 1 Préparer le matériel et les ingrédients (fig. 1).

étape 2 Vérifier les dates limites de consommation et d'ouverture de tous les produits.

étape 3 Se laver les mains.

étape 4 Prendre le biberon.

étape 5 Poser dans l'assiette : bague et tétine recouverte du capuchon, biberon et couteau.

étape 6 Verser la quantité d'eau nécessaire dans le biberon à l'aide des graduations inscrites sur le biberon.

Fig. 2

étape 7 Ajouter dans l'eau la quantité de lait en poudre nécessaire à l'aide de la mesurette et éventuellement la farine infantile adaptée (selon les consignes données) (fig. 2).

Fig. 3

étape 8 Araser chaque mesurette de lait avec le dos d'un couteau ou à l'aide de la boîte de lait (fig. 3).

étape 9 Placer la tétine, la maintenir en ajustant la bague.

étape 10 Visser correctement l'ensemble.

étape 11 Recouvrir avec le capuchon.

Fig. 4

étape 12 Mélanger la préparation horizontalement en roulant le biberon entre les paumes des mains (fig. 4).

étape 13 Placer dans le chauffe biberon et régler la température.

Hygiène	Se laver les mains.
Sécurité	Vérifier la température du contenu du biberon en versant une goutte de lait sur le poignet de l'opérateur.
Économie	Respecter strictement les quantités pour éviter des surdoses ou des sous doses de lait et/ou de farine.

2 L'alimentation lactée

Le lait est l'alimentation exclusive jusqu'au 4e mois. Il répond aux besoins énergétiques, plastiques et fonctionnels du nourrisson.

A La ration lactée en fonction de l'âge

L'allaitement respecte le rythme de l'enfant. **Les biberons se préparent en tenant compte du poids plutôt que de l'âge du bébé.**

• La règle d'Appert

Pour les nourrissons âgés de 0 à 5 mois : on applique la formule d'Appert pour déterminer la quantité de lait pour la journée (ml/jour) :

$$\text{Quantité} = \frac{\text{Poids de l'enfant (en g)}}{10} + 250$$

Il suffit de diviser la quantité de lait par le nombre de repas pour estimer la quantité de lait par biberon. La règle d'Appert ne s'applique plus pour les bébés ayant un poids supérieur à 6 kg (poids atteint vers 5 mois).

• La répartition en fonction des âges

Poids du bébé (en kg)	Âge	Quantité d'eau par biberon (en ml)	Nombre de mesurettes	Nombre de biberons par 24 heures
3,3	1er mois	90	3	6
4,2	1 à 2 mois	120	4	6
5	2 à 3 mois	150	5	5
5,6	3 à 4 mois	180	6	5
6,3	4 à 5 mois	210	7	4
7,1	5 à 6 mois	210	7	2-3

B La comparaison nutritionnelle du lait de vache et du lait maternel

Le lait maternel est l'aliment idéal pour le nourrisson. Il couvre parfaitement les besoins nutritionnels du nourrisson et il permet de développer des liens psychoaffectifs.

	Caractéristiques	Conséquences
Lait maternel	• Composition adaptée au nourrisson : glucides, protéines solubles, acides gras, fer, calcium et des anticorps.	• Limite les infections et les allergies. Facile à digérer. Sans préparation.
Lait de vache	• Trop d'éléments minéraux, d'acides gras saturés et de protéines. Pauvre en glucides et en vitamines.	• Difficile à digérer. Risque d'allergie. Inadapté au nourrisson.

C Les différents types de lait

Des **laits infantiles** peuvent être pris en substitution dès la naissance. Ces laits sont appelés **aliment lacté diététique (ALD)**. Ils sont spécifiques à chaque âge et sont dérivés du lait de vache. Ils sont améliorés pour avoir une composition plus proche du lait maternel.

ALD	Caractéristiques
Lait premier âge de 0 à 6 mois	• La composition est proche de celle du lait maternel. Il est enrichi en fer et en vitamine D. Il couvre les besoins nutritionnels.
Lait deuxième âge de 5 à 12 mois	• Il est enrichi en acides gras essentiels, en fer, en calcium et il contient de nombreuses vitamines (C, D). Utilisé en relais du lait maternel ou du lait premier âge : il complète l'alimentation diversifiée.

Des laits spéciaux ont été mis au point afin d'apporter une réponse aux problèmes que peuvent rencontrer certains enfants :

– les **laits anti-régurgitation** ou de confort premier âge et deuxième âge sont des laits épaissis pour limiter les rejets de petites quantités de lait.

– les **laits hypoallergéniques** sont adaptés aux enfants exposés aux risques d'allergies.

– les **laits sans lactose ou hydrolysats de protéines** sont adaptés aux nourrissons souffrant de colique dues aux éléments difficiles à digérer comme les protéines et le lactose.

Fiche 52 L'hydratation, la distribution et l'aide aux repas

Objectif : accompagner et encourager l'enfant dans l'apprentissage au moment de la prise du repas et des boissons afin de favoriser son autonomie et son éducation à la santé et à l'hygiène.

Matériel	Produits et consommables
Salle avec mobilier adapté (table et chaise) ou chaise haute ou table et chaise avec réhausseur Couverts, assiettes et verres adaptés Serviette ou bavoir personnel à l'enfant ou serviette à usage unique	Repas adapté Boisson adaptée : eau Matériel (bassines, lavettes, balai trapèze de dépoussiérage et de lavage) et produit (détergent/désinfectant) pour faire l'entretien

Étapes préalables

étape 1 Se mettre en tenue et se laver les mains.

étape 2 Préparer la salle de repas, vérifier l'état général de la pièce qui doit être propre, laver la table, préparer les ustensiles nécessaires (assiettes, couverts, verres, carafes…).

étape 3 S'informer sur le menu ou le contenu du goûter.

étape 4 Accompagner l'enfant (ou les enfants) pour un lavage des mains ; ainsi chacun prend l'habitude de se laver les mains.

Fig. 1

Fig. 2

Avant le déjeuner

étape 1 Dresser la table (fig. 1) avec l'enfant (ou les enfants). Les laisser faire seuls en restant proche d'eux pour les guider s'ils en ressentent le besoin (car « toute aide inutile est un obstacle dans le développement » Maria Montessori).

étape 2 Aider l'enfant à s'installer correctement à table et à mettre sa serviette.

Durant le repas ou le goûter

étape 3 Présenter les préparations ou la collation (fig. 2).
– Servir l'enfant ou l'autoriser à se servir en restant vigilant car il doit goûter un peu de tout (apprentissage du goût), mais peut choisir la quantité.

étape 4 Aider l'enfant durant le repas si nécessaire (couper sa viande par exemple. Ne pas proposer de couteau à bout rond avant l'âge de 4 ans et sous surveillance).

étape 5 Laisser manger l'enfant seul, à son rythme à l'aide d'une fourchette ou d'une cuillère (veiller à poser des interdits s'il commence à jeter la nourriture ou des miettes par terre).

étape 6 Inciter l'enfant à s'essuyer la bouche régulièrement.

 Fig. 3  Fig. 4	étape 7 Débarrasser le plat, les assiettes et les couverts et nettoyer la table avant de passer au dessert. étape 8 Servir le dessert sur une table nette (fig. 3). étape 9 Proposer régulièrement à l'enfant de boire de l'eau (au cours et à la fin du repas ou du goûter) pour éviter le risque de déshydratation. Le niveau d'hydratation et la consommation d'eau ont des répercussions sur la santé de l'enfant. Il est conseillé de mettre à disposition de l'eau et des gobelets pour permettre le « libre-service » en fonction des besoins (fig. 4). **À la fin du repas** étape 10 Dans les collectivités, demander à l'enfant de regrouper la vaisselle sale sur un chariot. étape 10 Donner à l'enfant un gant de toilette, lui demander de se nettoyer les mains et le visage et de déposer le gant et la serviette (ou bavoir) dans le panier à linge sale. étape 12 Réaliser l'entretien de la salle, de la vaisselle, des tables, des chaises et du sol.
Autocontrôle	Effectuer un contrôle visuel : vérifier l'état de propreté des matériels et des locaux (pas de salissure, pas de trace).
Hygiène	– Ranger le matériel : désinfecter la bassine et entretenir les lavettes en machine à laver à 90 °C. – Se laver les mains.
Sécurité	Rester vigilant tout le temps du repas pour éviter les accidents (étouffements…).
Ergonomie et économie	S'accroupir en gardant le dos droit ou s'assoir près des enfants pour éviter les mauvaises postures.

Remarque

À chaque tâche, **guider l'enfant** et lui donner des explications pour qu'il comprenne ce qui est attendu, encourager ses apprentissages afin de favoriser une éducation à la santé et à l'hygiène.

Vers 12-18 mois l'enfant peut commencer à manger seul. Il commence à faire la pince avec le pouce et l'index, il pourra donc prendre avec ses doigts des petits morceaux d'aliments préparés. À cet âge, il faudra seconder l'enfant en lui donnant à manger.

Vers 2 ans, 2 ans et demi, l'enfant est capable de manger seul avec une petite cuillère.

Vers 3 ans, il peut commencer à manger avec une fourchette adaptée et pas trop pointue.

C'est **vers 4 ans** environ que l'enfant sera presque autonome, il pourra commencer à utiliser un couteau à bout rond, sous la surveillance d'un adulte. Il manipulera correctement les autres couverts.

Fiche 53 Le change du nourrisson

Réaliser les soins du quotidien

Objectif : assurer les soins d'hygiène corporelle du nourrisson en respectant les règles d'hygiène, de confort, d'ergonomie et de sécurité.

Produits	Matériel	
1 produit détergent-désinfectant 1 solution hydro-alcoolique 1 savon hypoallergénique	1 lavette 1 matelas à langer (coussin de change) Des vêtements de rechange en cas de souillure 1 couche	2 serviettes de toilette 2 gants de toilette 1 poubelle ou haricot 1 sac ou corbeille à linge sale 1 jouet

Étapes préalables

étape 1 Se mettre en tenue professionnelle.

étape 2 Se laver les mains.

étape 3 Vérifier la température du local (20-22 °C pour la salle d'activités, 18 °C pour la salle de repos de l'enfant).

étape 4 Désinfecter le plan à langer et le coussin de change.

étape 5 Disposer une serviette sur le coussin de change.

étape 6 Préparer le matériel, les vêtements dans l'ordre où ils vont être utilisés.

étape 7 Se laver les mains ou se désinfecter avec la solution hydro-alcoolique.

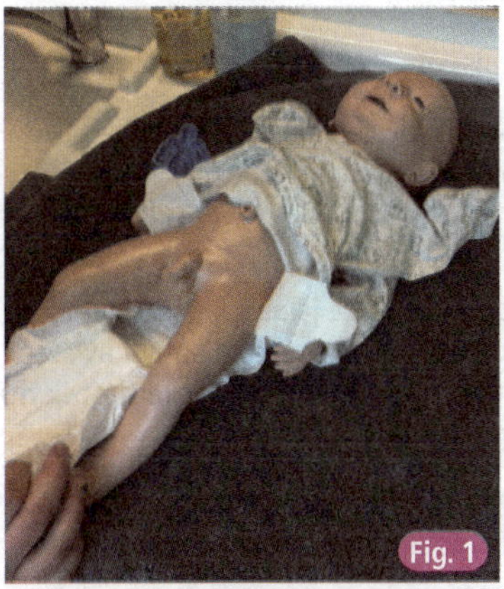
Fig. 1

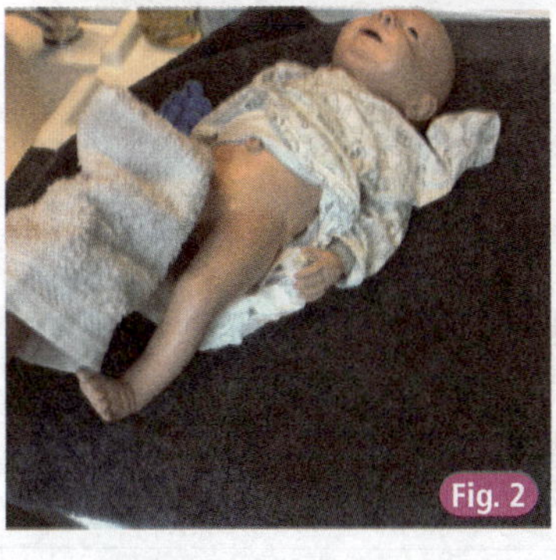
Fig. 2

étape 1 Installer l'enfant sur le coussin de change, lui proposer un jouet, communiquer avec lui.

étape 2 Déshabiller le bas du corps : déboutonner le body, le rouler sous le dos de l'enfant (fig. 1).

étape 3 Ouvrir la couche et recoller les adhésifs sur eux-mêmes.

étape 4 Examiner l'urine, les selles, l'état de la peau, ce qui permet d'avoir des indications quant à l'état de santé de l'enfant.

étape 5 Replier la couche sous les fesses.

étape 6 Savonner le siège du plus propre vers le plus sale (fig. 2), dans l'ordre suivant :
– abdomen ;
– plis de l'aine ;
– organes génitaux ;
– bas du dos (en pivotant l'enfant sur le côté) ;
– pli inter-fessier ;
– anus (⚠ en ayant un geste qui remonte vers les fesses et non pas vers le méat urinaire) ;

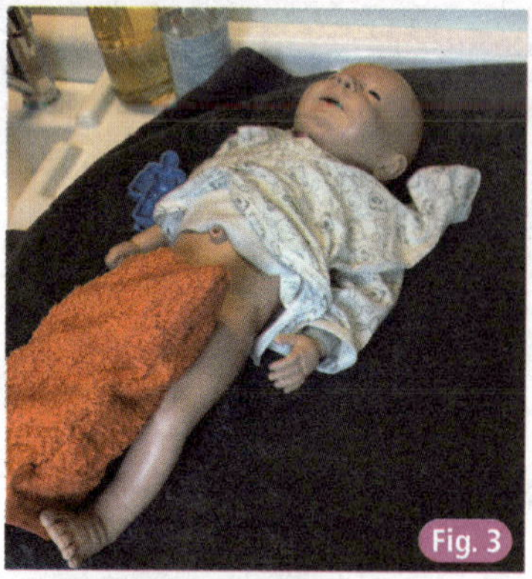
Fig. 3

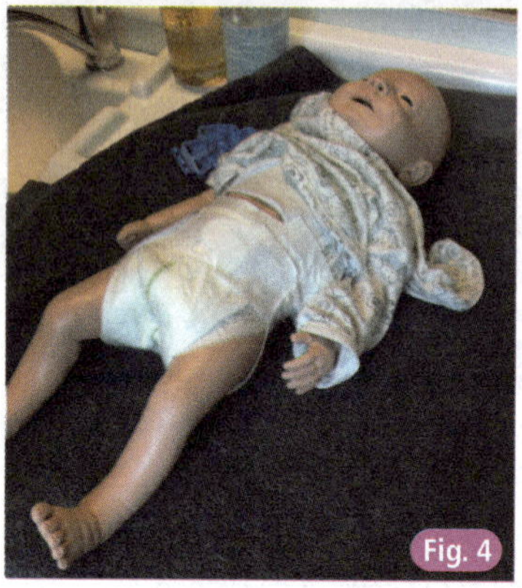
Fig. 4

Voir Fiche 48

étape 7 Retirer la couche et la jeter. La poubelle doit être près de vous. Ne pas laisser l'enfant sans surveillance.

étape 8 Changer de gant, rincer soigneusement en respectant le même ordre.

étape 9 Essuyer en tamponnant et insister au niveau des plis (fig. 3).

Manugel

étape 10 Placer la couche propre (fig. 4), vérifier le serrage en plaçant 2 doigts entre l'abdomen de l'enfant et la couche.

étape 11 Rhabiller l'enfant.

étape 12 Porter le bébé en soutenant sa tête et son dos.

étape 13 Le réinstaller confortablement et en sécurité selon le contexte.

étape 14 Ranger le matériel, évacuer les déchets, désinfecter le plan à langer.

étape 15 Se laver les mains.

étape 16 Faire les transmissions.

Autocontrôle	Effectuer un contrôle visuel : vérifier l'habillage de l'enfant, l'état de propreté du matériel et des locaux.
Hygiène	Se laver les mains et utiliser la SHA.
Sécurité	– En cas d'oubli d'un produit, ne jamais laisser l'enfant seul. Appeler un autre adulte ou amener l'enfant avec soi. – **Veiller à toujours garder une main sur le thorax du bébé tout au long du soin.**
Ergonomie et économie	– Adapter la technique de portage à l'âge de l'enfant. – Lire et respecter le mode d'emploi des produits utilisés.

Conseils

Les produits conseillés pour le change

– **gel lavant cheveux et corps :** produit lavant en douceur les cheveux et la peau sensible du bébé ;

– **liniment oléo-calcaire :** produit pour le change de l'enfant, conseillé pour le protéger des irritations cutanées ;

– **lait de toilette :** produit pour la toilette de l'enfant, qui aide à préserver l'équilibre hydrolipidique de son épiderme. Il est nécessaire de le rincer.

⚠ Les lingettes (sans rinçage et pratiques) peuvent être utilisés en déplacement, préférer alors les produits biologiques et sans produit toxique (paraben, phénoxyéthanol, etc.). L'utilisation des lingettes doit être occasionnel.

– S.H.A.

Fiche 54 Le bain du nourisson

Réaliser les soins du quotidien

Objectif : assurer les soins d'hygiène corporelle du nourrisson en respectant les règles d'hygiène, de confort, d'ergonomie et de sécurité.

Produits	Matériel	
1 produit détergent-désinfectant 1 solution hydro-alcoolique 1 savon hypoallergénique	1 lavette 1 matelas à langer (coussin de change) Des vêtements 1 nécessaire pour le change 2 serviettes de toilette 1 gant de toilette	1 baignoire ou lavabo adapté 1 poubelle ou haricot 1 sac ou corbeille à linge sale 1 jouet 1 thermomètre de bain 1 brosse douce

Étapes préalables

étape 1 Se mettre en tenue professionnelle.

étape 2 Se laver les mains.

étape 3 Vérifier la température du local (20-22 °C pour la salle d'activités, 18 °C pour la salle de repos de l'enfant).

étape 4 Désinfecter le plan à langer et le coussin de change.

étape 5 Disposer une serviette sur le coussin de change.

étape 6 Préparer le matériel, les vêtements dans l'ordre où ils vont être utilisés.

étape 7 Remplir la baignoire d'eau chaude (38 °C) à mi-hauteur (ne pas oublier de fermer la bonde).

étape 8 Se laver les mains ou se désinfecter avec la solution hydro-alcoolique.

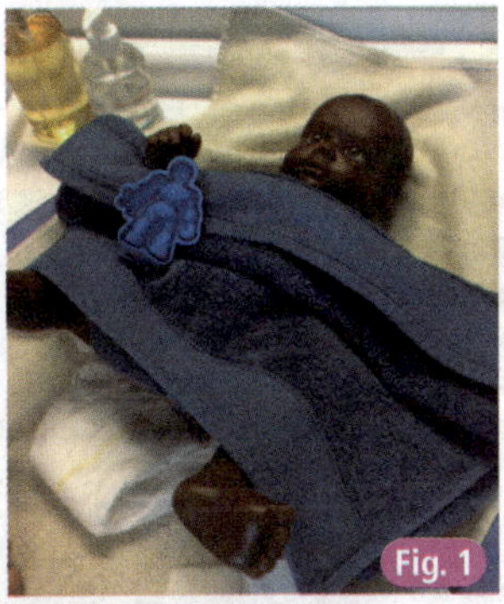
Fig. 1

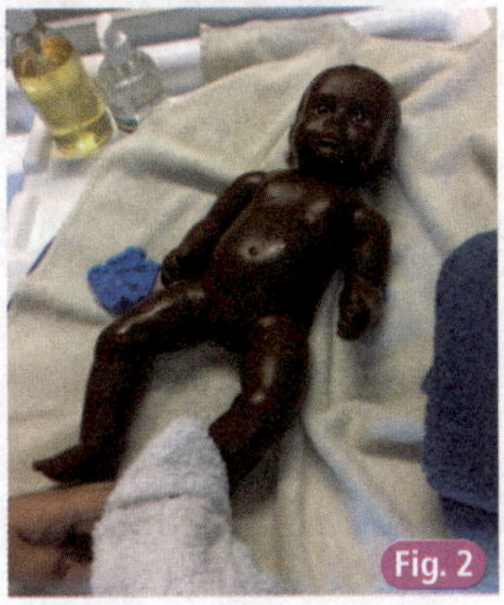
Fig. 2

étape 1 Installer l'enfant sur le coussin de change, lui proposer un jouet, communiquer avec lui.

étape 2 Déshabiller et couvrir le haut du corps avec la serviette (fig. 1).

étape 3 Ouvrir la couche et la replier la couche sous les fesses de l'enfant, puis la retirer.

étape 4 Savonner le corps en commençant par le crâne (en l'absence de cheveux), le haut du corps, les membres inférieurs, et terminer par la toilette génito-anale (fig. 2).

étape 5 Vérifier la température du bain qui doit être maintenant à 37°C (sinon ajuster avec de l'eau froide ou chaude).

étape 6 S'essuyer les mains, soulever l'enfant, une main sous la nuque, l'autre tenant les chevilles, le plonger doucement dans l'eau en lui parlant (fig. 3).

étape 7 Lui donner un jouet, le rincer, c'est un moment de détente.

Voir Fiche 48

Voir Fiche 49

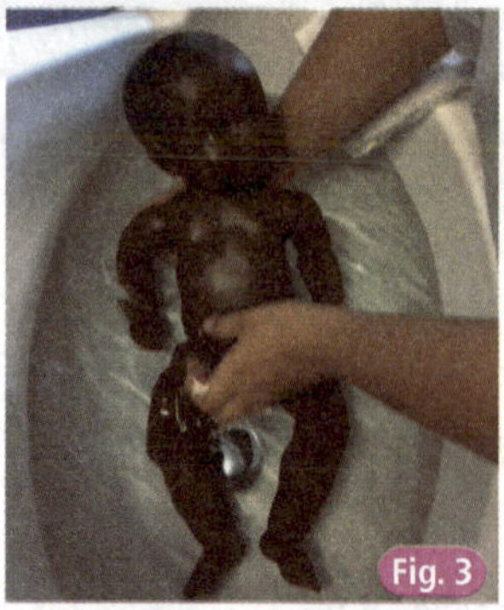 Fig. 3 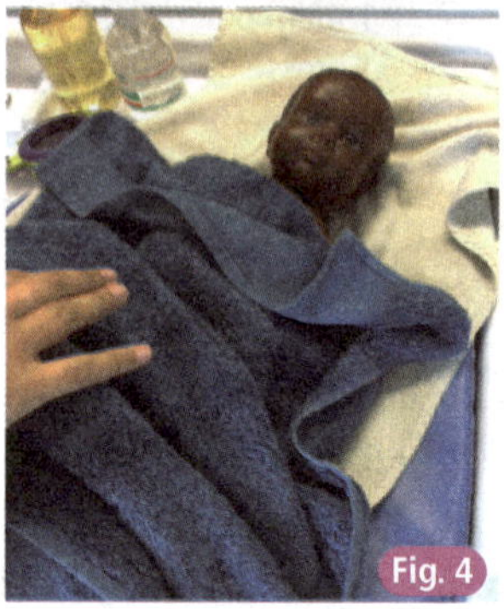 Fig. 4	étape 8 Retirer l'enfant de l'eau et l'envelopper dans la serviette (fig. 4). étape 9 Essuyer en tamponnant et en insistant au niveau des plis. étape 10 Mettre la couche. étape 11 Rhabiller l'enfant en commençant par le haut du corps. étape 12 Soins annexes . étape 13 Brosser les cheveux de l'enfant. étape 14 Porter le bébé en soutenant la tête et le dos. étape 15 Le réinstaller confortablement et en sécurité dans le lit ou le transat par exemple. étape 16 Ranger le matériel, évacuer les déchets, désinfecter le plan à langer. étape 17 Se laver les mains. étape 18 Faire les transmissions.
Autocontrôle	Effectuer un contrôle visuel : vérifier l'habillage de l'enfant, l'état de propreté du matériel et des locaux.
Hygiène	– Se laver les mains. – Utiliser la SHA.
Sécurité	– En cas d'oubli d'un produit, ne jamais laisser l'enfant seul. Appeler un autre adulte ou amener l'enfant avec soi. **– Veiller à toujours garder une main sur le thorax du bébé tout au long du soin.**
Ergonomie et économie	– Adapter la technique de portage à l'âge de l'enfant. – Lire et respecter le mode d'emploi des produits utilisés.

Remarque

Si l'enfant ne peut être baigné (exemples : absence de baignoire, enfant présentant une plaie), on réalisera une **toilette sans le bain**.

Le matériel, les produits et l'organisation seront semblables au bain, mais la toilette se fera sur le coussin de change et en déshabillant progressivement l'enfant afin qu'il n'ait pas froid :
- déshabiller puis savonner le haut du corps : crâne, cou, aisselles, bras, mains, thorax, dos (en tournant légèrement l'enfant sur le côté), abdomen ;
- rincer, sécher et habiller le haut du corps avec les vêtements propres ;
- déshabiller le bas du corps, savonner, rincer et sécher les cuisses, les jambes, les pieds ;
- effectuer la toilette génito-anale, placer le change propre ;
- habiller le bas du corps.

Fiche 55 L'acquisition de la propreté

Réaliser les soins du quotidien

1 Les quatre facteurs d'acquisition de la propreté

- L'apprentissage de la propreté chez un enfant peut commencer vers 1 an et demi à 2 ans.
- **Quatre conditions doivent être réunies pour que l'enfant apprenne la propreté** :

① **La maturité ou maturation neurologique :** le système nerveux doit être suffisamment mature pour permettre la **maîtrise des sphincters** (muscles annulaires situés autour d'un conduit ou d'un orifice dont ils contrôlent l'ouverture et la fermeture).

② **L'enfant doit être capable de ressentir le besoin d'uriner ou de faire des selles** et de contracter ou relâcher volontairement ses sphincters.

À retenir

Le fait pour l'enfant d'être capable de marcher, de monter les escaliers, montre l'acquisition d'une certaine force musculaire et représente généralement le signe que l'enfant est prêt à contrôler ses sphincters.

③ **La maturité intellectuelle :** l'enfant doit être capable de **formuler son envie**, d'exprimer les mots « pipi », « caca ». Il doit pouvoir faire le lien entre l'envie et le fait d'aller sur le pot.

④ **La maturité affective :** l'enfant doit avoir envie de « grandir », de **faire comme les grands**. Il veut être autonome et faire tout seul ses besoins.

2 Les étapes d'acquisition de la propreté

Vers 15 mois. L'enfant peut prévenir quand sa couche est mouillée.

De 2 à 3 ans. L'enfant peut maîtriser le sphincter anal puis le sphincter vésical.

À partir de 3 ans. L'enfant acquiert généralement la **propreté complète** (c'est une condition d'entrée en école maternelle).

- **L'acquisition de la propreté** (entre le début et l'acquisition réelle) **se fait sur une période d'environ 3 à 6 mois.** La propreté est **d'abord diurne** (le jour) **puis devient progressivement nocturne** (la nuit). La propreté nocturne arrive souvent plus tard car le sommeil est profond.
- **La propreté pendant la sieste arrive à peu près en même temps que la propreté diurne.** La plupart des enfants auront acquis la propreté entre 2 et 4 ans, mais **on peut attendre jusqu'à 5-6 ans avant de consulter.**

3 Les facteurs favorables à l'acquisition de la propreté

Le professionnel pourra donner des **conseils aux parents** pour aider leur enfant à être propre :

– **proposer à l'enfant de choisir son pot** ;

– **lire des histoires** traitant du sujet ;

– **lui proposer d'aller sur le pot lorsqu'il en ressent l'envie** et qu'il manifeste l'intérêt de devenir propre (vers 18 à 24 mois) ou avant de changer la couche ou de prendre le bain ;

– **installer le pot dans un endroit confortable**, à l'abri des regards (toilettes, salle de bains) ;

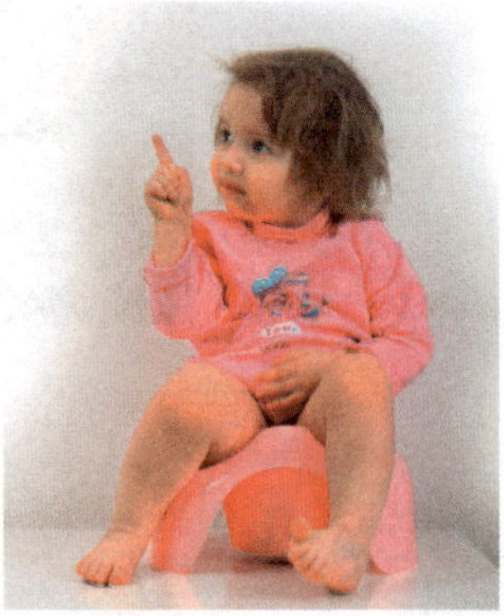

– **ne pas vider le pot immédiatement**, lui proposer de le vider lui-même et de tirer la chasse d'eau ;

– **respecter le rythme de l'enfant** mais le laisser sur le pot quelques minutes seulement ;

– **l'encourager et le féliciter** ;

– **ne pas le gronder** ;

– **proposer à l'enfant un change qui se baisse comme une couche-culotte** ;

– **l'habiller avec des vêtements faciles à retirer** ;

– **expliquer** à l'enfant que c'est naturel, **que ce n'est pas sale**.

Attention !

Certains enfants ont peur de la chasse d'eau. On peut leur expliquer qu'une partie de ce qu'on mange est gardé par notre corps et que ce qui n'est pas bon est rejeté.

4 Les facteurs défavorables à l'acquisition de la propreté

• Ces facteurs sont également appelés **facteurs de régression** ; exemples : les erreurs d'éducation telles que le chantage, l'humiliation, la colère…

• À l'âge où les adultes imposent des interdits à l'enfant, **garder ses matières, choisir de ne pas aller sur le pot peut être une façon pour l'enfant de s'opposer**.

• Un **changement de situation familiale** (divorce, deuil, déménagement, naissance d'un petit frère, d'une petite sœur, etc.) ou des **difficultés à l'école** peuvent également avoir un impact négatif en retardant l'acquisition de la propreté, en engendrant une **régression** (l'enfant propre n'arrive plus à se retenir) ou encore en déclenchant un épisode d'énurésie (« pipi au lit ») secondaire.

5 Le passage du pot aux toilettes

Quand l'enfant se sent prêt, on peut lui proposer de passer du pot aux toilettes des « grands ». Lui proposer un réducteur avec des marches à adapter au siège et repousser la porte des toilettes pour respecter son intimité.

Fiche 56 Favoriser l'endormissement et le réveil de l'enfant

Réaliser les soins du quotidien

Afin de favoriser les conditions d'endormissement de l'enfant, il est important de **mettre en place** et de **respecter** ses **rituels de coucher**.
En qualité de professionnel(le) de la petite enfance, le moyen le plus sûr d'y parvenir et de demander aux parents les rituels déjà mis en place (tétine, berceuse, histoire, mobile musical, doudou etc.).

1 Le sommeil

A Son rôle

Le sommeil est une interruption périodique et réversible de l'état de veille.
Il est indispensable à :
– l'**équilibre psychologique** de l'enfant ;
– la **récupération physique** ;
– la **maturation du système nerveux** ;
– la **croissance du squelette** car le corps sécrète une hormone, l'hormone de croissance, qui n'est produite qu'au cours de celui-ci.

Définition

Sommeil : état naturel récurrent de perte de conscience (mais sans perte de la réception sensitive) du monde extérieur, accompagné d'une diminution progressive du tonus musculaire, survenant à intervalles réguliers et dont le rôle est encore mal connu.

B Sa durée en fonction des différents âges

La durée de sommeil est variable selon l'âge et les individus, en moyenne :
Le nouveau-né : 16 à 20 heures.
De 1 à 3 ans : 15 heures (12 heures par nuit et 3 heures de sieste).
De 3 à 6 ans : 10 à 12 heures (10 heures la nuit et 2 heures de sieste conseillée mais il est rare qu'un enfant à partir de 4 ans réclame la sieste sauf s'il est fatigué).
Vers 10 ans : 9 à 10 heures par nuit.
L'adolescent : 8 à 9 heures par nuit.
L'adulte : 7 à 8 heures par nuit.

2 Les facteurs favorisant l'endormissement et la qualité du sommeil

A La reconnaissance des signes annonciateurs du besoin de dormir

Les signes d'un enfant qui a sommeil permettent au professionnel de le coucher au bon moment pour qu'il ait un bon endormissement. Ils **peuvent être différents selon les enfants** et il est important pour le professionnel de **les identifier pour chaque enfant** qu'il a en garde.

Il baille.

Il se frotte les yeux, le nez ou les oreilles.

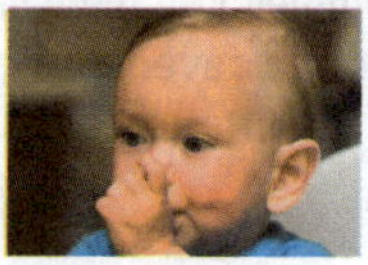
Il suce son pouce, demande son doudou.

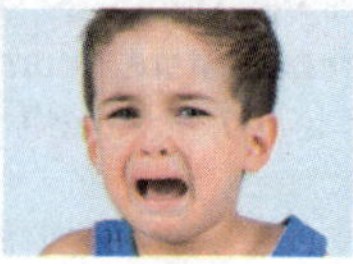
Il pleure.

Il fait des gestes plus lents.

B Le couchage du nourrisson

L'enfant, tout au long de ses trois premières années de vie, doit pouvoir dormir dans un **lit à barreaux** pour sa sécurité.

D'autres règles sont à respecter pour lui assurer un sommeil en toute tranquillité comme :

– **choisir un matelas ferme et adapté à la taille du lit** ;
– **éviter les couettes, drap et oreiller** ;
– **choisir des vêtements** (body et pyjama) **en fonction de la saison** ;
– **installer l'enfant dans une gigoteuse/turbulette** (adaptée à son âge et à la saison) ;
– **mettre l'enfant sur le dos**, cela lui permet de bien respirer ;
– **ne pas encombrer le lit** de peluches, choisir un **doudou aux normes de sécurité** (marquage CE).

C Créer un climat favorable à l'endormissement et au sommeil

Il est important de **respecter les rituels du coucher** de chaque enfant pour le détendre et le rassurer avant le sommeil : lui **lire une histoire**, lui faire écouter une **musique douce**, avoir un **geste tendre**, lui caresser la joue, lui **chanter une chanson** douce…

D Quelques conseils pour l'endormissement de l'enfant

– **Aérer préalablement la pièce** dans laquelle l'enfant dort. Ainsi, dormir dans une pièce fraîche (18-20 °C) favorise l'endormissement ;
– **organiser une ambiance sereine**, au calme. Ne pas pratiquer d'activités corporelles avant le coucher ;
– porter des **vêtements de nuit amples** ;
– choisir un **matelas assez ferme** ;
– **respecter l'heure habituelle du coucher ou de la sieste** ;
– **adapter l'intensité de la lumière en fonction du moment de la journée.** Et laisser entre-ouverts les volets ou placer une veilleuse ;
– **éviter les boissons stimulantes et les produits sucrés avant le coucher** (jus de fruits, sucreries) ;
– **proscrire une exposition prolongée devant des écrans** (télévision, console de jeux, tablette etc.) ;
– **ne pas montrer de signes d'énervement devant les difficultés d'endormissement de l'enfant**, ni mettre l'enfant au lit pour le punir car cela risquerait de le stresser et de créer un mal-être avec l'idée de dormir.

Conseil

Le lit ne doit pas être le lieu de « punition ».

E Un réveil naturel

Lorsque sont observés des signes de sommeil intermédiaire comme la **réaction au toucher** ou **aux bruits extérieurs**, l'enfant pourra être **réveillé en douceur**. Si l'enfant ne réagit pas, il conviendra de ne pas le réveiller car il y de fortes chances qu'il le ressente comme une agression brutale.

La réfection du lit non occupé

Réaliser les soins du quotidien

1 La technique de réfection du lit à barreaux

Objectifs : assurer l'hygiène, le confort et la sécurité de l'enfant de 0 à 3 ans et favoriser un repos et/ou un sommeil de qualité.

Matériel et produits

Pour le lavage des mains :

1 solution hydro-alcoolique (SHA) ou du savon doux
2 gants jetables

Sur une chaise préalablement désinfectée positionner :

1 petite bassine remplie d'eau
1 produit détergent désinfectant non irritant de préférence de type *Sanytol*
2 lavettes en coton non tissé
1 drap housse 100 % coton adapté à la taille du lit
1 panier à linge sale

Étapes préalables : se mettre en tenue professionnelle, se laver les mains et mettre les gants jetables.

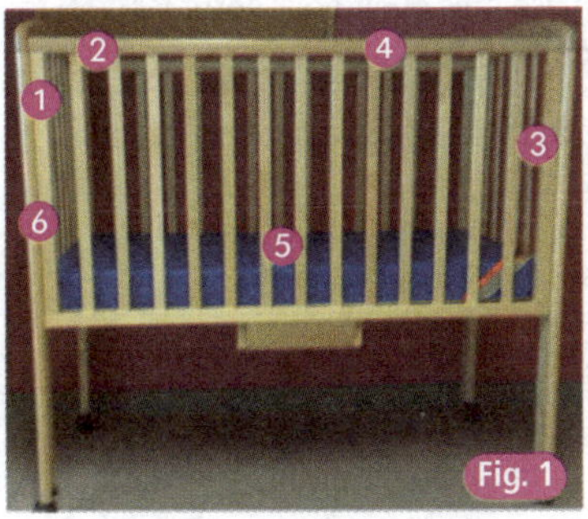

Fig. 1

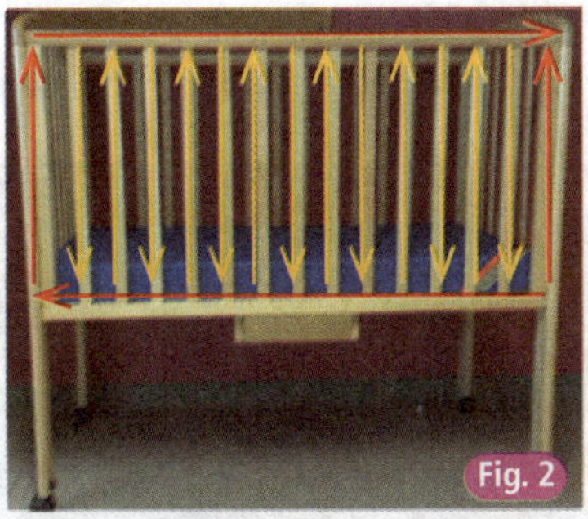
Fig. 2

Méthode

étape 1 Enlever le drap sale et le mettre dans le panier à linge sale.

étape 2 Placer le matelas relevé, posé contre les barreaux à l'opposé de ceux que vous commencez à nettoyer.

étape 3 Plier la lavette en quatre et l'imprégner du produit détergent désinfectant.

étape 4 Réaliser le bionettoyage des barreaux du lit et des panneaux latéraux en faisant le tour du lit (fig. 1). (①, ②, ③, ④) en appliquant la méthode en « S ».

étape 5 Retourner la lavette sur chaque face et la laver autant de fois que nécessaire.

étape 6 Réaliser le détourage du panneau latéral, commencer du haut vers le bas du barreau, puis reprendre du bas du barreau vers le haut et ainsi de suite (fig. 2).

étape 7 Bionettoyer la manette d'ouverture de la porte latérale ⑤, puis les pieds et les roulettes du lit ⑥.

étape 8 Baisser le panneau latéral et réaliser le bionettoyage du matelas en appliquant la méthode en « S » (fig. 2).

 Fig. 3	étape 9 Retourner le matelas et appliquer la même méthode sans oublier les côtés. étape 10 Rincer si nécessaire. étape 11 Laisser sécher le matelas en le positionnant contre un panneau du lit (fig. 3). étape 12 Recouvrir le matelas du drap propre. étape 13 Ranger et bionettoyer les matériels et les produits. étape 14 Retirer les gants jetables et se laver les mains. étape 15 Réaliser les transmissions.
Organisation	Prévoir le matériel et le linge nécessaire selon les besoins, éviter les allers-retours.
Autocontrôle	Réaliser un contrôle visuel de l'esthétique du lit : drap tendu, pas de résidu de salissures.
Hygiène	– Se laver les mains avant, après avoir manipulé le linge sale, et après la réfection du lit. – Ne pas mélanger linge sale et linge propre. Manipuler le linge sale sans le coller contre soi, ni le poser au sol. – Positionner une chaise près du lit pour poser les matériels et les produits.
Sécurité	– Après la réfection du lit, abaisser la barrière latérale pour accueillir l'enfant. – Mettre des gants lors de l'utilisation de produits irritants comme l'eau de javel par exemple.
Économie	Doser correctement les produits et la quantité de linge.
Ergonomie	Se baisser le dos bien droit et les genoux pliés.

2 La réfection du lit enfant

A Le choix de la literie

- Lorsque l'enfant est plus grand (dès 3 ans), les éléments du lit peuvent être un petit oreiller, des draps et une couette.
- Le **100 % coton est à privilégier** car il est lavable à de très hautes températures (90 °C) pour éliminer les micro-organismes. La fibre est également non irritante, hypoallergénique et absorbante.

B L'entretien de la literie

Pour assurer une hygiène et un confort optimal de l'enfant, **le linge de lit est à changer au minimum une fois par semaine** et immédiatement lorsqu'il est souillé par des urines, des selles ou des vomissures par exemple.

Fiche 58 La mort inattendue du nourrisson

Réaliser les soins du quotidien

1 Les facteurs de risque identifiés pour ce syndrome

Plusieurs facteurs peuvent être mis en cause, et, diversement associés, ils concourent à l'accident mortel. En effet, **il n'existe pas actuellement une cause précise et encore moins une cause unique qui puisse expliquer la MSN.**

A Les facteurs épidémiologiques

• **L'âge.** On constate un nombre plus important de MSN entre le 1er et le 4e mois, entre le 6e et le 9e mois, et aux alentours du 18e mois. Le décès d'un enfant peut arriver jusqu'à ses 3 ans même si cela reste très rare.

• **La prématurité ou le faible poids de naissance (moins de 2,5 kg).**

• **Les conditions sociales et économiques défavorables des parents.** En effet, les populations qui vivent dans des conditions défavorables accèdent plus difficilement que les autres aux campagnes de prévention. En outre, elles cumulent aussi les facteurs de risques : tabagisme, couchage inadapté…

• **Le tabagisme actif et/ou passif de la mère** pendant et après la grossesse.

• **Le sexe :** les garçons sont plus touchés que les filles.

> **Définitions**
>
> **Syndrome de mort inattendue du nourrisson (MIN) :** « tout décès survenu brutalement chez un nourrisson que rien dans ses antécédents ne laisser prévoir ».
>
> **Mort subite du nourrisson (MSN) :** « décès inexpliqué d'un enfant de moins d'1 an, survenant apparemment pendant le sommeil, qui reste inexpliqué après des investigations post-mortem comprenant une autopsie complète (…) ». Ainsi, ce n'est qu'après toutes les recherches cliniques qu'une mort inattendue du nourrisson (MIN) peut être qualifiée de mort subite du nourrisson (MSN).

B Les facteurs environnementaux

– **Les conditions de couchage** (lit non adapté et non conforme aux normes de sécurité).
– **L'environnement surchauffé.**
– **La position ventrale ou latérale** durant le sommeil.
– **L'utilisation d'un oreiller ou d'une couette.**
– Un **matelas mou** et **non adapté aux dimensions du lit.**
– **L'utilisation de médicaments sédatifs** ou de sirop pour la toux ayant un effet sédatif.

2 La prévention de la mort subite du nourrisson (MSN)

A Les campagnes de prévention

Au niveau national, des campagnes de prévention sont organisées, car **on recense en moyenne 300 nouveaux cas de MSN chaque année.**

B Les moyens de prévention

- **Mettre le nourrisson sur le dos pour tous les moments de sommeil.**

Quelques conseils

La position latérale doit être stable afin que l'enfant ne se retrouve pas sur le ventre.

Positionné sur le dos, si l'enfant régurgite, il aura le réflexe naturel de ne pas inhaler ses vomissures.

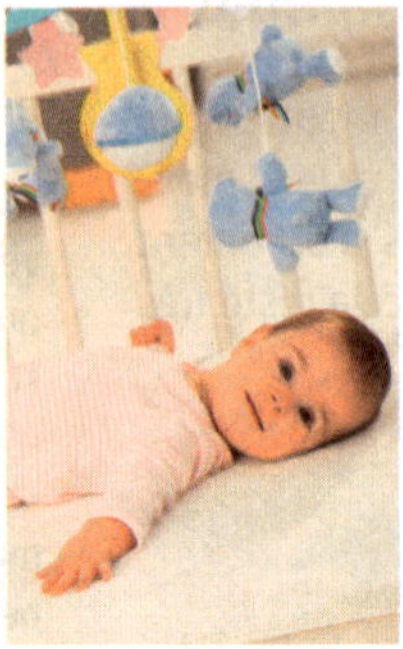

L'adulte peut faire jouer l'enfant sur le ventre lorsqu'il est éveillé, mais pas pendant son sommeil.

Il y a risque d'asphyxie, s'il dort sur le ventre.

Si l'enfant se retourne de lui-même dans le lit, il faut le laisser faire et ne pas l'installer dans un cale bébé.

Si le crâne de l'enfant s'aplatit en restant sur le dos, il faut l'inciter à tourner la tête avec un mobile par exemple.

- **Faire dormir l'enfant sur un matelas ferme.**

Il faut éviter les matelas mous et tous les objets mous, tels que les oreillers, couettes, édredons, peluches qui peuvent gêner la respiration de l'enfant. S'il y a un **tour de lit**, il faut qu'il soit fin et **solidement attaché à l'extérieur des barreaux**. Pour couvrir l'enfant, il est recommandé **d'utiliser une « turbulette » ou une « gigoteuse » selon la saison**.

- **Un couchage à proximité de la mère ou d'un adulte est recommandé.**

Des études ont démontré que le risque de MIN est réduit lorsque l'enfant dort dans la même chambre que sa mère. Toutefois, **la pratique du *co-sleeping*** (ou « co-dodo » c'est-à-dire dormir dans le même lit) avec l'enfant **peut s'avérer dangereuse** car il y a risque d'écrasement et d'étouffement. **La présence d'un adulte est recommandée lors du sommeil du nourrisson**.

- **Ne pas fumer à proximité d'un nourrisson.**

Le tabagisme pendant la grossesse et après la grossesse est l'une des causes de la MIN. Il convient également de **ne pas fumer dans la même pièce qu'un nourrisson** (tabagisme passif).

- **Proposer la tétine pour les temps de sommeil et de sieste.**

Il est recommandé de **proposer une tétine du 1er mois de vie jusqu'au 1 an de l'enfant** pour la sieste ou la nuit afin de réduire son stress. Ne pas le forcer s'il la refuse.

- **Éviter l'hyperthermie.**

Surveiller la température de la chambre (environ 18-20 °C), ne pas trop couvrir l'enfant surtout s'il a de la fièvre, ni superposer les couches de vêtements. L'enfant ne doit pas être chaud au toucher.

- **Éviter les produits commerciaux présentés comme réduisant les MSN.**

Leur efficacité n'est pas prouvée et il n'y a aucune garantie que la sécurité du nourrisson soit bien assurée.

QCM Réaliser les soins du quotidien

Parmi les propositions suivantes, cochez la ou les bonnes réponses.

1. On peut porter un enfant :

❍ a. en position en berceau.
❍ b. en position redressée sur l'épaule.
❍ c. en position redressée sur le thorax ou position de sécurité.
❍ d. en position ventrale.
❍ e. en position retardée.
❍ f. en position assis sur la hanche.
❍ g. dans un porte-bébé dorsal, ventral ou en écharpe.

2. L'habillage est un moment :

❍ a. de communication avec l'enfant, il contribue à l'acquisition du schéma corporel.
❍ b. de distraction et de détente.
❍ c. qui se répète et à faire avant de passer à des activités d'apprentissage.

3. Lors de la toilette du visage de l'enfant :

❍ a. en cas d'oubli d'un produit, se déplacer rapidement et revenir au plus tôt auprès de l'enfant.
❍ b. communiquer avec l'enfant tout au long du soin.
❍ c. en cas d'oubli d'un produit, ne jamais laisser l'enfant seul. Appeler un autre adulte ou amener l'enfant avec soi.

4. Le lait est l'alimentation exclusive jusqu'au :

❍ a. 4e mois.
❍ b. 8e mois.
❍ c. 10e mois.

5. Les biberons se préparent en tenant compte surtout :

❍ a. du poids du bébé.
❍ b. de l'âge du bébé.
❍ c. de la taille du bébé.

6. Le sommeil chez l'enfant est indispensable pour :

❍ a. faciliter la mémorisation.
❍ b. la récupération physique et nerveuse.
❍ c. reposer les parents.
❍ d. faciliter la sécrétion de l'hormone de croissance.

7. Le bionettoyage est un procédé qui permet de :

❍ a. réduire la contamination biologique des surfaces.
❍ b. réaliser un nettoyage sans produit chimique.
❍ c. réduire, voire de supprimer les micro-organismes présents dans le milieu afin d'assainir l'environnement.

8. La désinfection est :

❍ a. une opération au résultat momentané permettant d'éliminer ou de tuer les micro-organismes et/ou d'inactiver les virus indésirables sur des milieux inertes contaminés en fonction des objectifs fixés.
❍ b. une opération destinée à diminuer le nombre de micro-organismes sur des tissus vivant à des taux considérés comme sans danger, de manière à respecter les normes d'hygiène et de santé publique.

9. Le nettoyage est :

❍ a. l'action de dépoussiérer, laver, purifier afin de supprimer les poussières, les salissures, et les taches.
❍ b. une action inutile.
❍ c. une opération permettant de réparer le matériel et les surfaces.

Solutions : 1. a., b., c., d. – 2. a. – 3. b., c. – 4. a. – 5. a. – 6. a., b., d. – 7. a., c. – 8. a. – 9. a.

La bientraitance et la maltraitance

1 La bientraitance

• La bientraitance permet « une prise en charge globale de l'usager et l'accueil de son entourage, de façon à promouvoir le **respect des droits et libertés de l'usager**, son écoute et ses besoins, tout en prévenant la maltraitance ». (HAS, Haute autorité de santé)

• **Pour le professionnel**, « il s'agit d'une manière d'être, de dire et d'agir, soucieuse de l'autre, réactive à ses besoins et à ses demandes, respectueuse de ses choix et de ses refus » (ANESM). Une charte de bientraitance peut être affichée dans l'établissement.

• Cette démarche vise à :
– rendre l'usager co-auteur de son parcours, par exemple, lui donner la parole ;
– prévenir les situations de maltraitance ;
– soutenir les professionnels dans leur démarche de bientraitance, par exemple, instaurer des temps de parole, de formation dans l'équipe.

Définition

Bientraitance : « elle vise à promouvoir le bien-être de l'usager, c'est une démarche collective permettant d'identifier le meilleur accompagnement possible pour l'usager, dans le respect de ses choix et l'adaptation la plus juste à ses besoins » (ANESM, Agence nationale de l'évaluation et de la qualité des établissements et services sociaux et médico-sociaux).

2 La maltraitance

• **Un enfant maltraité est un enfant victime de violences physiques** (ecchymoses, hématomes, fractures, etc.), d'abus sexuels, de **violences psychologiques** (humiliations, menaces, dévalorisation, etc.), de **négligences lourdes** ayant des conséquences graves sur son développement physique et psychologique. Un enfant peut être soumis à plusieurs de ces formes de mauvais traitements.

• **Le professionnel doit être capable de repérer des signes de maltraitance :** signes physiques (traces de coups, brûlures, plaies, lésions buccales, etc.), plaintes de l'enfant (douleurs abdominales récurrentes), changements de comportement (isolement, repli sur soi, opposition, violence, recherche d'attention, comportement inadapté, etc.), mauvaise hygiène de l'enfant, vêtements et chaussures constamment inadaptés ou usés, etc.

• **Toute information préoccupante doit être signalée au conseil départemental** et une situation d'extrême gravité doit être signalée au parquet.

• Le gouvernement met à disposition un **numéro de téléphone gratuit**, le **119**, ainsi qu'une plaquette d'information consultable à l'adresse suivante : http://www.allo119.gouv.fr/

Définition

Maltraitance : « tout acte ou omission commis par une personne s'il porte atteinte à la vie, à l'intégrité corporelle ou psychique ou à la liberté d'une autre personne, ou compromet gravement le développement de sa personnalité et/ou nuit à sa sécurité financière. » Conseil de l'Europe

Fiche 60 L'hyperthermie et les maladies infectieuses et parasitaires

1 L'hyperthermie

- **L'hyperthermie** désigne une **élévation de la température du corps, ou d'une partie du corps, au-dessus de la valeur normale,** qui chez l'homme est de **37 °C** en moyenne, sous l'effet d'un environnement chaud ou d'un travail musculaire particulièrement important.
- La **fièvre** est souvent considérée comme un synonyme d'hyperthermie, car il s'agit aussi d'une élévation de la température du corps. C'est une **réaction naturelle de l'organisme pour lutter contre les infections.** Elle est sans gravité, et même utile. Toutefois, **chez les enfants de moins de 6 mois, il faut consulter immédiatement un médecin,** et si elle persiste plusieurs jours ou gêne l'enfant.

2 Les maladies infectieuses de l'enfant

A Généralités

Les **maladies les plus fréquentes** chez les jeunes enfants (0 à 6 ans) sont souvent d'origine infectieuse : rhinopharyngites, angines, otites, bronchiolites. Parmi les **maladies infantiles,** on trouve : les oreillons, la rougeole, la rubéole, la varicelle, la coqueluche, la roséole, l'érythème infectieux, le croup et la scarlatine.

Définitions

Maladie infectieuse : maladie provoquée par la transmission d'un micro-organisme ou d'un agent infectieux : virus, bactérie, parasite, champignon, protozoaire.
Elle est plus ou moins contagieuse.

Maladie infantile : maladie contagieuse qui touche les enfants, le plus souvent durant les premières années de leur existence quand leur système immunitaire est encore fragile.

B Les agents responsables et les signes cliniques de la maladie infectieuse

Maladie	Agent responsable	Signes cliniques
La rhinopharyngite	Virus	Écoulement nasal, toux, et fièvre
L'angine	Bactérie ou virus	Inflammation des amygdales et de la gorge, fièvre
L'otite	Bactérie	Douleurs, fièvre et écoulement nasal
La bronchiolite	Virus	Respiration sifflante, toux grasse, fatigue, un refus de s'alimenter et fièvre légère
La gastro-entérite	Virus	Diarrhées, vomissements, fièvre
La varicelle	Virus (varicelle-zona)	Éruption cutanée sur tout le corps, faible fièvre, fatigue et démangeaisons
La roséole infantile	Virus	Forte fièvre (39 à 40 °C), petites taches roses sur la peau du tronc, des membres et du visage
La rougeole	Virus	Éruption de papules rouge vif sur tout le corps, forte fièvre, toux sèche et forte, larmoiement des yeux, sensibilité à la lumière et écoulement nasal
La scarlatine	Toxine d'une bactérie (le streptocoque du groupe A)	Forte fièvre (39 °C), maux de gorge, taches rouges sur la peau, enduit blanc sur la muqueuse de la langue
La rubéole	Virus (*Rubivirus*)	Papules rougeâtres, fièvre modérée, maux de tête et de gorge, ganglions du cou et des oreilles

Les oreillons	Virus (*paramyxovirus virus*)	Inflammation des glandes salivaires parotides, fièvre modérée, maux de tête, gonflement
La coqueluche	Bactérie (*Bordetella pertussis*)	Écoulement nasal, fièvre modérée, toux sèche, parfois vomissements
L'impétigo	Bactérie (staphylocoque doré et parfois un streptocoque)	Impétigo croûteux, boutons rouges avec du pus, des pustules. Impétigo bulleux, éruption de petites vésicules

C Les mesures de protection

• Elles commencent par la **prévention** de ces maladies infectieuses qui sont souvent très contagieuses. Il est donc essentiel et indispensable de **suivre certaines règles** : **un lavage fréquent des mains** ; **le mouchage de l'enfant (un mouchoir à usage unique,** du sérum physiologique) ; **l'utilisation de la vaisselle** (verre, assiette et couverts) **de l'enfant malade est proscrite** (ne pas boire dans le même verre que le malade).

• La **vaccination** permet d'éviter certaines maladies. Exemples : rougeole, oreillon, rubéole : ROR. Dans les établissements scolaires, certaines pathologies nécessiteront une éviction.

3 Les maladies parasitaires de l'enfant

A Généralités

Dans les collectivités d'enfants, les **parasitoses les plus fréquentes** sont les **oxyuroses** (parasitose digestive provoquées par des vers), les **pédiculoses** (parasitose du cuir chevelu due aux poux), la **gale** (parasitose cutanée causée par le sarcopte, parasite acarien microscopique).

Définitions

Maladie parasitaire ou parasitose : toute maladie causée par un parasite.
Parasite : petit organisme ou petit animal qui vit dans ou sur un autre organisme et qui se nourrit de celui-ci. Les poux, les puces et les vers sont des parasites.

B Les agents responsables et les signes cliniques de la maladie parasitaire

Maladie parasitaire	Agent responsable	Signes cliniques
Oxyuroses	*Enterobius vermicularis* (petit ver rond)	• Grincements de dents pendant le sommeil et hyper salivation • Démangeaisons anales et lésions dues au grattage (eczéma). • Vulvite œdémateuse et purulente (chez la petite fille)
Pédiculose	poux et lentes (œufs du pou)	• Démangeaisons • Lésions dues au grattage du cuir chevelu et de la peau
Gale	sarcopte (acarien)	• Démangeaisons de la peau dues à des galeries sous-cutanées

C Les mesures de protection

• Être : vigilant quant aux **règles d'hygiène** : hygiène corporelle générale et propreté des mains (surtout après les jeux en extérieur) en gardant les ongles propres et courts ; attentif au **lavage des aliments** ; responsable en **vermifugeant régulièrement les animaux domestiques**.

• **En cas d'infestation de poux ou d'épidémie de gale** : informer les parents, leur demander d'être vigilants et de **traiter l'enfant et les vêtements** (bonnets, écharpes…) et le **linge de lit**. **Chez l'assistant maternel ou dans les établissements d'accueil de la petite enfance,** traiter (lavage et désinfection) les coussins, les draps et les couvertures, puis les ranger séparément, ou dans des enveloppes en plastique.

• **Dans les établissements scolaires,** l'enfant parasité par la gale ne pourra pas venir en classe (éviction jusqu'à guérison clinique).

Fiche 61

Les transmissions et le recueil des informations préoccupantes

Appliquer les protocoles liés à la santé

Les lieux d'accueil de la petite enfance permettent l'observation des enfants et parfois le repérage des difficultés familiales : personnelles, sociales, médicales ou scolaires.

1 Repérer un enfant en danger ou en risque de l'être

Les enfants (garçons ou filles), issus de tous les milieux sociaux, peuvent se trouver dans une situation de danger ou à risque de danger dans leur environnement familial ou social.

Définition

Mineur en danger : mineur dont la santé, la sécurité, la moralité ou les conditions d'éducation, le développement physique, affectif, intellectuel et social sont gravement compromis.

A Identifier les signes auprès des enfants

- **des symptômes physiques :** hématomes, blessures, retard staturo-pondéral, développement psychomoteur ou intellectuel arrêté ou retardé, manque d'hygiène ;
- **des modifications du comportement :** violence, agressivité, repli sur soi, besoin d'affection accru, comportement érotisé, attitudes craintives, pleurs…
- **des expressions psychosomatiques :** troubles du sommeil, du comportement alimentaire, énurésie, encoprésie, malaises, douleurs.
- **Recueillir la parole de l'enfant directement**, lorsque cela est possible est encore le mieux.

B Identifier les signes auprès des adultes

- Certaines **attitudes inadaptées des adultes dans l'entourage de l'enfant** peuvent témoigner d'un danger pour ce dernier. Exemples : absence ou excès de limites, sanctions disproportionnées, manque de soins, violence physique, psychologique, sexuelle.
- De même, interpréter le **comportement des adultes qui entourent l'enfant**, notamment quand ils semblent en grande difficulté (fragilité psychologique, addictions, pathologie, violences conjugales…) aide à détecter un éventuel danger pour l'enfant.

Remarque

Ces signes peuvent avoir une autre signification. Il convient d'analyser, avec l'enfant et son entourage, l'origine de ces manifestations.
Il est nécessaire de parler à l'enfant et de lui apporter un soutien.

2 Dialoguer et échanger entre professionnels

A Les personnes ressources

- **Dans le cas d'une situation délicate, il est nécessaire de ne pas être seul face à un doute.** Il convient alors d'**échanger avec des personnes ressources**, dans le respect de la **confidentialité** et en agissant dans la limite de ses compétences.
- Le directeur de l'établissement d'accueil, l'assistant de service social, le médecin, le service de la PMI (assistant social, puéricultrice), les services de l'aide sociale à l'enfance constituent les **personnes ressources. Tenus au secret professionnel, les personnels des établissements** (d'accueil de la petite enfance, sociaux et de santé) **peuvent partager des informations confidentielles**, afin d'évaluer une situation, de proposer et de **mettre en œuvre des actions de protection et d'aide**. Ils informeront les services compétents, si nécessaire.

B La réglementation

L'**article L. 226-2-1 du Code de l'action sociale et des familles** stipule que : « les personnes qui mettent en œuvre la politique de protection de l'enfance [...] ainsi que celles qui lui apportent leur concours transmettent sans délai au président du conseil général [...] toute information préoccupante sur un mineur en danger ou risquant de l'être ».

3 L'information préoccupante

Le personnel pensant à une présomption de maltraitance, de danger ou de risque de danger envers un enfant, après réflexion partagée avec l'équipe de travail ou sa hiérarchie, doit transmettre au président du conseil départemental « une information préoccupante ».

A Qu'est-ce qu'une information préoccupante ?

- « C'est une **information transmise à la cellule départementale pour alerter le président du conseil général sur la situation d'un mineur** » dont on pense qu'il est en **danger** selon la définition donnée ci-avant.

- Le décret précise également que « la finalité de cette transmission est d'évaluer la situation d'un mineur et de déterminer les actions de protection et d'aide dont ce mineur et sa famille peuvent bénéficier ».

B La transmission des informations préoccupantes

- **L'information préoccupante doit être transmise par écrit** et évoquer les éléments de la situation.

- **Des protocoles départementaux** prévoient les procédures et modalités de transmission. Ils sont souvent accompagnés de guides à destination des professionnels de l'enfance et de tout public.

- **L'information de la famille. Les parents ou les titulaires de l'autorité parentale sont avisés de la transmission des informations préoccupantes à la cellule départementale**, sauf si le fait de les informer est contraire à l'intérêt de l'enfant comme cela peut être le cas dans les situations de violences intrafamiliales et d'inceste.

© Loïc Faujour

C Quelles suites donner ?

- **Après évaluation de la situation par les services départementaux.** Il peut être proposé à la famille par l'Aide sociale à l'enfance (ASE) : des interventions à domicile, un accompagnement social, un accès aux soins, des aides financières et des aides à la gestion du budget, des actions éducatives à domicile (AED).

- **Dans le cas où la famille refuse l'intervention.** Selon la gravité de la situation, ou si les mesures prises ont échoué, **le président du conseil départemental adresse un signalement au procureur de la République** qui peut décider : une **ordonnance de placement provisoire**, de **saisir le juge des enfants** à des fins de mesures d'assistance éducative, une **enquête sociale ou expertise**, la mise en œuvre d'une **enquête de police**, d'une **mesure judiciaire d'aide à la gestion du budget**, d'une **assistance éducative en milieu ouvert** (AEMO), avec ou sans hébergement, d'un **placement judiciaire** (auprès d'un service, d'un établissement ou auprès d'un tiers digne de confiance), d'un **non-lieu**, d'un **sursis à statuer**.

Sigles

ASE : aide sociale à l'enfance.
AED : action éducative à domicile.
AEMO : assistance éducative en milieu ouvert.

Fiche 62 Les protocoles d'urgence

Appliquer les protocoles liés à la santé

1 Assurer la prévention et la sécurité

L'encadrement de jeunes enfants impose de pouvoir prévenir les risques et agir en conséquence lors de toute situation d'accident. Un professionnel qualifié sera capable d'observer l'environnement et d'identifier les dangers afin d'assurer la sécurité des enfants dont il a la charge en agissant directement et/ou en prévenant ses supérieurs hiérarchiques.

• 4 étapes pour porter secours

Le plan d'intervention de la formation du certificat de **sauveteur secouriste du travail** (SST) délivré par l'INRS indique la conduite à tenir face à une situation d'accident.

Dans tous les cas, **le professionnel formé aux gestes de secours doit mettre en œuvre quatre actions successives** :

① **Protéger** : éliminer durablement tous les risques identifiés afin d'éviter l'aggravation de la situation.

② **Examiner** : permettre de collecter des informations sur l'état de santé de la victime et transmettre ces informations aux secours.

③ **Alerter** : ou faire alerter les secours (pompiers ou SAMU) afin de transmettre les informations nécessaires et suffisantes pour permettre une intervention efficace.

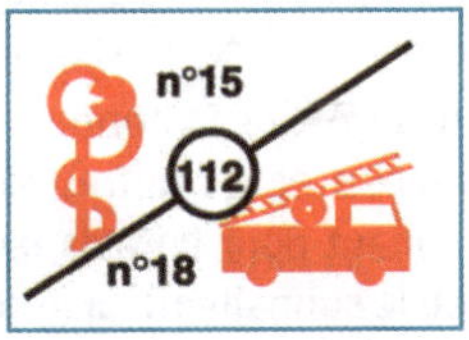

④ **Secourir** : appliquer les procédures et les gestes adéquats face aux situations d'urgence dans la limite de ses compétences.

• La victime saigne abondamment

Arrêter le saignement en comprimant immédiatement l'endroit qui saigne et l'allonger. Si la compression directe est inefficace ou est impossible (corps étranger), mettre en place un garrot au-dessus de la plaie. Noter l'heure de sa pose.

En cas de saignement de nez : asseoir la victime, tête penchée en avant, lui demander de se moucher et de comprimer ensuite sa narine avec deux doigts pendant dix minutes sans relâcher. (Demander un avis médical si le saignement ne s'arrête pas.)

La victime vomit ou crache du sang : alerter immédiatement, installer la victime dans une position où elle se sent le mieux et surveiller la victime jusqu'à l'arrivée des secours. Conserver les vomissures.

• La victime s'étouffe (en raison de la présence d'un corps étranger) :

Réaliser la désobstruction des voies respiratoires :

Pour un grand enfant : soutenir son thorax et donner de 1 à 5 tapes vigoureuses dans le dos entre les deux omoplates avec le talon de l'autre main ouverte.

Si les 5 tapes sont inefficaces : effectuer de **1 à 5 compressions abdominales selon la méthode de Heimlich.**

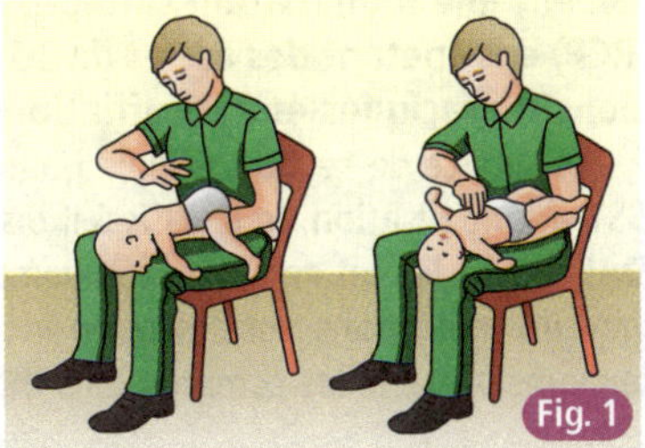
Fig. 1

Pour un enfant tenant sur l'avant-bras ou la cuisse du SST : s'asseoir, basculer la victime sur sa cuisse, tête face vers le bas et donner de 1 à 5 tapes dans le dos entre les omoplates et avec le talon de la main ouverte. Si les 5 tapes sont inefficaces : **effectuer de 1 à 5 compressions thoraciques** (fig. 1).

En cas d'inefficacité : réaliser à nouveau 1 à 5 tapes dans le dos puis, si besoin, les compressions abdominales ou thoraciques et ainsi de suite.
Arrêter la manœuvre dès que la désobstruction est obtenue, à l'arrivée des secours, **ou si la victime perd connaissance**. Dans ce dernier cas, **effectuer une réanimation cardio-pulmonaire**.

- **Les brûlures thermiques et chimiques**

En cas de brûlures thermiques. **Refroidir immédiatement la surface brûlée par ruissellement d'eau courante tempérée**, mettre au repos la victime, protéger la victime contre le froid et surveiller son état.

En cas de brûlures chimiques. **Le protocole. Rincer immédiatement à l'eau courante la partie imprégnée de produit chimique**, déshabiller la victime, transmettre le nom du produit (si possible la fiche de sécurité) aux secours. Mettre au repos la victime, la protéger contre le froid et surveiller son état.

- **Le traumatisme d'un membre.** Demander à la victime d'immobiliser le membre atteint. Surveiller son état jusqu'à l'arrivée des secours (fig. 2).

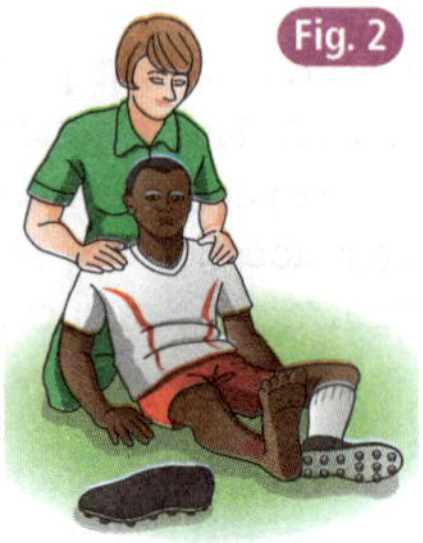
Fig. 2

- **La plaie simple : nettoyer la plaie.**

Protéger par un pansement, demander à la victime si elle est vaccinée contre le tétanos. Surveiller l'évolution de la plaie et en cas de douleur de fièvre consulter un médecin. Avec un enfant qui ne parle pas, consulter son carnet de vaccinations.

- **Intervenir en cas de fièvre**

En structure : transmettre au supérieur hiérarchique aussitôt que la température est connue ; celui-ci donnera les consignes à respecter.

À domicile : informer les parents. Indiquer la température précise et les autres signes observés, appeler le médecin traitant pour un avis médical (si les parents le demandent ou le souhaitent). Si le contrat le stipule, donner l'**antipyrétique** indiqué à la dose prescrite. Surveiller l'enfant.

> **Définition**
> **Antipyrétique** : médicament dont le but est de lutter contre la fièvre.

- **La perte de connaissance**

Si la victime ne répond pas mais respire, la placer sur le côté en position latérale de sécurité.

Dans le cas d'un nourrisson : placer le nourrisson qui ne répond pas et qui respire sur le côté dans les bras du SST, le dos du nourrisson contre le SST. Surveiller l'état de l'enfant jusqu'à l'arrivée des secours.

> **Sigles**
> **RCP** : réanimation cardio-pulmonaire.
> **SST** : sauveteur secouriste du travail.
> **DAE** : défibrillateur automatisé externe.

- **L'arrêt cardio-vasculaire**

Il s'agit d'assurer une respiration et une circulation artificielle en pratiquant immédiatement une réanimation cardio-pulmonaire (RCP) en répétant des cycles de 30 compressions thoraciques et 2 insufflations (fig. 3 et 4). Le service de secours appelé pourra aider le **SST** à la réalisation de la RCP. S'il dispose d'un **DAE**, le SST le met en œuvre rapidement en suivant les indications vocales et en interrompant le moins possible les compressions thoraciques.

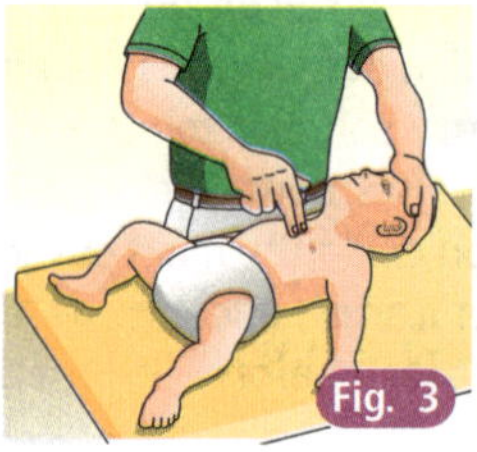
Fig. 3

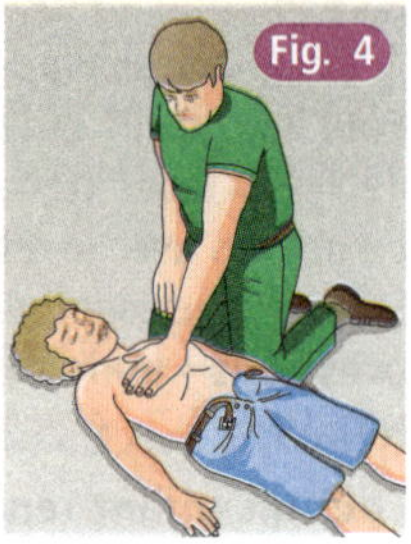
Fig. 4

Fiche 63 Le projet d'accueil individualisé

Appliquer les protocoles liés à la santé

Pour répondre aux besoins éducatifs particuliers des élèves, différents plans ou projets ont été établis : le **plan personnalisé de scolarisation (PPS)**, le **projet d'accueil personnalisé (PAP)**, le **programme personnalisé de réussite éducative (PPRE)** et le **projet d'accueil individualisé (PAI)**.

1 Qu'est-ce que le PAI ?

• Le projet d'accueil individualisé (PAI) est un **document qui organise la vie quotidienne de l'enfant ou de l'adolescent en établissement**. Il précise ses **besoins thérapeutiques** (traitement, régime alimentaire, etc.) pour permettre d'**assurer sa sécurité** et **compenser les inconvénients liés à son état de santé.**

PAI (projet d'accueil individualisé)
=
Aménagements de la scolarité
Traitement médical
Protocole d'urgence

• **Le PAI est mis en place lorsque la scolarité d'un élève**, notamment en raison d'un **trouble de santé invalidant** (pathologies chroniques, intolérances alimentaires, allergies), **nécessite un aménagement** (suivi d'un traitement médical ou protocole en cas d'urgence). Hormis les aménagements prévus dans le cadre du PAI, la scolarité de l'élève se déroule dans les conditions ordinaires. Le PAI peut concerner le temps scolaire mais aussi périscolaire.

2 Comment est-il mis en place ?

A Les raisons de sa mise en place

• **Le PAI est lié à la pathologie ou au trouble de l'élève** constaté pendant l'année scolaire. Il peut donc être établi pour une période allant de quelques jours à une année scolaire.

• **Il peut également être reconduit d'une année sur l'autre** (réactualisation).

À retenir

En cas de voyage scolaire, le PAI doit être revu et adapté.

B Les acteurs

• Le PAI est **élaboré à la demande de la famille**, ou avec son accord et sa participation, **par le chef d'établissement**, **le directeur d'école**, ou **le directeur du service d'accueil d'enfants de moins de 6 ans**, à partir des besoins thérapeutiques de l'enfant ou de l'adolescent.

• Après avoir recueilli les informations auprès de la famille et du médecin traitant (lettre sous pli cacheté), **le médecin scolaire détermine les aménagements susceptibles d'être mis en place.**

• Le PAI organise, dans le respect des compétences de chacun et compte tenu des besoins spécifiques de l'élève, les modalités particulières et les conditions de sa prise en charge.

• **Il est signé par les différents partenaires convoqués par le chef d'établissement :** famille, médecin traitant, chef d'établissement ou responsable de la structure, responsable de la municipalité, médecin de l'Éducation nationale ou médecin de la PMI, infirmier(e) scolaire ou de la PMI, éventuellement l'auxiliaire de vie scolaire.

• **Il est diffusé auprès de la communauté éducative et de tous les partenaires concernés,** dans le respect du secret professionnel et de la discrétion professionnelle.

3 Que contient le PAI ?

• Le PAI est **un document écrit** qui permet de préciser les **adaptations à apporter à la vie de l'enfant ou de l'adolescent en collectivité** (crèche, école, collège, lycée, centre de loisirs). Aucun diagnostic médical ne peut apparaître sur ce document.

• Mais avec l'accord de la famille, toutes informations utiles à la prise en charge de l'élève pourront être jointes au projet.

• **Les besoins spécifiques de l'enfant** (aménagements d'horaires, dispenses de certaines activités, prise en charge complémentaire par un kinésithérapeute ou soutien scolaire, par exemple), **les symptômes visibles, les mesures à prendre pour assurer la sécurité de l'élève** (traitement, régime alimentaire), **les référents** (parents, professionnels qui suivent l'enfant) et **les numéros d'urgence** à appeler **doivent y figurer**.

• Ces éléments sont précisés dans l'ordonnance signée du médecin qui suit l'enfant ou l'adolescent dans le cadre de sa pathologie. **Un protocole d'urgence pourra être joint au PAI.**

4 Que risque-t-on à ne pas le respecter ?

• Indépendamment de tout PAI, l'article 223-6 du Code pénal stipule que, quiconque s'abstient volontairement de porter à une personne en péril l'assistance que, sans risque pour lui ou pour les tiers, il pouvait lui prêter soit par son action personnelle, soit en provoquant un secours, sera puni de 5 ans d'emprisonnement et de 75 000 euros d'amende.

• Ainsi, **lorsqu'un PAI est signé** pour un enfant, **une personne qui refuse d'agir pourra être poursuivie sur le plan civil** pour non-respect d'un contrat et sur le plan pénal pour non-assistance à personne en danger.

• Cependant, chacun doit agir en fonction de ses compétences. Il est évident qu'**il y a une obligation de moyens mais pas de résultats.** En effet, **le PAI ne permet pas de réaliser des soins outrepassant les compétences de personnels non soignants.**

À retenir

Les traitements liés à un PAI sont administrés uniquement par voie orale, par inhalation ou par auto-injection.

Voie orale

Inhalation

Auto-injection

QCM Appliquer les protocoles liés à la santé de l'enfant

Parmi les propositions suivantes, cochez la ou les bonnes réponses.

1. Le projet d'accueil individualisé (PAI) est un document qui :

❍ a. organise la vie quotidienne de l'enfant ou de l'adolescent en établissement.
❍ b. permet les visites culturelles.
❍ c. programme sur plusieurs années les études de l'enfant ou de l'adolescent.

2. Le PAI peut être établi pour :

❍ a. une période allant de quelques jours à une année scolaire.
❍ b. une journée uniquement.
❍ c. plusieurs années scolaires sans être réactualisé.

3. Le PAI est signé par :

❍ a. la famille.
❍ b. le médecin traitant.
❍ c. le chef d'établissement ou responsable de la structure.
❍ d. le responsable de la municipalité.
❍ e. le médecin de l'Éducation nationale ou médecin de la PMI.
❍ f. l'infirmier(e) scolaire ou de la PMI.
❍ g. l'auxiliaire de vie scolaire.
❍ h. les amis.

4. Le professionnel formé aux gestes de secours doit mettre en œuvre successivement les actions suivantes :

❍ a. protéger, examiner, alerter, secourir.
❍ b. propager, examiner, alerter, secourir.
❍ c. protéger, étudier, alerter, s'enfuir.

5. En cas de saignement de nez, un sauveteur secouriste du travail :

❍ a. fait asseoir la victime, tête penchée en avant.
❍ b. demande à la victime de se moucher et de comprimer ensuite sa narine avec deux doigts pendant dix minutes sans relâcher.
❍ c. demande un avis médical si le saignement ne s'arrête pas.
❍ d. demande à la victime de mettre la tête en arrière et de comprimer la narine qui saigne.

6. En cas de brûlures thermiques, un sauveteur secouriste du travail :

❍ a. déshabille la victime.
❍ b. refroidit immédiatement la surface brûlée par ruissellement d'eau courante tempérée.
❍ c. met au repos la victime.
❍ d. protège la victime du froid.
❍ e. surveille son état.

7. En cas de plaie simple, un sauveteur secouriste du travail :

❍ a. nettoie la plaie.
❍ b. appelle les pompiers.
❍ c. protège par un pansement.
❍ d. demande à la victime si elle est vaccinée contre le tétanos.
❍ e. surveille l'évolution de la plaie.
❍ f. conseille de consulter un médecin en cas de douleur ou de fièvre.

8. La coqueluche est une maladie :

❍ a. virale.
❍ b. grave pour le nourrisson.
❍ c. qui entraîne une éruption cutanée.
❍ d. bactérienne.

9. La rubéole est une maladie :

❍ a. qui provoque des malformations fœtales.
❍ b. bactérienne.
❍ c. bénigne pour l'enfant.
❍ d. virale.

10. La rougeole est une maladie :

❍ a. bactérienne.
❍ b. qui provoque une grande fatigue.
❍ c. éruptive.
❍ d. virale.

11. Les oreillons sont une maladie :

❍ a. virale.
❍ b. éruptive.
❍ c. qui provoque une douleur au niveau de l'oreille.
❍ d. bactérienne.

12. La varicelle est une maladie :

❍ a. éruptive.
❍ b. contagieuse.
❍ c. bactérienne.
❍ d. virale.

13. Le sigle du ROR signifie :

❍ a. roséole, oreillons, rougeole.
❍ b. rougeole, oreillons, rubéole.
❍ c. rubéole, oreillons, roséole.

14. Lors du recueil des informations, il faut :

❍ a. interroger les parents à l'arrivée de l'enfant.
❍ b. consulter le cahier de liaison.
❍ c. vérifier les consignes spécifiques de la journée.
❍ d. noter les informations ou les changements ponctuels.
❍ e. laisser les parents annoncer s'il y a un changement.

15. La bientraitance est :

❍ a. une « démarche collective pour identifier et mettre en œuvre l'accompagnement le meilleur possible pour l'usager (l'enfant) dans le respect de ses choix et dans l'adaptation la plus juste à ses besoins ».
❍ b. une façon de voir son travail.

Solutions : 1. a. – **2.** a. – **3.** a., b., c., d., e., f., g. – **4.** a. – **5.** a., b., c. – **6.** b., c., d., e. – **7.** a., c., d., e., f. – **8.** b., d. – **9.** a., c., d. – **10.** c., d. – **11.** a., c. – **12.** a., b., d. – **13.** b. – **14.** a., b., c., d. – **15.** a.

Guide Se préparer à l'épreuve EP1

Unité UP1 coefficient : 7 (dont 1 pour Prévention-Santé-Environnement)
Modalités d'évaluation :
L'épreuve EP1 est une épreuve orale qui consiste pour le candidat à réaliser un exposé suivi d'un entretien avec un jury d'une durée totale de 25 minutes (voir fiche description de l'épreuve et compétences EP1 p. 11-12).

Cette épreuve prend appui sur la réalisation de deux fiches par le candidat :
– l'une relative à **la réalisation d'un soin du quotidien ;**
– l'autre relative à **l'accompagnement de l'enfant dans ses apprentissages et ses découvertes.**

Comment élaborer vos fiches pour l'entretien ?

A La forme

– **Feuille blanche** format A4 recto/verso.
– **Format de texte informatique :** police Arial, taille 12, interligne : 1,5 maximum.
– **Expression écrite :** respect des règles d'orthographe et de syntaxe.
– **Propreté :** absence de taches, de ratures, de correcteur.

B Le fond

• Présentation personnelle
Vous pouvez **réaliser une présentation synthétique de votre identité et de votre parcours** professionnel ainsi que des raisons qui vous ont amené(e) à passer le CAP d'accompagnant éducatif petite enfance.

• Présentation du contexte d'intervention
L'épreuve prenant appui sur une PFMP d'au moins 4 semaines en EAJE ou auprès d'un(e) assistant(e) maternel(le) ou d'un service d'aide à domicile offrant des prestations de garde d'enfant(s) de moins de 3 ans, vous devez présenter le milieu professionnel qui vous a accueilli(e) pendant cette période, par exemple :
– votre **lieu d'exercice** : nom de la structure, aménagement des locaux…
– le **public accueilli** : âge, sexe, typologie…
– les **personnels et leurs rôles respectifs** ;
– les **activités proposées** et le **projet de l'établissement** ou le **projet d'accueil** de l'assistant(e) maternel(le) en quelques lignes ;
– **les différentes activités que vous avez réalisées** au sein de la structure d'accueil.

• Description de l'activité
Introduisez l'activité en la présentant brièvement et donnez un titre à cette occasion, puis présentez :
– **l'objectif que vous vous étiez fixé :** que cherchiez-vous à développer chez l'enfant au cours de l'activité menée : ses capacités motrices, intellectuelles, son autonomie, son imagination… ?
– **la durée de l'activité** : à adapter en fonction de l'âge et des capacités des enfants ;
– **le public concerné :** nombre, âge, sexe, particularité (handicap, maladie chronique).

L'activité est ensuite à décrire en trois temps :

Avant l'activité, il est nécessaire de décrire :
– l'hygiène personnelle (tenue professionnelle et lavage des mains) ainsi que la propreté des locaux et des matériels utilisés ;
– son organisation spatiale : le lieu de l'activité, le mobilier utilisé, l'installation des enfants…
– les produits et les matériels utilisés.

Pendant l'activité, rappelez :
– les consignes données, notamment pour respecter la sécurité des enfants, mais aussi l'économie des produits utilisés ;
– les différentes étapes en précisant votre rôle en tant que professionnel pour stimuler, encourager et développer l'autonomie de l'enfant et répondre à ses besoins.

Après l'activité, expliquez :
– la mise en sécurité de ou des enfants ;
– le rangement des matériels, des produits, ainsi que le bionettoyage des locaux et des matériels utilisés ;
– l'hygiène professionnelle (lavage des mains) ;
– les transmissions : ce sont des éléments d'information qui permettent à votre tuteur d'être informé des différentes difficultés rencontrées au cours de l'activité pour assurer une continuité de la prise en charge.

Conseil

En fin de fiche, il est judicieux de **faire sous forme de conclusion, un petit résumé de votre activité**, en précisant ses points forts, ses points faibles, les difficultés rencontrées et de proposer des pistes d'amélioration si l'activité doit être reconduite.

Guide La réalisation d'un soin du quotidien

La préparation de la sieste au domicile de l'assistante maternelle

Je m'appelle Marie-Claude Léon, je suis âgée de 44 ans, je suis en reconversion professionnelle après avoir travaillé 20 ans comme secrétaire dans un cabinet médical.
*Je présente le CAP Accompagnant éducatif petite enfance car je souhaite posséder un diplôme qui m'offrira plusieurs possibilités dans ma carrière, telles qu'exercer en établissement d'accueil du jeune enfant, en crèche notamment, ou à domicile en tant qu'assistante maternelle. Lors de ma PFMP, Mme R. accueillait 2 enfants de 7 h 30 à 18 h : Benjamin (4 mois) et Annabelle (18 mois).**

1 La présentation du contexte d'intervention

J'ai effectué une PFMP de 4 semaines chez Mme Isabelle R., assistante maternelle agréée depuis 2 ans. Les enfants l'appellent Ninou. Elle est âgée de 37 ans et accueille deux enfants.

A L'assistante maternelle

Madame R. est mariée à André R. Ils vivent avec leurs deux enfants, Anton 6 ans et Audrey 9 ans, scolarisés dans l'école primaire du secteur. Ils ont également adopté un chat, Lucky, qui ne rentre pas dans la maison en présence des enfants accueillis.

B Les espaces et des équipements

- La famille vit dans un appartement de 102 m^2 composé d'un grand salon, de quatre grandes chambres et d'un jardin clôturé. Il est situé en rez-de-chaussée, dans une résidence sécurisée.
- Les enfants jouent dans la pièce principale. Ils déjeunent dans la cuisine où Mme R. aime préparer tous ses repas à partir de produits frais et de saison qu'elle achète au marché.
- Les soins et les changes ont lieu dans la salle de bains où est installé le plan à langer.
- Une des chambres a été aménagée pour les enfants accueillis, avec deux lits adaptés.
- Le matériel de puériculture est prévu (chaises hautes, rehausseurs, chaises et tables pour les plus grands, transat, balancelle, matelas à langer, panier de rangement individuel pour les effets personnels, bavoirs en tissu et en plastique, gobelets, cuillères adaptées, assiettes et verres en plastique…).
- Les jeux d'éveil sont diversifiés et en quantité suffisante. L'ambiance est fréquemment baignée d'une musique douce lorsqu'il s'agit de ramener les enfants au calme avant la sieste notamment. Elle fréquente régulièrement la bibliothèque et le parc de la ville. Elle aime marcher et se balader en forêt.

2 La description du soin

- *À mon arrivée chez Mme R.*, la journée commençait par le recueil des informations concernant les enfants et se poursuivait par diverses activités : accueil des enfants, soins (change, habillage/déshabillage, lavage des mains), préparation des repas, sorties, activités d'animation, etc.).
Je l'aidais dans ces différentes tâches. L'après-midi, Mme R. me demandait de préparer Benjamin, 4 mois, pour la sieste pendant qu'elle s'occupait d'Annabelle.

La préparation de Benjamin, 4 mois, pour la sieste

Je tenais compte du matériel et des produits présents chez Mme R.

• La préparation de la chambre et du matériel
J'entrebâillais les volets de la chambre afin de créer une pénombre, vérifiais la température de la pièce (19 °C) et préparais la turbulette dans laquelle j'allais installer Benjamin pour qu'il n'ait pas froid.

• L'hygiène personnelle
Je me rendais dans la salle de bains, me lavais les mains.

• La vérification de la température de la pièce (22 °C), la préparation du matériel et des produits nécessaires pour le soin

- Lavette et produit détergent-désinfectant
- Matelas à langer
- Serviette de bain
- Pyjama (grenouillère) et body de rechange
- Nécessaire pour le change (si couche souillée)

• L'hygiène de la zone de soin : le plan et le matelas à langer ont été désinfectés lors du dernier soin
Je disposais une serviette sur le matelas et j'allais chercher Benjamin.

• La préparation de l'enfant
Je le prévenais du soin que j'allais effectuer avec des mots simples : « C'est l'heure de la sieste Benjamin, je vais te préparer pour que tu dormes bien ! »

• L'installation sur le matelas à langer, avec un jouet pour l'occuper
Je communiquais avec lui pendant toute la durée du soin. Je lui expliquais notamment ce que je faisais afin qu'il apprenne progressivement les mots et les parties de son corps.

• La mise en grenouillère de Benjamin
J'enlevais ses vêtements du haut en retirant les bras l'un après l'autre, en élargissant l'encolure pour faire passer la tête, tout en soutenant sa nuque.
J'enlevais son pantalon et ses chaussettes.
Je plaçais les vêtements dans un petit panier étiqueté à son nom.
Je vérifiais la couche et la changeais si nécessaire. Je lui laissais son body s'il n'était pas souillé. Puis je fronçais la jambe de la grenouillère et y glissais le pied de Benjamin, je procédais de même pour l'autre pied.
J'introduisais mes doigts dans une manche et saisissais la main de Benjamin pour faire glisser la manche. Je procédais de même pour l'autre bras.
Je le tournais sur le côté et boutonnais la grenouillère dans le dos.

• Le couchage de l'enfant
Je portais Benjamin en berceau jusqu'à la chambre en soutenant sa tête et son dos.
Je l'installais confortablement dans la turbulette posée sur son lit.
Je respectais le rituel mis en place par les parents de Benjamin : je lui donnais son doudou, j'enclenchais le mobile musical placé au-dessus du lit et j'allumais le babyphone pour surveiller Benjamin.

• La remise en état et rangement de la salle de bains
Je retournais dans la salle de bains et rangeais le matériel et les produits, évacuais les déchets, désinfectais le plan et le matelas à langer.

• L'évacuation du linge sale
Le linge sale de l'enfant était mis dans un sac étiqueté à son nom. Il sera remis le soir aux parents. L'assistante maternelle s'occupait personnellement de l'entretien des serviettes et des gants de toilette.

• À la fin du soin, lavage des mains et transmission
Je me lavais les mains puis j'effectuais les transmissions auprès de Mme R.

* Le texte en italique correspond à ce qui est présenté oralement.

Guide La réalisation d'une activité d'éveil

Activité de coloriage sur le thème de Matisse en crèche

Je m'appelle Pedro Ferrera, j'ai 18 ans et je souhaite passer mon CAP Accompagnant éducatif petite enfance pour travailler en crèche dans un premier temps.
J'ai pour ambition par la suite de devenir éducateur de jeunes enfants, d'ouvrir et d'être responsable d'une micro-crèche dans mon village.*

1 La présentation du contexte d'intervention

• *J'ai effectué une PFMP de 4 semaines* à la crèche multi-accueil *Les Petits Canaillous* située dans une petite commune, ouverte du lundi au vendredi de 7 h 30 à 18 h. Elle ferme une semaine entre Noël et le Nouvel an et 3 semaines en août.
Elle accueille dans un bâtiment de 500 m^2, 42 enfants de 3 mois à 4 ans. Elle possède des espaces extérieurs et un jardin aménagé avec des jeux sécurisés.

• La crèche multi-accueil comprend deux sections : une section des petits qui accueille des enfants de 3 à 18 mois et une section des grands qui accueille des enfants de 18 mois à 4 ans. Chaque section possède une salle de jeux, un dortoir et un espace de change. La petite section comprend un espace biberonnerie et la section des grands possède de petites toilettes et des lavabos pour l'acquisition de la propreté.

• La structure est dirigée par une puéricultrice diplômée d'État.

• Les enfants sont accueillis par les auxiliaires de puériculture dans les sections (2 par section), les animatrices d'éveil (2 par section) et un éducateur de jeunes enfants qui travaille dans les deux sections et remplace la directrice pendant son absence. Leur rôle est d'encadrer les enfants tout au long de la journée.

• Un cuisinier confectionne quotidiennement les repas sur place et un agent technique s'occupe de l'entretien des locaux, du linge et du bon fonctionnement des matériels. Il réalise aussi les petits travaux dans les locaux.

• *Au cours de mon stage, j'ai pu observer les différents personnels de la crèche dans leurs tâches du quotidien et leur rôle auprès des enfants et de leur famille. Je me suis occupé d'enfants de 3 mois à 4 ans. J'ai réalisé des changes sous la surveillance de ma tutrice de stage. J'ai pu donner des repas et des biberons aux enfants de différents âges. J'ai aussi participé aux nombreuses activités proposées aux enfants pour leur développement à la halte-garderie. J'ai également aidé à l'entretien des locaux et du linge de la structure, préparé des collations, veillé à la sécurité et à l'encadrement des enfants ainsi qu'à leur bonne hygiène et à leur bien-être.*

2 La description de l'activité : coloriage sur le thème du peintre Matisse

• *Au cours de mon stage, ma tutrice m'a demandé d'organiser une activité auprès d'un petit groupe d'enfants, âgés de 3 ans.*

• *J'ai tenu compte du matériel et des produits disponibles et de l'âge des enfants. J'ai choisi une activité de coloriage sur le thème du peintre Matisse.*

• L'objectif de cette activité est de participer au développement de la préhension fine, du langage et à l'apprentissage des couleurs.

• **Le matériel et les produits nécessaires à l'activité**

• *J'ai préparé le matériel nécessaire :*
– feutres ou crayons ;
– modèles imprimés sur format A4 ;
– tabliers.

• **Installation de la salle.** *J'ai aménagé la salle et installé le matériel.*

• **Présentation de l'activité.** *J'ai préparé les enfants, je les ai informés de l'activité et leur ai indiqué sa durée (30 minutes environ).*

• **Rappel des consignes de sécurité.** *Je leur ai rappelé qu'ils ne devaient pas porter les feutres et crayons à la bouche.*

• *J'ai réalisé une présentation de l'œuvre de Matisse en utilisant des mots simples adaptés à l'âge des enfants :*
– le peintre : Henri Matisse était un peintre qui utilisait des couleurs vives comme le jaune, le bleu et le rouge. Le nom du peintre a été noté sur un tableau ;
– l'œuvre de Matisse, intitulée *Icare* correspond à la légende de ce héros.

A Le déroulement de l'activité

– Distribution du modèle imprimé sur une feuille blanche.
– Coloriage libre (les enfants coloriaient avec les couleurs qu'ils souhaitaient).

• **Vérification de la compréhension.** *J'ai vérifié la compréhension des consignes.*

• **Surveillance durant l'activité.** *Pendant l'activité, j'ai stimulé et aidé les enfants ; j'ai analysé les difficultés de certains. J'en ai* également aidé *d'autres* à tenir correctement leurs feutres et crayons.

• **Ramassage des feuilles**
À la fin de l'activité, j'ai écrit le prénom au dos des dessins de tous les participants, pour les afficher sur le mur de la salle. Les enfants ont tous été valorisés et félicités pour leur création.

B À la fin de l'activité

• **Lavage des mains.** Les enfants se sont lavés les mains.

• *Je les ai accompagnés et surveillés.*

• La tutrice a repris le groupe d'enfants.

• **Remise en état de la salle.** *Pendant ce temps, je rangeais le matériel et la salle. J'ai nettoyé les tables et je me suis lavé les mains.*

• **Transmissions.** *J'ai fait les transmissions à ma tutrice, puis j'ai fait le bilan de mon activité, en réfléchissant aux difficultés rencontrées.*

• **En conclusion.** *J'ai prévu d'améliorer ma technique* : je proposerai la prochaine fois une deuxième activité *consistant à coller des silhouettes et des étoiles colorées sur une feuille, d'après un tableau de Matisse intitulé* La Danse.

* Le texte en italique correspond à ce qui est présenté oralement.

Présentation de l'épreuve EP2 et des compétences évaluées

Épreuve EP2 : Exercer son activité en accueil collectif

Unité UP2
Coefficient : 4
Épreuve écrite

A Les compétences évaluées

Les compétences sont articulées autour des activités suivantes :

Inscrire son action dans le réseau des relations enfants-parents-professionnels	
Compétences	**Sous-compétences**
Établir une relation privilégiée et sécurisante avec l'enfant	Communiquer avec l'enfant de manière appropriée
	Participer à l'acquisition du langage
Coopérer avec l'ensemble des acteurs concernés dans un but de cohérence, d'adaptation et de continuité de l'accompagnement	Adapter sa communication avec la famille en fonction du projet du lieu d'accueil
	Inscrire son travail au sein d'une équipe pluri professionnelle
Exercer son activité en école maternelle Exercer son activité en EAJE et en ACM	
Compétences	**Sous-compétences**
Assurer une assistance pédagogique au personnel enseignant	Installer et remettre en état un espace destiné à une activité pédagogique
	Participer à la réalisation d'une activité pédagogique
	Participer à la sécurisation des récréations et des sorties pédagogiques
Assurer des activités de remise en état des matériels et locaux en école maternelle	Mettre en œuvre les techniques de dépoussiérage, lavage, séchage et de décontamination des locaux collectifs et des équipements
	Participer à l'entretien des locaux pendant les vacances scolaires

B L'épreuve EP2

- L'épreuve EP2 est une épreuve écrite d'une durée d'1 h 30.
- Une **PFMP d'au moins quatre semaines** ou une **expérience professionnelle d'au moins 12 semaines** en école maternelle ou en EAJE ou en ACM (moins de 6 ans) **est exigée pour présenter l'épreuve EP2.**
- L'épreuve comporte des **questions qui évaluent tout ou partie des compétences et des savoirs du bloc de compétences « Exercer son activité en accueil collectif ».**

- Le **travail demandé et le degré d'exigence sont ceux du référentiel au niveau terminal.**
- Les **commissions d'évaluation sont constituées de professeurs des spécialités et dans la mesure du possible, des professionnels du secteur.**
- L'évaluation porte sur les critères d'**évaluation des compétences et les indicateurs des savoirs** précisés dans le **bloc de compétences « Exercer son activité en accueil collectif ».**
- En l'absence d'attestation de PFMP conforme aux exigences de l'épreuve et fournie à la date fixée par le recteur, le candidat ne sera pas autorisé à se présenter à l'épreuve et le diplôme ne pourra pas lui être délivré.
- Il est conseillé au candidat de s'informer auprès du référentiel du diplôme des compétences et des connaissances attendues dans les épreuves de certification.

Fiche 64 Le processus de séparation et de socialisation

1 Le processus de séparation

De la naissance jusqu'à sa première année, l'enfant vit une relation de symbiose avec sa mère. Mais **en grandissant, il va de plus en plus interagir avec son environnement.** Ce processus permettra le développement du **sentiment de conscience de soi** qui va évoluer en fonction des différentes acquisitions de l'enfant.

Définition

Processus : suite d'événements qui aboutissent à un résultat, signifie « aller de l'avant ».

Processus de séparation favorisé par…

- l'utilisation d'un objet transitionnel « le doudou »
- l'utilisation du langage
- la découverte de la différence des sexes
- le déplacement autonome avec éloignement, grâce à la marche et l'exploration de l'espace et des objets
- le jeu symbolique

L'évolution de ce processus est étroitement liée aux réponses de **l'entourage de l'enfant** et à la qualité de l'attachement mis en place. **Il est donc indispensable pour un enfant « de bien s'attacher » pour « bien se détacher »** afin de devenir un individu à part entière.

2 Le processus de socialisation

À 2 mois. Le nourrisson adresse ses **premiers sourires.**

À 8 mois. L'enfant commence à prendre **conscience des autres**, il apprécie moins d'être séparé de sa mère. Il a **peur des personnes qu'il ne connaît pas** (c'est l'âge de la crise d'angoisse).

À 1 an. C'est le **début de la marche**. Il touche à tout ce qui est à sa portée et **découvre son environnement.**

À 2 ans. Le grand tournant. **Les échanges verbaux accélèrent son processus de socialisation,** mais également sa **capacité à s'opposer**. Il n'aime pas partager ses jouets.

À 3 ans. C'est l'**entrée à la maternelle**. L'enfant quitte son milieu protégé (la crèche, sa nounou, ses parents) pour devenir un individu intégré dans la classe qui constitue une mini société. Il va vers les autres afin de **trouver sa place parmi ses pairs. Il dit « je »**. Il **joue aux jeux symboliques** (dinette, poupée, déguisement) qui favorisent la coopération et le partage.

À 6 ans. C'est l'**entrée au cours préparatoire** (CP). Il apprend à lire et à écrire, il **connaît les lois sociales** et doit s'y conformer.

Après 6 ans. Les compétences sociales vont évoluer et s'enrichir au fur et à mesure des nouveaux échanges dont l'enfant fera l'expérience. **Il a intériorisé les normes sociales** (dire « bonjour », « merci »…).

Fiche 65

La stimulation de la communication

1 La communication : les notions de base

A La différence entre information et communication

- La notion de communication est plus large et plus complexe que celle d'information.
- **L'information est un événement, un fait, un jugement porté à la connaissance d'un public plus ou moins large**, sous forme d'images, de textes, de discours, ou de sons.
- **La communication** est l'action ou le fait de communiquer, d'établir une relation avec autrui, de transmettre quelque chose à quelqu'un. C'est un **phénomène social avec des règles et des codes** qui rendent possibles et prévisibles les relations entre membres d'une culture.

B Les composantes de la communication

Dans toute communication, on retrouve : **l'émetteur**, le **récepteur**, le **code de communication** (langage utilisé pour transmettre le message), le **canal** (voie de communication utilisée par le message : oral, écrit), le **support du message** (moyen qui permet de transmettre le message (voix, ordinateur, téléphone, lettre...), le **message** (informations transmises) et la **réponse au message**.

Exemple

Situation de communication : Corinne, l'animatrice d'éveil demande à Anna si elle veut bien faire de la peinture. Elle répond « oui, je veux ! » avec enthousiasme.

Message : « Anna, tu veux faire de la peinture ? »

Émetteur : Corinne

Canal : oral
Support : la voix
Code : langue française

Récepteur : Anna

Réponse : « oui, je veux ! »

2 Les mécanismes de la communication verbale chez l'enfant

- Même s'il ne parle pas, **le nourrisson commence à communiquer avec son entourage dès les premiers mois de sa vie en émettant des vocalises.** Durant les 12 premiers mois, il apprend à communiquer et découvre les sons de sa langue et s'entraîne à les utiliser (babillage). **Vers 12 mois,** il commence à dire des **mots simples.** De **18 à 24 mois,** avec l'explosion du vocabulaire, l'enfant commence à construire de **petites phrases.**
- Certains comportements sont des **obstacles au développement de la communication** verbale chez l'enfant comme :
  - l'**absence d'interactions verbales** avec l'entourage et les pairs ;
  - l'**utilisation excessive de la tétine** qui empêche l'enfant de s'exprimer ;
  - la **consommation d'écrans** (TV, tablette...) avant 3 ans ;
  - le **parler « bébé »**.

3 Les mécanismes de la communication non verbale chez l'enfant

• **Avant de parler, l'enfant sait communiquer.** Il n'utilise pas des mots mais il va se servir de son **corps** pour faire passer de nombreux messages et se faire comprendre des individus qui l'entoure. Les communications non verbales sont multiples et sont transmises par différents canaux.

Les gestes : plus ou moins expressifs selon la partie du corps concernée, ils accompagnent le discours, l'illustrent et participent au dispositif d'interaction en régulant l'échange.

La voix : vocalise, tonalité…

Le regard : modalité de communication essentielle, il signale l'engagement dans la communication et que la relation sociale peut s'établir.

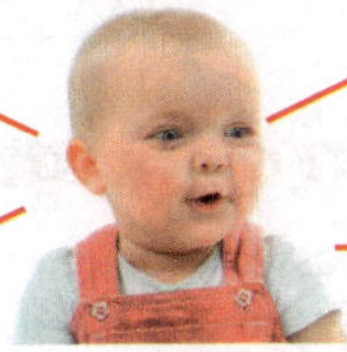

L'utilisation de l'espace : éloignement, rapprochement

Le contact cutané

Les expressions faciales : elles vont renseigner en priorité sur l'état émotionnel : joie, peur, colère…

La posture : c'est la position du corps, un signal des attitudes affectives. Elle soutient ou invalide le message transmis.

• **Le silence, l'absence d'expression** ou l'utilisation d'expressions (mimiques, gestes) non adaptées au message envoyé peuvent constituer des obstacles à la communication non verbale et nuire à l'enfant.

4 La stimulation de la communication

A Au cours des soins

Quelques attitudes simples sont de bons stimulants pour la communication :
– **avoir l'attention de l'enfant** en lui parlant, en chantant ;
– **jouer avec l'intonation**, les **mimiques** et les **gestes**, dès les premiers mois, **ralentir son débit** de paroles et faire des **phrases courtes** ;
– **répondre en souriant** et en démontrant de l'enthousiasme ;
– utiliser les temps de routine (change, bain, habillage, repas, ballade) pour **parler avec l'enfant du monde qui l'entoure** ;
– **nommer les objets qui attirent son attention**.

B Au cours des activités d'éveil

• **La stimulation de la communication** passe également par des actes simples :
– **favoriser les interactions** au cours du jeu et le dialogue ;
– **lire des histoires** ou **demander à l'enfant de décrire des images** ;
– **reformuler correctement les mots mal prononcés** et ne pas souligner l'erreur de l'enfant ;
– **adapter son langage** (phrases courtes, mots simples) ;
– **mettre des mots sur des actions** ;
– **laisser l'enfant s'exprimer** et ne pas parler à sa place.

• **Certaines activités comme la lecture et les jeux collectifs** stimulent la communication et développent le langage.

Fiche 66

Le développement du langage

1 Qu'est-ce que le langage ?

Le langage permet la communication entre les personnes. Il est aussi le **support de la pensée.** Les messages qu'il véhicule ne sont pas seulement des informations : le langage transmet des **sentiments**, des **impressions**, des **angoisses.** Il prend ainsi une **part importante dans le développement psychique de l'enfant** et de ses relations avec autrui.

Définition

Langage : « fonction qui permet d'exprimer et de percevoir des états affectifs, des concepts, des idées au moyen de signes. » (J.-A. Rondal)

2 Le développement du langage

Le **développement du langage** est assez **linéaire**, mais avec des **variables** dans ses différentes étapes, **d'un enfant à l'autre.** Il dépend à la fois des capacités mentales de chaque enfant et des interactions de ce dernier avec un environnement humain parlant. Au cours de ce processus, l'enfant explore et expérimente le langage qui l'environne.

A La phase pré-linguistique

De 0 à 2 mois. Le nouveau-né montre un intérêt tout particulier pour la voix humaine, notamment pour celle de sa mère. Les **cris** sont les premières productions vocales de l'enfant : ils se diversifient dès les premières semaines en fonction des **états émotionnels éprouvés par l'enfant** (faim, douleur, appel, bien-être…).

De 2 à 6 mois. Il émet des **vocalisations « a », « e », « euh »** qui se diversifient en **babillage** : « rhu », « gru », « kru ». C'est un **jeu pour l'enfant** qui éprouve du plaisir à interagir avec son environnement. **Le portage en berceau favorise cette interaction.**

De 6 à 12 mois. Il produit des **syllabes « pa », « ma », « da », bien articulées à partir 6-8 mois.**

De 8 à 10 mois. Les **productions verbales se modifient en fonction du langage du milieu environnant.**

- À ses productions vocales s'associe un **développement de la communication non verbale** : par le **regard**, puis par le **sourire**. Vers 8-9 mois, l'enfant cherche à attirer l'attention d'autrui, **porte son regard sur ce qu'on lui montre, pointe du doigt** en direction d'un objet. **Le portage en position sur la hanche tend à favoriser cette interaction.**

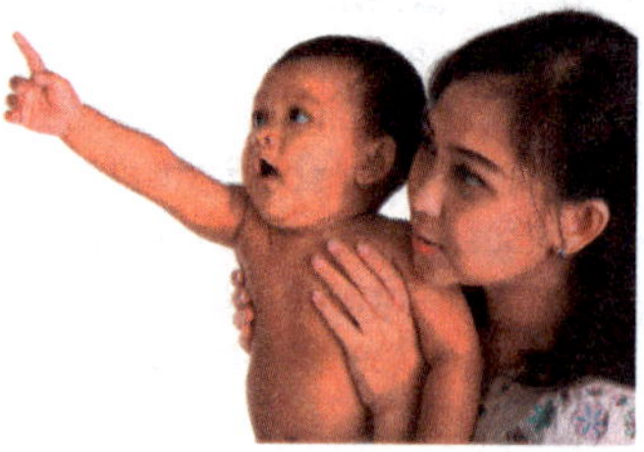

B La phase linguistique : les premiers mots

Entre 12 et 16 mois. Il produit des **mono ou des doubles syllabes** : « papa », « mama » qu'il associe systématiquement à certains objets ou à certaines situations (demande par exemple).

Les premiers mots apparaissent. L'augmentation du **vocabulaire variable d'un enfant à l'autre** est assez lente jusqu'à **16 mois** avec une moyenne de **30 mots.**

À partir de 2 ans, le développement du vocabulaire s'accélère : **250 à 300 mots.**

Pour aider l'enfant à enrichir son vocabulaire, on peut lui raconter des histoires courtes, répéter après lui, ou compléter ses phrases ou ses mots.
Exemple : l'enfant dit « pomme », l'adulte lui répond : « oui c'est une pomme jaune ».

Entre 20 et 26 mois. Les **premières phrases** (association de deux mots, pour désigner une action) apparaissent. La lecture d'histoires plus longues l'aide à enrichir son langage. C'est « l'explosion du vocabulaire », l'enfant aime qu'on lui nomme les choses qu'il ne connaît pas.

Au cours de la 3e année. **Le verbe apparaît dans la phrase.** L'acquisition du vocabulaire s'intensifie pour atteindre **environ 1 000 mots.** L'enfant acquiert la syntaxe. Les phrases sont de plus en plus riches : les mots-phrases évoluent en phrases qui comptent progressivement un sujet, un verbe, un complément, des qualificatifs, des pronoms.

Vers 3 ans, l'enfant prononce le « **je** » qui marque une étape importante dans la reconnaissance de son identité. Lui parler l'aide à construire son langage et à découvrir de nouveaux mots.

Entre 3 et 5 ans. L'enfant commence à acquérir un langage d'adulte correctement articulé. Puis **le langage continue d'évoluer** : enrichissement du vocabulaire, **perfectionnement de la syntaxe** (accord des temps, des participes passés) ; le langage progresse également sur le **plan expressif et cognitif** (acquisition de la métaphore).
Exemple : Le chien de la dame est frisé comme un mouton.

Vers 6 ans. **L'enfant est prêt pour l'apprentissage de l'écrit :** la lecture est normalement acquise en une année scolaire, elle continuera de progresser par la suite (rapidité, automatisation).

Encourager un enfant à lire des livres qu'il aura choisis en lui demandant de **lire quelquefois à voix haute**. En effet, la lecture silencieuse vise la compréhension, alors que la lecture à voix haute favorise l'expression, la communication et montre la compréhension.

QCM — Établir une relation privilégiée et sécurisante avec l'enfant

Parmi les propositions suivantes, cochez la ou les bonnes réponses.

1. La communication est le fait de :

- ❍ a. transmettre quelque chose à quelqu'un par des mots, des gestes, des expressions…
- ❍ b. faire passer des messages à l'aide d'un langage choisi, en utilisant ses émotions, ses gestes, son corps pour que le message émis soit compris.
- ❍ c. pouvoir interpréter un langage.

2. Les mécanismes essentiels de la communication verbale sont :

- ❍ a. la compréhension des gestes, des sourires, des regards échangés.
- ❍ d. la reconnaissance des sons et des mots.
- ❍ e. l'interprétation du langage.

3. Dès sa naissance, l'enfant exprime ses intentions de communiquer par :

- ❍ a. ses pleurs et ses cris.
- ❍ b. ses sourires.
- ❍ c. son vocabulaire.

4. Les mécanismes essentiels de la communication non verbale sont :

- ❍ a. l'interprétation des gestes et des expressions du visage (sourires, regards échangés…).
- ❍ b. la compréhension du langage corporel, de la tonalité, du débit et du volume de la voix.
- ❍ c. la reconnaissance des sons, des mots et du langage.

5. Les obstacles de la communication verbale sont :

- ❍ a. une déficience sensorielle auditive et/ou visuelle.
- ❍ b. une ambiance bruyante.
- ❍ c. la non-compréhension de la langue parlée.

6. Le développement des capacités de communication de l'enfant peut se faire grâce à :

- ❍ a. un éveil dès la naissance et tout au long de ses activités.
- ❍ b. une sur-stimulation dès la naissance et tout au long de ses activités dans une ambiance bruyante.
- ❍ c. une valorisation du langage en lui laissant la possibilité de s'exprimer.

7. Pour favoriser le développement des capacités de communication de l'enfant, il est utile de :

- ❍ a. ne pas faire de discrimination liée au genre, aux cultures…
- ❍ b. proposer de nombreuses activités variées permettant à l'enfant de progresser.
- ❍ c. ne pas parler à un enfant étranger afin de ne pas perturber l'apprentissage de sa langue maternelle.

8. La verbalisation de l'enfant commence par :

- ❍ a. la production de syllabes et de mots.
- ❍ b. l'imitation verbale des mots prononcés par les personnes qui l'entourent.
- ❍ c. des babillages : des sons et des bruits qu'il fait avec sa bouche : des « aaaaaa », « babababab »

Solutions : 1. a., b. – **2.** b., c. – **3.** a., b. – **4.** a., b. – **5.** a., b., c. – **6.** a., c. – **7.** a., b. – **8.** c.

La communication entre les familles et les professionnels

Pour des **parents** qui font garder leur enfant, le premier besoin à satisfaire est celui de l'échange car ils ont **besoin d'être rassurés.** Ils doivent **pouvoir faire confiance aux professionnels qui accueillent leur enfant** et qui participent à son développement et à son éducation.

1 La variété des situations de communication en milieu professionnel

A La communication, vecteur de bientraitance

Dans les structures d'accueil de la petite enfance, **la communication tend toujours à être améliorée dans un souci de promouvoir « la bientraitance » des enfants et de leurs parents.** La communication entre les familles et les professionnels prend alors appui sur une variété de situations de communication.

B La communication orale interpersonnelle

C'est une **communication entre deux personnes** au minimum. Pour favoriser ce type de communication, **les locaux doivent être adaptés** car si certains échanges (transmissions) peuvent se faire devant le groupe d'enfants, d'autres nécessitent une plus grande confidentialité ainsi qu'une disponibilité d'accueil et d'écoute de la part des professionnels (entretien confidentiel concernant la santé de l'enfant, un handicap, des troubles du comportement...).
Exemple : une jeune maman qui s'entretient avec la directrice pour l'entrée à la crèche de son enfant.

C La communication orale de groupe

C'est l'utilisation du langage parlé pour faire passer des informations à un groupe de personnes.
Exemple : les réunions de parents. Ce sont des rencontres proposées en début et en cours d'année. Elles permettent de présenter les professionnels, de reprendre les points du règlement et du fonctionnement de la structure, de présenter les projets et les activités, et de répondre aux questions des parents.

D La communication écrite

C'est une **communication qui utilise un support écrit.** Exemple : les panneaux d'affichage permettent de regrouper les informations à destination des parents comme les menus, les activités de la semaine, les anniversaires, les sorties… Des plaquettes d'information en matière d'éducation à la santé (vaccination, accidents domestiques…) peuvent être mises également à disposition. Un cahier à destination des parents peut recueillir leurs doléances.

2 Les fonctions de la communication

La communication possède plusieurs fonctions :
– **faire passer un message, des idées** ;
– **mettre en commun une ou des informations** ;
– **transmettre des émotions et des sentiments** (joie, peur, amour, colère, tristesse…) ;
– **répondre à un besoin social.**

3 Les facteurs qui influencent la communication entre les personnes

A Les freins à la communication

Certains éléments constituent des obstacles à une communication fluide :
– l'**environnement institutionnel** : aménagements inconfortables, locaux inadaptés, interlocuteurs en grand nombre...
– le **contexte technique** : environnement sonore, bruits parasites, déficience ou panne de matériel…
– le **contexte culturel** : langage inconnu, termes compliqués, langue étrangère…
– le **contexte affectif** : manque de motivation, inattention, trac, angoisse...
– les **difficultés des personnes** : fatigue, problème de mémorisation, regard fuyant...

B Les facteurs favorisant la communication

Voir Fiche 65

Veiller aux composantes de la communication permet de l'améliorer :
– **pour l'émetteur :** choisir l'outil adapté, avoir le désir d'être compris, être motivé, avoir conscience de l'influence de la communication non verbale, contrôler ses émotions, connaître le message à transmettre…
– **pour le récepteur :** écouter activement, être attentif, avoir le désir de comprendre et des connaissances suffisantes sur le sujet, être dans la capacité de questionner ou de demander une reformulation pour s'assurer de la bonne compréhension du message...
– **le message :** il doit être clair, précis, adapté à l'interlocuteur, comprenant des répétitions et incluant éventuellement une vérification de ce qui a été compris...
– **le canal :** il doit être adapté au message (oral, écrit) et aux interlocuteurs ;
– **l'environnement :** limitant les parasites (absence de bruit) et offrant des conditions d'écoute maximales (chacun parle à son tour)...

4 Les attitudes adaptées face à une communication orale difficile

Lors d'une situation de communication orale difficile, le professionnel se doit de toujours garder son calme pour cerner les raisons de cette attitude et d'y remédier par la recherche d'une solution.

Remarque

Dans le cas d'une situation de communication orale difficile, où les interlocuteurs n'arrivent pas à trouver de compromis, il est souvent nécessaire de chercher un tiers (médiateur) qui prendra le relais pour trouver une solution.

Exemple

A la crèche « Les minots », Sarah, l'auxiliaire de puériculture appréhende le temps des transmissions avec les parents de Lina. Elle leur annonce que l'équipe et elle-même ont été contraintes de lui remettre des couches à cause d'« accidents » trop nombreux. La mère de Lina n'est pas du tout d'accord, elle hausse le ton, son visage est fermé car elle estime que son enfant est « propre » et que cette décision de remettre des couches à sa fille arrange surtout les personnels de la crèche.
Sarah garde son calme et reste souriante. Elle explique aux parents que c'est dans l'intérêt de leur enfant que l'équipe a pris cette décision. En effet, l'équipe a conclu que Lina n'était pas prête pour l'acquisition de la propreté car elle n'arrivait pas encore à exprimer son envie d'uriner.

Fiche 68 Les formes et les outils de communication professionnelle

1 Les mécanismes de la communication dans les relations de travail

La communication est plus aisée au sein d'une structure dans laquelle les relations de travail sont fondées sur le respect et l'estime de l'autre. Il est important que l'ensemble du personnel maîtrise un cadre et un vocabulaire professionnel commun. Ainsi, on peut :
– **instaurer des rencontres** individuelles, de l'équipe, ou avec l'ensemble du personnel ;
– **développer des espaces de créativité** et des moments de communication informelle ;
– **assurer une confidentialité de l'information.**

Définition

Communication : échange, mise en commun d'informations ou de messages pour les transmettre et créer une relation entre individus.

2 Les deux formes de communication

A La communication verbale

Le message est exprimé à l'aide de mots, de phrases. Le **mode de transmission** (canal) ou d'expression utilisé pour entrer en communication est :
– **oral** : dialogue de vive voix dans une langue commune aux deux interlocuteurs ;
– **écrit :** rédaction d'une lettre, d'une affiche, d'une note de service ;
– **audiovisuel** : information donnée à la télévision.

B La communication non verbale

• Elle vient compléter la communication verbale et elle accentue parfois l'information donnée. **Le message est exprimé par des signes** (langage des sourds et muets), **des images, des symboles, des logos** (panneaux de signalisation), **des paralangages** (mimiques, expressions du visage, gestes, regards, attitude générale, postures).

• En effet, **les expressions du visage traduisent des sentiments**, des impressions ou des réactions (colère, désaccord, joie, étonnement). Le **mode de transmission** (canal) pour entrer en communication est **visuel.**

3 Les communications interpersonnelle et de groupe

• **La communication interpersonnelle met en relation deux individus.**
Exemple : la directrice de la crèche et une maman échangent des informations lors de l'inscription.

• **La communication de groupe met en relation plusieurs individus.**
Exemple : l'auxiliaire de puériculture anime une activité manuelle auprès d'un groupe de 6 enfants.

4 Les outils de communication professionnelle

Les outils les plus fréquemment utilisés sont :
– **le téléphone** pour prévenir une mère que son enfant est malade ;
– **Internet** (site et messagerie de la structure d'accueil des enfants) : indication des horaires ;
– **les panneaux d'affichage** : informations de l'école vers les parents ;
– **le journal interne, le cahier de liaison** : rendre compte des activités de la journée ;
– **des lettres** : envoi d'invitations, de factures.

QCM Coopérer avec l'ensemble des acteurs

Parmi les propositions suivantes, cochez la ou les bonnes réponses.

1. La communication entre les familles et les professionnels permet de :

❍ a. comprendre et situer les attentes parentales.

❍ b. développer des attitudes d'écoute et de compréhension favorisant un meilleur dialogue et un climat de confiance nécessaire au bon accueil des enfants.

❍ c. prévenir les situations conflictuelles entre adultes autour de l'accueil du jeune enfant.

2. Les facteurs favorisant la communication entre les personnes sont :

❍ a. les lieux d'échanges, l'aménagement des séparations.

❍ b. les points de conflits ou de désintérêts entre parents et personnels.

❍ c. Les pratiques dans l'accueil (attitudes dans la relation : postures, expressions ; accueil individualisé…).

3. Les freins à la communication entre les personnes consistent à :

❍ a. considérer les familles comme des partenaires.

❍ b. ne pas avoir conscience de son devoir de réserve et de discrétion.

❍ c. ne pas prendre en considération l'intérêt de l'enfant.

4. Dans le cas d'une situation de communication orale difficile, les attitudes suivantes sont à éviter :

❍ a. ne plus recevoir les parents.

❍ b. se contenter de mettre en avant le règlement intérieur de l'établissement.

❍ c. favoriser un accueil personnalisé dans un espace adapté, propre à l'échange.

5. Dans le cas d'une situation de communication orale difficile, les attitudes suivantes sont à adopter :

❍ a. favoriser un accueil personnalisé dans un espace adapté, propre à l'échange.

❍ b. recourir à un interprète en cas de barrière due à la langue, favoriser un climat de tolérance et d'acceptation.

❍ c. faire intervenir différents membres du personnel pour améliorer l'échange (directeur, médecin, psychologue, animateur…).

6. Dans le monde du travail entre personnel, il faut :

❍ a. favoriser les échanges et les relations cordiales.

❍ b. respecter les relations avec ses supérieurs hiérarchiques.

❍ c. suivre les consignes données par le règlement intérieur.

Solutions : 1. a., b., c. – 2. a., c. – 3. b., c. – 4. a., b. – 5. a., b., c. – 6. a., b.

Fiche 69 Le projet d'école, le PPS et le projet éducatif territorial

Assurer une assistance pédagogique au personnel enseignant

1 Le projet d'école (ou projet pédagogique)

A Qu'est-ce qu'un projet d'école ?

Le projet d'école ou d'établissement **définit les modalités particulières de mise en œuvre des objectifs et des programmes nationaux et précise les activités scolaires et périscolaires qui y concourent.** Il précise les voies et moyens qui sont mis en œuvre pour assurer la réussite de tous les élèves, en y associant les parents.

B Comment est-il élaboré ?

Le projet d'école ou d'établissement est élaboré, dans chaque établissement d'enseignement scolaire public, **avec les représentants de la communauté éducative** (Code de l'éducation).

C Comment est-il adopté ?

- Le projet est adopté, pour une **durée comprise entre trois et cinq ans**, par le conseil d'école ou le conseil d'administration, sur proposition de l'équipe pédagogique de l'école ou du conseil pédagogique de l'établissement pour sa partie pédagogique.
- Les **volets culturels et d'éducation à la santé** doivent obligatoirement y figurer.
- Le projet pédagogique fixe les objectifs et modalités d'application du projet d'école.

D Que propose-t-il ?

- Sous réserve de l'autorisation des autorités académiques, le projet d'école ou d'établissement peut prévoir la réalisation d'expérimentations, pour une durée maximum de cinq ans, portant sur l'enseignement des disciplines, l'interdisciplinarité, l'organisation pédagogique de la classe, de l'école ou de l'établissement, la coopération avec les partenaires du système éducatif, les échanges ou le jumelage avec des établissements étrangers d'enseignement scolaire.
- Chaque projet d'école et d'établissement doit comporter **un volet sur l'accueil et l'accompagnement des élèves à besoins éducatifs particuliers.** Il prend en compte les projets personnalisés de scolarisation et les aménagements et adaptations nécessaires pour la scolarisation de ces élèves.

2 Le projet personnalisé de scolarisation (PPS)

A Qu'est-ce que le PPS ?

- C'est un dispositif qui détermine et coordonne les modalités de déroulement de la scolarité et les actions pédagogiques, éducatives, sociales, médicales et paramédicales répondant aux besoins de l'élève qui présente des troubles de la santé.
- Il fait l'objet d'un **suivi annuel** par l'équipe de suivi de la scolarisation (ESS). Il est révisable à chaque changement de cycle scolaire et à chaque fois que la situation de l'élève le nécessite.

Définition

Projet personnalisé de scolarisation (PPS) : document écrit qui organise le déroulement de la scolarité de l'élève handicapé (article L-112-2 du Code de l'éducation).

B Quels acteurs le mettent en œuvre ?

C'est la famille qui saisit la maison départementale des personnes handicapées (MDPH). L'équipe pluridisciplinaire d'évaluation (EPE) procède à **l'évaluation de la situation de l'élève**. Elle élabore ensuite le PPS puis le transmet à la Commission des droits et de l'autonomie des personnes handicapées (CDAPH). La **CDAPH** prend ainsi les **décisions relatives au parcours de formation de l'enfant** : orientation (en ULIS, par exemple), matériel pédagogique adapté et aide humaine.

Sigles

CDAPH : Commission des droits et de l'autonomie des personnes handicapées.
EPE : équipe pluridisciplinaire d'évaluation.
ESS : équipe de suivi de la scolarisation.
MDPH : maison départementale des personnes handicapées.
PPC : plan personnalisé de compensation du handicap.
ULIS : unités localisées pour l'inclusion scolaire.

C Que propose-t-il ?

Le **PPS précise les aménagements et adaptations pédagogiques nécessaires.** Il détermine les modalités de déroulement de la scolarité et les actions pédagogiques, psychologiques, éducatives, sociales, médicales et paramédicales répondant aux besoins de l'élève. Il **constitue un élément du plan personnalisé de compensation du handicap (PPC).**

D Qui sont les acteurs du PPS à l'école ?

Un **enseignant référent** assure le suivi de la mise en œuvre du PPS, il a auprès des parents une mission d'accueil et d'information. Il réunit et anime les équipes de suivi de la scolarisation (ESS). Il rédige les comptes rendus des réunions de ces équipes et en assure la diffusion auprès des parties concernées. Il favorise l'articulation entre les actions conduites par les équipes pédagogiques des établissements scolaires, des services ou établissements de santé et médico-sociaux, et les autres professionnels intervenant auprès de l'élève.

3 Le projet éducatif territorial (PEDT)

A Qu'est-ce que le PEDT ?

- C'est un dispositif qui formalise la **démarche permettant aux collectivités territoriales de proposer à chaque enfant un parcours éducatif cohérent et de qualité avant, pendant et après l'école**, organisant ainsi, la complémentarité des temps éducatifs (article D. 521-12 du Code de l'éducation).

- La **réforme des rythmes scolaires** a nécessité une nouvelle organisation du temps scolaire dans les écoles primaires depuis la rentrée 2013. Les rythmes scolaires sont toujours un point sensible et il est possible qu'ils changent à nouveau.

B Que propose-t-il ?

Le PEDT permet d'organiser des **activités périscolaires** prolongeant le service public d'éducation et en complémentarité avec lui. Il peut être centré sur les activités périscolaires des écoles primaires et même l'ouvrir, à l'ensemble des temps scolaire, périscolaire et extrascolaire, de l'école maternelle au lycée.

C Qui sont les acteurs du PEDT ?

- **L'élaboration, la mise en œuvre et le suivi du PEDT relèvent des collectivités territoriales et de leurs partenaires,** notamment associatifs, qui doivent présenter les garanties nécessaires au regard de la sécurité physique et morale des mineurs.

- Les **activités proposées** dans ce cadre n'ont **pas de caractère obligatoire,** mais chaque enfant doit avoir la possibilité d'en bénéficier.

Fiche 70 La double hiérarchie à la maternelle : les temps scolaire et périscolaire

Assurer une assistance pédagogique au personnel enseignant

• À l'école maternelle, les agents territoriaux spécialisés des écoles maternelles (**ATSEM**) sont des **employés municipaux recrutés, formés et rémunérés par la municipalité**, et mis à la disposition de l'école maternelle par le maire.
• **Pendant les heures de classe.** Les ATSEM sont chargés de l'**assistance au personnel enseignant :** accueil, aide à l'animation et à l'hygiène, préparation et mise en état de propreté des locaux et du matériel.
• **Pendant les temps périscolaires.** Les ATSEM peuvent être chargés de la **surveillance** et de l'**animation**, au moment de la **prise des repas**, et durant les **périodes d'accueil de loisirs**.

1 La double hiérarchie en école maternelle

• Par leurs fonctions, **les ATSEM sont soumis à une double hiérarchie** :
– **en leur qualité d'agent territorial, les ATSEM sont placés sous l'autorité directe du maire.** Ils sont donc astreints à la même durée hebdomadaire de travail et ont droit aux mêmes congés que l'ensemble du personnel communal. Compte tenu de la spécificité du métier, les horaires de travail sont en principe annualisés ;
– par ailleurs, **ils sont placés sous l'autorité fonctionnelle du directeur d'école : pendant le temps scolaire**, le directeur ou la directrice de l'établissement scolaire où l'agent est affecté donne toutes les instructions concernant le travail et la répartition des tâches éducatives. **Les ATSEM sont sous la responsabilité de l'enseignant de la classe dans laquelle ils interviennent**, mais ne peuvent pas prendre en charge des activités d'enseignement ou des fonctions de suppléances en cas d'enseignants absents. À la demande de la mairie, le directeur d'école peut donner un avis annuel sur le travail accompli par les ATSEM.

• **Les emplois du temps sont co-construits avec le directeur et la commune, en concertation avec les agents.** En tant qu'autorité territoriale, le maire approuve cet emploi du temps qui **distingue nettement les temps scolaires** pendant lesquels les ATSEM sont sous l'autorité du directeur de l'école, **des temps périscolaires** pendant lesquels ils sont sous la responsabilité de la municipalité.

Exemple

Organisation de la semaine entre temps scolaires et périscolaires

Horaires	Lundi	Mardi	Mercredi	Jeudi	Vendredi
Horaires selon les écoles	Accueil du matin	Accueil du matin	Accueil du matin	Accueil du matin	Accueil du matin
8 h 30-11 h 30	Temps scolaire	Temps scolaire	Temps scolaire	Temps scolaire	Temps scolaire
11 h 30-13 h 30	Restauration scolaire et temps de midi	Restauration scolaire et temps de midi	Accueil du midi de 11 h 30 à 12 h 30	Restauration scolaire et temps de midi	Restauration scolaire et temps de midi
13 h 30-16 h 30	Temps scolaire	Activités périscolaires	Centre de loisirs	Temps scolaire	Activités périscolaires
16 h 30-17 h 45	Accueil du soir	Accueil du soir		Accueil du soir	Accueil du soir

EP2 Exercer son activité en accueil collectif

2 Les temps scolaire et périscolaire

La politique d'aménagement des temps et des activités de l'enfant implique un équilibre entre temps scolaire, périscolaire et extra-scolaire.

Les activités de l'ATSEM sur les temps scolaire et périscolaire

① Fonction éducative

Soin et aide des enfants durant le temps scolaire

- Accueil des enfants
- Habillage, déshabillage
- Soin d'hygiène
- Soins infirmiers
- Réconfort, écoute des enfants

Aide et assistance le temps périscolaire de midi

- Conduite à la cantine et installation à table
- Vérification des présences
- Accompagnement des enfants pendant le repas
- Accompagnement des enfants à la sieste et dans la cour

Durant l'accueil périscolaire du soir

- Aide au goûter
- Mise en place d'activités et animations
- Accueil des parents

Définitions

Temps scolaire : temps des apprentissages scolaires qui relève de la responsabilité de l'Éducation nationale.

Temps d'accueil périscolaire (TAP) : temps que l'élève passe à l'école en dehors des cours obligatoires. Il est constitué des heures qui précèdent et suivent la classe durant lesquelles un encadrement est proposé aux enfants scolarisés. Il s'agit :

– de la **période d'accueil du matin** avant la classe ;

– du **temps méridien** (fin de la matinée de classe jusqu'au retour en classe l'après-midi avec le cas échéant un temps de restauration) ;

– de la **période d'accueil du soir** immédiatement après la classe (études surveillées, accompagnement à la scolarité, accueils de loisirs, activités culturelles ou sportives, garderie).

② Fonction d'aide pédagogique

Sous la responsabilité de l'enseignant, aide matérielle pour les activités pédagogiques

- Préparation des activités scolaires
- Aide à l'encadrement d'activités (ateliers, fêtes…)
- Accompagnement des sorties scolaires
- Participation au service de surveillance d'accueil de cour, de goûter, de sieste…

③ Fonction d'entretien du matériel

Responsabilité de la propreté de la classe (ménage + entretien)

- Rangement et entretien du matériel pédagogique
- Rangement des locaux scolaires
- Nettoyage et entretien des locaux scolaires
- Nettoyage et entretien des équipements mobiliers
- Nettoyage et entretien des sanitaires

Fiche 71 La sécurité à la maternelle et lors des sorties scolaires

Assurer une assistance pédagogique au personnel enseignant

1 La sécurité dans les écoles maternelles

A Le cadre général

• **Le directeur doit élaborer le plan particulier de mise en sûreté (PPMS).** Il veille à **informer les familles** et à ce qu'une éducation à la sécurité soit prévue dans le projet d'école. Il organise les **exercices de sécurité** obligatoires.

• **La sécurité aux abords de l'école** est assurée par le **maire**. Il **peut réguler ou interdire la circulation** et le stationnement des véhicules.

• **L'aménagement et l'entretien des espaces extérieurs** réservés aux élèves, ainsi que l'**installation et l'entretien des matériels** relèvent de la compétence de la **municipalité.** Tout le personnel encadrant (enseignants, ATSEM) surveille les locaux, terrains et matériels utilisés par les élèves.

• **En cas de risques avérés** (détérioration, défaut, mauvais état des fixations d'appareils au sol…), **le directeur doit informer**, par écrit, **le maire** ainsi que **l'inspecteur de l'Éducation nationale.**

• **En matière de prévention d'incendie,** le **directeur demande au maire** de procéder aux **vérifications techniques des locaux** ; tient le registre de sécurité ; organise les exercices d'évacuation ; veille à l'aménagement rationnel des locaux (couloirs et issues de secours dégagés…).

• **En cas d'alerte,** il est indispensable, même si la situation ne présente plus ou pas de danger, d'**appeler les sapeurs-pompiers.**

B Le rôle de l'ATSEM pour assurer la sécurité des enfants

Définition

ATSEM : agent territorial spécialisé des écoles maternelles.

• L'ATSEM doit garantir la sécurité des enfants :

– il **repère, isole** et **n'utilise pas** en présence des enfants **les produits potentiellement dangereux** (peintures, solvants, produits d'entretien) ainsi que **le matériel de bureau ou le matériel pédagogique** (cutters, massicots, etc.) ;

– il veille à ne pas laisser à la portée des enfants des tabourets ou des escabeaux susceptibles d'être escaladés, des petits objets ou jouets susceptibles d'être ingérés (vigilance à l'égard des objets et des effets personnels que les enfants apportent à l'école) ;

– il veille à **la fermeture constante des locaux interdits aux enfants** : cuisine, bureau ;

– il **participe aux exercices d'alerte et d'évacuation** des locaux organisés au sein de l'école, prend soin de connaître l'emplacement réservé à l'affichage des numéros de secours et se concerte avec le personnel enseignant afin de **mettre en place les procédures d'alerte et de premiers secours** ;

– il **connaît l'organisation des locaux** (issues de secours, indications de localisation données à un service médical d'urgence) ;

– il **participe aux exercices de maniement des extincteurs** situés dans les locaux scolaires ;

– il exerce, en collaboration avec le personnel enseignant, une **surveillance des entrées et des sorties de personnes étrangères à l'école.** Celles-ci doivent avoir une autorisation d'accès aux locaux qui relève de la responsabilité de la direction ;

– il vérifie la fermeture des portes et des fenêtres, l'extinction des lumières (s'il est chargé de la fermeture des locaux scolaires).

• Toute anomalie constatée est signalée au personnel enseignant ou au service compétent de la collectivité.

2 La surveillance pendant les récréations

A Le cadre général

Tous les enseignants, y compris le directeur, assurent la surveillance pendant la récréation et pendant la totalité du temps scolaire suivant une organisation mise au point en conseil des maîtres. Après que les enseignants ont pris toutes les mesures garantissant la sécurité de leurs élèves, cette surveillance peut être assurée par divers intervenants.

B Le rôle de l'ATSEM

Le directeur s'organise afin que l'assistance aux enfants soit maintenue en permanence. **L'ATSEM peut participer à la surveillance en récréation mais ne doit pas l'assurer seul**, sauf cas exceptionnel (lorsque l'enseignant s'absente momentanément ou en cas d'absence d'un enseignant jusqu'à ce qu'une autre organisation soit rapidement mise en place). L'enseignant accompagne ses élèves entre la classe et la cour de récréation.

3 La règlementation lors des sorties scolaires

A Le cadre général

• **Différents types de sorties.**

Les sorties scolaires régulières inscrites à l'emploi du temps de la classe nécessitant un déplacement hors de l'école ; **les sorties scolaires occasionnelles sans nuitée(s)** ; **les sorties scolaires avec nuitée(s)** qui regroupent les classes de découverte, les classes d'environnement, les classes culturelles ; **les sorties dites « de proximité »** dont la durée n'excède pas la demi-journée de classe (se rendre au gymnase, à la bibliothèque municipale).

• **Le taux d'encadrement réglementaire** dépend du type de sortie et de l'âge des enfants.

<table>
<tr><th></th><th>École maternelle</th><th>École élémentaire</th></tr>
<tr><td>Sortie régulière</td><td rowspan="2">2 adultes pour 8 élèves : l'enseignant et l'ATSEM ou un bénévole et, au-delà de 16 élèves, un adulte supplémentaire par tranche de 8 élèves</td><td>2 adultes pour 15 élèves : l'enseignant et 1 adulte.
Au-delà de 30 élèves, un adulte supplémentaire pour 15.</td></tr>
<tr><td>Sortie occasionnelle avec ou sans nuitée</td><td>Un adulte pour 10 élèves : l'enseignant de la classe et un adulte. Au-delà de 20 élèves, un adulte supplémentaire pour 10</td></tr>
<tr><td>Sortie de proximité</td><td>L'enseignant avec un adulte, ½ journée maximum</td><td>L'enseignant seul</td></tr>
</table>

B Le rôle de l'ATSEM lors des sorties scolaires

• **L'ATSEM peut accompagner les élèves placés sous la surveillance et la responsabilité du personnel enseignant**, dans le cadre des activités extérieures régulières qui s'effectuent au cours de la journée et durant le temps scolaire (sorties piscine, activités sportives, culturelles...).

• Les sorties organisées durant les heures de service de l'ATSEM s'imposent à ce dernier. Cependant **la participation active de l'ATSEM aux activités ne peut être exigée** (par exemple : dans le cas d'activités aquatiques, l'ATSEM n'est ainsi pas tenu d'accompagner les enfants dans l'eau).

• La **participation d'un ATSEM à l'encadrement d'une sortie scolaire** (avec ou sans nuitée) **dépassant ses obligations hebdomadaires de service, doit faire l'objet d'une autorisation préalable par l'autorité territoriale** (sous forme d'un ordre de mission par exemple). La participation de l'ATSEM ne peut être envisagée que sur la **base du volontariat.**

QCM Assurer une assistance pédagogique au personnel enseignant

Parmi les propositions suivantes, cochez la ou les bonnes réponses.

1. Pour répondre aux besoins éducatifs particuliers des élèves, indiquer le ou les moyens qui peuvent être mis en place :

- ❍ a. le plan personnalisé de scolarisation (PPS).
- ❍ b. le projet d'accueil personnalisé (PAP).
- ❍ c. le projet d'accueil individualisé (PAI).

2. Le projet d'accueil individualisé permet :

- ❍ a. de définir les modalités de déroulement de la scolarité et les actions pédagogiques, psychologiques, éducatives, sociales, médicales et paramédicales répondant aux besoins particuliers des élèves présentant un handicap.
- ❍ b. d'organiser, dans le respect des compétences de chacun et compte tenu des besoins spécifiques de l'élève, les modalités particulières et les conditions de sa prise en charge.
- ❍ c. d'organiser des aménagements et des adaptations pédagogiques nécessaires à la poursuite d'un parcours scolaire dans les meilleures conditions, en référence aux objectifs du cycle.

3. Le PAI est diffusé auprès de la communauté éducative et de tous les partenaires concernés, dans le respect :

- ❍ a. du secret professionnel.
- ❍ b. de l'obligation de réserve.
- ❍ c. de la discrétion professionnelle.

4. Les ATSEM sont soumis à une double hiérarchie car :

- ❍ a. les ATSEM font partie du personnel municipal et sont placés sous l'autorité de l'Éducation nationale.
- ❍ b. les ATSEM font partie du personnel municipal et sont placés sous l'autorité hiérarchique de la direction de l'Éducation de la Ville.
- ❍ c. les ATSEM font partie du personnel de l'Éducation nationale et sont placés sous l'autorité du ministère de la Jeunesse et des Sports.

5. Pendant ses interventions périscolaires, l'ATSEM veillera :

- ❍ a. à faire réaliser aux enfants des activités pédagogiques (lecture, écriture...).
- ❍ b. au respect de la permanence des règles de vie.
- ❍ c. à l'encadrement des enfants.

6. Les mesures de sécurité concernant l'école maternelle sont :

- ❍ a. la présence d'un adulte à l'entrée des écoles maternelles pour assurer l'accueil des élèves.
- ❍ b. deux exercices de sécurité (évacuation incendie et mise à l'abri ou confinement comme demandé dans le cadre des PPMS).
- ❍ c. la présentation des papiers d'identité de l'enfant à chaque fois qu'il se rend à l'école.

7. Pour une sortie scolaire, l'encadrement doit être composé de :

- ❍ a. 2 adultes au moins dont le maître de la classe, quel que soit l'effectif de la classe puis au-delà de 20 élèves, un adulte supplémentaire pour 10 enfants.
- ❍ b. 2 adultes au moins dont le maître de la classe, quel que soit l'effectif de la classe puis au-delà de 30 élèves, un adulte supplémentaire pour 15 enfants.
- ❍ c. 2 adultes au moins dont le maître de la classe, quel que soit l'effectif de la classe et au-delà de 16 élèves, un adulte supplémentaire pour 8 enfants.

Solutions : 1. a., b., c. – 2. b. – 3. a., b., c. – 4. b. – 5. b., c. – 6 a., b. – 7. c

Fiche 72 Les techniques de dépoussiérage manuel et mécanique

Assurer des activités de remise en état des matériels et des locau

1 Le balayage humide des sols

Objectif : éliminer les salissures non adhérentes (poussières, particules…).

Cette tâche se réalise à l'aide d'un bandeau textile humidifié avec de l'eau ou avec une gaze pré-imprégnée d'un produit agglutinant. Le balayage humide évite la mise en suspension dans l'air des poussières vectrices de micro-organismes.

Matériel et produits

1 balai trapèze avec gaze pré-imprégnée d'un produit agglutinant (huile minérale)

Balai trapèze

Gaze pré-imprégnée

1 balai rasant avec frange ou
1 balai rasant avec bandeau ou franges textile humidifiées à l'eau
1 détergent-désinfectant (hygiène)

Balai trapèze

Méthode

Fig. 1

Installation de la gaze

étape 1 Étirer la gaze pour libérer l'agglutinant si besoin.

étape 2 Poser la semelle au centre de la gaze et la fixer bien tendue aux 4 coins.

Réalisation du balayage humide

étape 3 Faire un détourage de la pièce afin de faciliter la suite du travail et ne pas perdre de temps.

étape 4 Réaliser le balayage humide du fond de la pièce vers la porte en reculant et en effectuant des « S » (technique à la godille) (fig. 1).

étape 5 Ne jamais soulever le balai pour éviter la mise en suspension de poussières.

étape 6 Déplacer le balai dans le sens de la flèche (grand côté du trapèze toujours dans le sens de la marche).

Enlèvement de la gaze

étape 7 Se baisser dos droit, la main droite tenant le manche.

étape 8 Dégager la gaze des 4 fixations avec la main gauche.

étape 9 Maintenir la gaze au sol avec la main gauche et soulever délicatement le balai.

étape 10 À l'aide des 2 mains, ramener la gaze au centre en emprisonnant les salissures.

	étape 11 Les faire glisser dans une pelle ou les jeter directement dans un sac.
Autocontrôle	Absences de salissures visibles sur le sol.
Hygiène	– Laver et désinfecter le manche avec une lavette. – Faire tremper dans une solution détergente et bactéricide les articulations, le plateau du balai trapèze périodiquement (tous les 15 jours par exemple). – Brosser, rincer puis laisser sécher. Se laver les mains et ranger le matériel.
Sécurité	– Régler la hauteur du manche afin de garder son dos bien droit. – S'organiser dans l'espace, utiliser une gaze pour 20 m^2 environ.
Ergonomie et économie	– Se baisser le dos bien droit et genoux pliés. – Se relever le dos droit. Toujours placer une seule gaze sous le balai trapèze.

2 Le dépoussiérage des sols par aspiration

Objectif : éliminer des poussières et des déchets de petites dimensions rapidement sur tous les types de revêtements de sol (carrelage, thermoplastique, moquette…)

Cette tâche se réalise à l'aide d'un puissant courant d'air, créé par une turbine, qui les dirige et les stocke dans une cuve réceptrice.

Matériel et produits	
1 aspirateur à poussières Des produits détergents-désinfectants (pour l'entretien des différentes parties de l'aspirateur)	
Méthode	**étape 1** Vérifier le sac à poussières et le remplacer si besoin. **étape 2** Positionner le suceur combiné avec la brosse relevée pour glisser sur la surface si elle est lisse. **étape 3** Commencer par le fond de la pièce et travailler par zones de surface en faisant chevaucher les bandes de passage, le fil électrique si possible derrière soi. **étape 4** Reculer jusqu'à l'entrée de la pièce et débrancher l'aspirateur.
Autocontrôle	Contrôler visuellement l'absence de salissures adhérentes sur le sol.
Hygiène	– Réaliser un essuyage humide du câble électrique, du tuyau cannelé, de la canne et du suceur d'aspiration après avoir débranché l'aspirateur. – Contrôler le remplissage du sac à papier pour un éventuel remplacement.
Sécurité	– Bien dégager la zone à aspirer avant de commencer. – Travailler avec le fil électrique derrière soi.
Ergonomie et économie	Travailler toujours le dos bien droit, se baisser en pliant les jambes.

Fiche 73 La technique de lavage manuel des sols

Objectif : éliminer les salissures adhérentes et les micro-organismes sur les sols lisses au moyen d'une solution détergente ou détergente-désinfectante.

Matériel utilisé

Chariot de bionettoyage (multifonctions) ou chariot de lavage simple muni d'un balai rasant ou faubert et de seaux adaptés, d'une presse pour l'essorage.

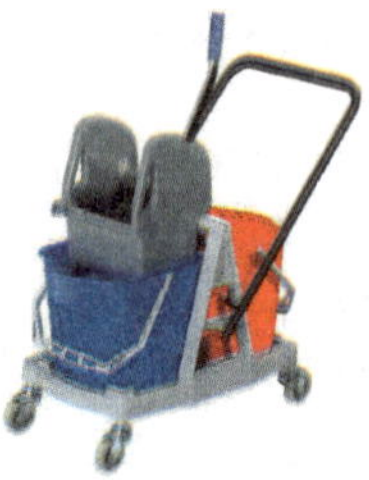

Chariot lavage simple

Chariot multifonctions

Balai faubert avec franges

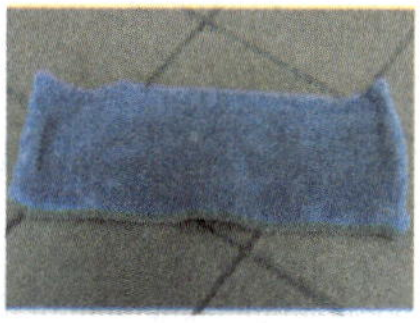

Bandeau en microfibres avec languette d'attache

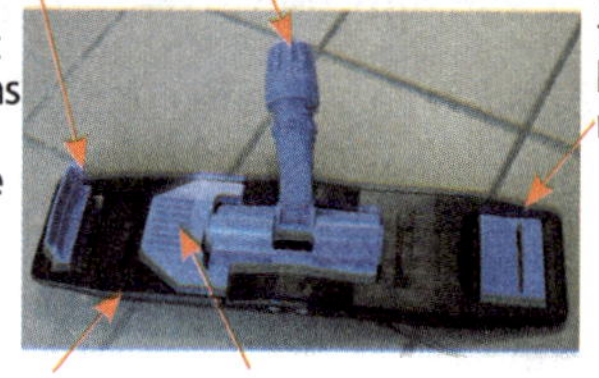

Balai rasant

Produit

Détergent-désinfectant

Respecter le dosage indiqué sur l'étiquette du bidon.

Exemple : une dilution de 1 % dans un seau de 10 litres d'eau correspondra à un volume de produit de 100 ml à ajouter.

Produit détergent-désinfectant

Étapes préalables

Étape 1 Préparer le chariot avant l'entretien.

Étape 2 Disposer chaque élément à sa place (produits, textiles, balais, seaux, presse).

Étape 3 Placer le chariot devant la zone à nettoyer.

Étape 4 Veiller à fermer le couvercle du sac poubelle lors des déplacements.

<table>
<tr>
<td>
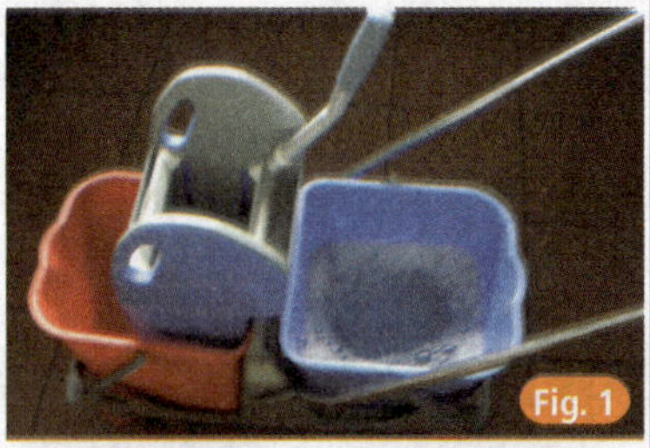
Fig. 1
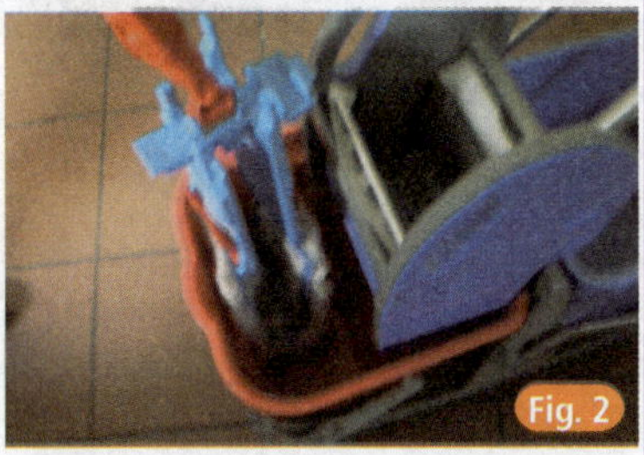
Fig. 2
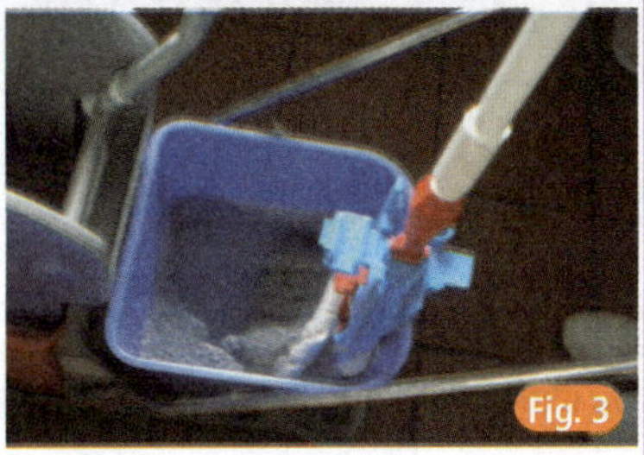
Fig. 3
</td>
<td>
Méthode
Technique des deux seaux
étape 1 Remplir le seau rouge de 5 litres d'eau et le seau bleu de 10 litres d'eau, y diluer le produit détergent-désinfectant (fig. 1).
étape 2 Fixer le bandeau en microfibre sous la semelle du balai rasant en coinçant les languettes à l'aide des pinces situées sur le socle.
étape 3 « Ouvrir » le balai en 2 en appuyant sur le système d'ouverture.
étape 4 Plonger le bandeau dans la solution détergente-désinfectante (seau bleu) et l'essorer légèrement dans le seau rouge (fig. 2).
étape 5 Réaliser le détourage de la pièce.
étape 6 Réaliser le lavage et la désinfection en partant du fond de la pièce jusqu'à la porte en réalisant des « S » (technique à la godille).
étape 7 Essorer le bandeau souillé au moyen de la presse dans le seau rouge.
étape 8 Opérer à nouveau le lavage du sol si nécessaire (20 m^2 environ par passage) en répétant les opérations précédentes. (fig. 3)
étape 8 Enfin, effectuer éventuellement un rinçage du sol afin d'éliminer les dernières traces de produits.
étape 9 Décrocher le bandeau et le mettre dans un seau ou un filet en attendant son acheminement à la lingerie.
</td>
</tr>
<tr>
<td>Autocontrôle</td>
<td>Contrôler l'absence de salissures adhérentes et vérifier que le sol ne « colle » pas.</td>
</tr>
<tr>
<td>Hygiène</td>
<td>– Placer les textiles souillés sur l'étage inférieur du chariot.
– Laver les textiles à 90 °C.
– Laver et désinfecter les seaux, le chariot et la brosserie à l'aide d'une lavette propre.
– Se laver les mains en début et en fin d'opération.</td>
</tr>
<tr>
<td>Sécurité</td>
<td>– Disposer le chariot de façon à ne pas gêner la circulation.
– Utiliser des gants adaptés.</td>
</tr>
<tr>
<td>Ergonomie et économie</td>
<td>– Respecter les dosages.</td>
</tr>
</table>

Fiche 74

L'entretien de la vaisselle en milieu collectif

Assurer des activités de remise en état des matériels et des locaux

Objectif : éliminer rapidement les salissures de la vaisselle et les micro-organismes.

Matériel utilisé

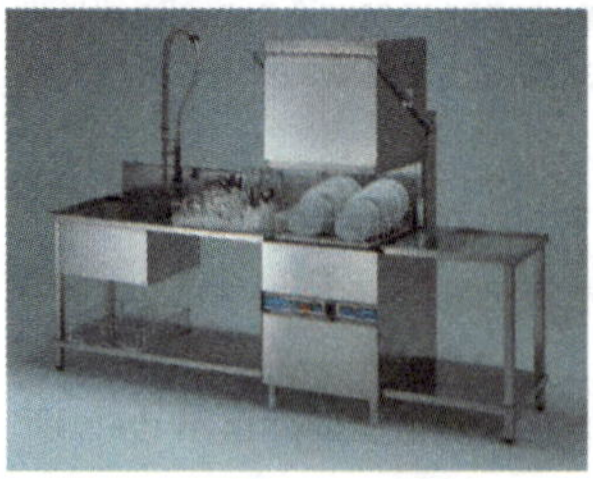

Lave-vaisselle

Panier de lavage

Corne

Produits

Liquide de lavage

Liquide de rinçage

Étapes préalables

étape 1 Porter une tenue professionnelle (cheveux attachés, ne pas porter de bijoux).

étape 2 Mettre en marche le lave-vaisselle afin de faire chauffer la résistance.

étape 3 Éliminer les déchets de la vaisselle à l'aide d'une corne ou d'une fourchette.

étape 4 Trier la vaisselle par catégorie et du plus propre au plus sale.

étape 5 Préparer les paniers (charger la vaisselle par catégorie : verres, couverts, ramequins, assiettes, plateaux…).

étape 6 Vérifier que les produits de lavage et de rinçage soient en place.

Méthode

Fig. 1

étape 1 Prélaver la vaisselle au jet (fig. 1).

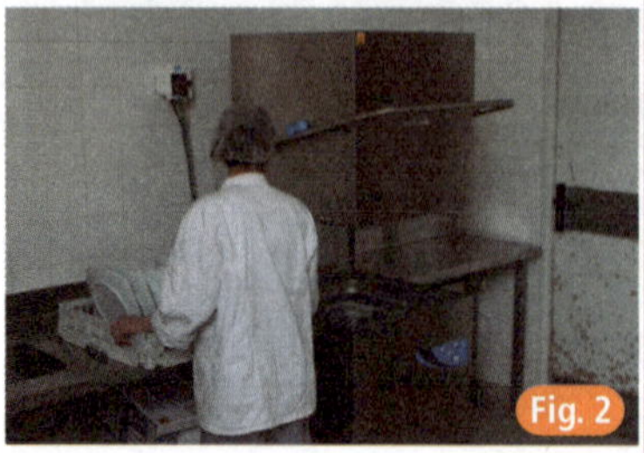

Fig. 2

étape 2 Introduire le panier dans le lave-vaisselle (fig. 2).

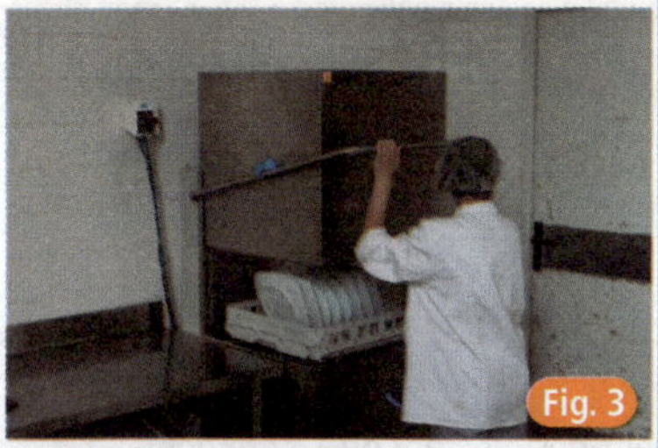 Fig. 3  Fig. 4	étape 3 Fermer le lave-vaisselle (fig. 3). étape 4 Lancer un cycle de lavage. étape 5 Sortir le panier propre et le mettre à sécher sur le plan de travail à côté de la machine (fig. 4). étape 6 Mettre un autre panier à laver. étape 7 Essuyer la vaisselle si nécessaire et la placer sur un chariot propre. Cette étape permet de vérifier la propreté de la vaisselle. Si les ustensiles ne sont pas nets, les mettre au lavage à nouveau. Gratter la vaisselle avec un tampon si des salissures sont adhérentes. étape 8 Ranger la vaisselle. étape 9 Remettre en état le lave-vaisselle : brosser et rincer les filtres pour enlever les déchets, enlever le tuyau d'évacuation, faire tourner le lave-vaisselle à vide. étape 10 Laver et désinfecter les plans de travail autour du lave-vaisselle ainsi que les chariots. étape 11 Laver et sécher le sol.
Autocontrôle	Contrôler la vaisselle visuellement après chaque cycle de lavage.
Hygiène	Nettoyer régulièrement les bras d'aspersion et la bonde de vidange du lave-vaisselle.
Sécurité	Attendre la fin du cycle avant d'ouvrir le lave-vaisselle.
Ergonomie et économie	Détartrer régulièrement la résistance électrique de chauffe du lave-vaisselle.

Fiche 75

Le bionettoyage d'un plan de travail

Objectif : éliminer les salissures adhérentes et non adhérentes ainsi que les micro-organismes sources de biocontamination.

Matériel utilisé	Produit
2 lavettes (de couleurs différentes) 1 une raclette ou « racleau » en milieu alimentaire 1 seau de 5 litres (eau claire) 1 vaporisateur ou un seau de 5 litres (produit)	1 détergent-désinfectant ou 1 détergent-désinfectant à usage alimentaire (l'eau de javel n'est pas interdite en collectivité mais il est préconisé de la remplacer dès que cela est possible)

Étapes préalables

étape 1 Se laver les mains.

étape 2 Porter une tenue professionnelle (cheveux attachés, ne pas porter de bijoux).

étape 3 Préparer le matériel et les produits : mettre la solution détergente désinfectante dans un vaporisateur.

Méthode

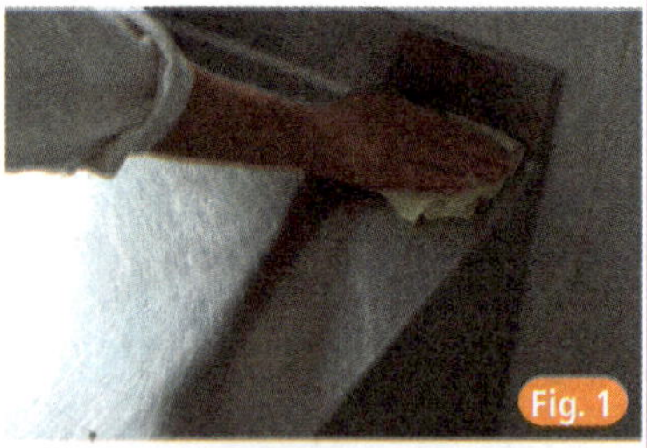

Fig. 1

étape 1 Rassembler le produit et le matériel, faire la dilution.

étape 2 Vaporiser la surface avec le produit ou tremper la lavette dans la solution.

étape 3 Étaler le produit avec la lavette (fig. 1).

Fig. 2

étape 4 Faire le détourage puis étaler le produit en faisant des « 8 » ou par bandes parallèles (fig. 2).

étape 5 Laisser agir le produit le temps indiqué sur l'étiquette ou sur la fiche technique.

Fig. 3

étape 6 Rincer avec la deuxième lavette et de l'eau claire (milieu alimentaire) (fig. 3).

 Fig. 4	étape 7 Sécher éventuellement avec une raclette en (milieu alimentaire) (fig. 4).
Autocontrôle	– Vérifier visuellement l'absence de salissures ou de traces. – Réaliser des contrôles microbiologiques régulièrement au moyen de lames gélosées ou de boîtes de contact.
Hygiène	– Se laver les mains avant et après le bionettoyage. – Les lavettes seront lavées et désinfectées après chaque entretien.
Sécurité	Éviter le contact avec le produit (allergies).
Ergonomie et économie	Respecter la dilution.

Conseil

Pour effectuer ce travail, le port de gants est préconisé afin d'éviter tout contact avec le produit.

Fiche 76

Le bionettoyage du mobilier

Assurer des activités de remise en état des matériels et des locaux

Objectif : éliminer les salissures adhérentes et non adhérentes ainsi que les micro-organismes présents sur le mobilier.

Matériel utilisé	Produit
2 lavettes en microfibres (2 couleurs) 1 seau de 5 litres (eau claire) 1 vaporisateur ou un seau de 5 litres (produit)	1 détergent-désinfectant ou 1 détergent-désinfectant alimentaire (en vaporisateur)

Étapes préalables : préparer la zone de travail en éliminant les gros déchets.

Méthode

étape 1 Plier la lavette en 4.

étape 2 Vaporiser le détergent-désinfectant sur la lavette.

Le bionettoyage d'une table

Fig. 1

étape 1 Réaliser le détourage, la main positionnée en crochet (fig. 1).

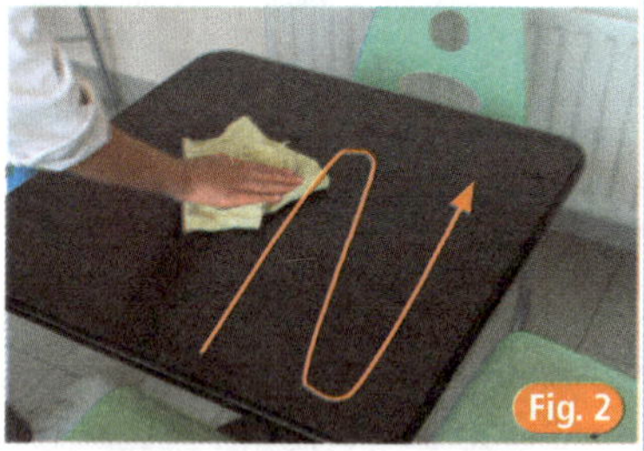
Fig. 2

étape 2 Nettoyer par bandes parallèles en faisant des « S » (fig. 2).

Fig. 3

étape 3 Nettoyer les chaises du haut vers le bas (fig. 3).

Fig. 4

étape 4 Nettoyer les piétements (pieds du meuble) du haut vers le bas (fig. 4 et 5).

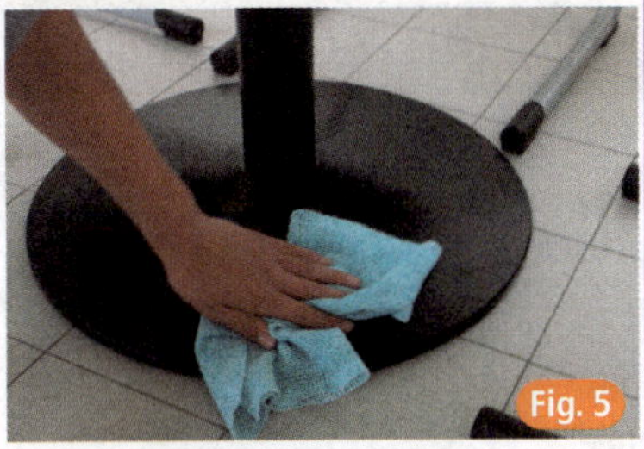 Fig. 5	étape 7 Réaliser les mêmes opérations pour le rinçage avec une deuxième lavette et de l'eau claire en milieu alimentaire.
Autocontrôle	Vérifier l'absence de salissures non adhérentes, de traces de doigts et de produit.
Hygiène	– Se laver les mains avant et après l'activité. – Changer régulièrement la face de la lavette dès que celle-ci paraît visuellement sale. – Changer la lavette lorsque celle-ci est saturée en salissures. – Les lavettes seront lavées et désinfectées après chaque dilution.
Sécurité	Éviter le contact avec le produit (allergies).
Ergonomie et économie	– Respecter la dilution préconisée si nécessaire. – Garder le dos bien droit, fléchir les genoux pour se baisser.

Conseil

Pour effectuer ce travail, le port de gants est préconisé afin d'éviter tout contact avec le produit.

Fiche 77 Le bionettoyage des sanitaires

Assurer des activités de remise en état des matériels et des locau

Objectif : assurer aux enfants un environnement propre en éliminant les salissures et en abaissant le niveau de contamination des surfaces.

Matériel

1 chariot de bionettoyage équipé (balai trapèze, balai rasant ou faubert, bandeau en microfibre)
2 lavettes rouges (lavage et rinçage des toilettes)
1 lavette verte (lavabo et équipement)
1 lavette bleue (rinçage lavabo et équipements)

Produits et consommables

1 gaze pré-imprégnée
1 sac poubelle de 20 litres
Du papier à usage unique
1 rouleau de papier toilette
1 sac poubelle pour sanitaire
1 produit détergent/détartrant/désinfectant
ou un produit détartrant sanitaire et un produit détergent-désinfectant

Étapes préalables : porter une tenue professionnelle (cheveux attachés, ne pas porter de bijoux), se laver les mains, préparer son chariot, baliser la zone si nécessaire, vider la poubelle, tirer la chasse des toilettes.

Méthode

Fig. 1

étape 1 Vider le support de la balayette dans la cuvette, tirer la chasse d'eau, y mettre la brosse.

étape 2 Appliquer le détergent-désinfectant-détartrant dans la cuvette et sur les robinetteries. Laisser agir (fig. 1).

Fig. 2

étape 3 Pendant que le produit agit, nettoyer avec une lavette verte le carrelage mural, l'extérieur des lavabos, les divers accessoires (porte-serviette, porte-manteau, interrupteur, poignée de porte), la robinetterie et l'intérieur du lavabo (fig. 2).

étape 4 Rincer dans le même ordre avec une deuxième lavette.

Fig. 3

étape 5 Nettoyer les accessoires et l'intérieur des toilettes (du plus propre au plus sale) : appliquer la solution avec une lavette rouge sur le dérouleur papier, le réservoir de la chasse, l'extérieur de la cuvette, le couvercle, la lunette, les rebords et la poubelle (fig. 3).

 Fig. 4 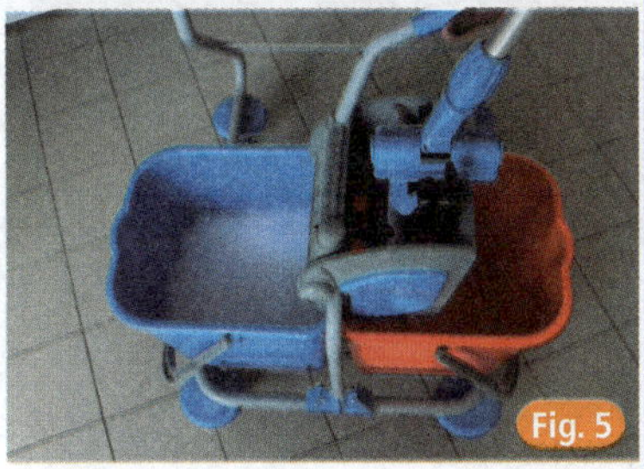 Fig. 5	étape 6 Brosser l'intérieur de la cuvette et rincer en tirant la chasse. étape 7 Rincer avec une autre lavette en microfibre rouge les accessoires dans le même ordre que précédemment. étape 8 Recharger les distributeurs (savons, papiers…) et changer le sac plastique de la poubelle (fig. 4). étape 9 Terminer par un balayage humide et un lavage à plat des sanitaires (fig. 5).
Autocontrôle	– Contrôler l'absence de salissures et de surfaces humides. – Réaliser un contrôle microbiologique des surfaces une fois par semaine (lame gélosée ou boîte contact : outil d'autocontrôle composé de deux faces qui permet de rechercher et d'analyser de manière semi quantitative la présence de microbes et de vérifier si les surfaces de travail sont bien désinfectées).
Hygiène	– Se laver les mains avant et après le bionettoyage. – Travailler toujours du plus propre au plus sale. – Laver et désinfecter les lavettes après chaque utilisation.
Sécurité	– Mettre des gants afin d'éviter le contact avec les produits, les salissures et les micro-organismes – Avant de commencer, prendre connaissance des fiches techniques et fiches de données de sécurité des produits utilisés. – Porter une tenue professionnelle complète.
Ergonomie et économie	Travailler toujours le dos bien droit, se baisser en pliant les jambes.

Fiche 78

Le bionettoyage des murs

Assurer des activités de remise en état des matériels et des locau

Objectif : éliminer les salissures visibles sur un mur carrelé ou revêtu d'une peinture lessivable.

Matériel utilisé	Produits et consommables
1 vaporisateur 1 lavette jaune 1 lavette bleue 1 raclette 1 seau de 5 litres (rinçage) 1 tampon abrasif vert	Papier à usage unique Détergent / désinfectant neutre ou légèrement alcalin (pour éliminer les traces de feutres ou de stylos)

Étapes préalables :

étape 1 Se laver les mains.

étape 2 Porter une tenue professionnelle (cheveux attachés, ne pas porter de bijoux).

étape 3 Préparer le matériel et les produits : mettre la solution détergente désinfectante dans un vaporisateur.

Fig. 1

Méthode :

étape 1 Vaporiser la solution détergente/désinfectante sur le mur (fig. 1).

Fig. 2

étape 2 Étaler la solution avec la lavette jaune sur l'ensemble de la surface de haut en bas (fig. 2).

étape 3 Laisser agir 5 minutes.

étape 4 Procéder de la même façon paroi par paroi.

étape 5 Utiliser un tampon abrasif sur les salissures tenaces.

Fig. 3

étape 6 Rincer à l'eau claire avec la lavette bleue en la trempant dans le seau (fig. 3 et 4).

 Fig. 4 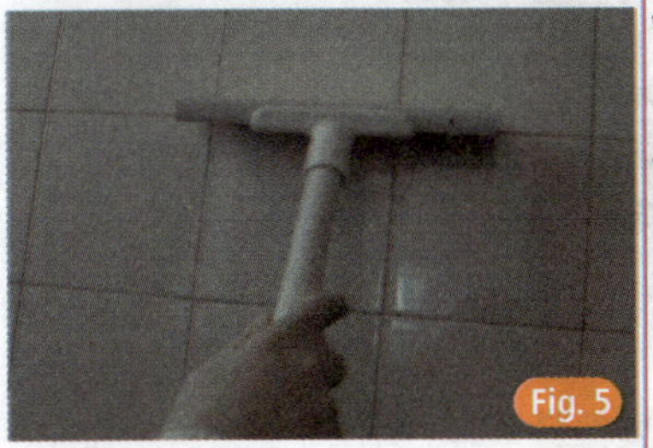 Fig. 5	étape 7 Racler l'excédent d'eau et essuyer avec le papier à usage unique si besoin (fig. 5). étape 8 Ranger le matériel et les produits.
Autocontrôle	Vérifier l'absence de trace et de coulure.
Hygiène	– Laver les textiles en machine à 90 °C. – Travailler toujours du plus propre au plus sale.
Sécurité	– Baliser la zone de travail. – Mettre des lunettes de protection. – Bien lire la fiche de sécurité du produit.
Ergonomie et économie	– Respecter les dilutions préconisées. – Garder votre dos bien droit lors de l'entretien des parties basses (travail accroupi).

Fiche 79

Le bionettoyage des vitres

Objectif : éliminer les salissures adhérentes d'une surface vitrée.

Matériel

1 mouilleur en coton et support
1 lavette en microfibre ou en coton
1 raclette
1 perche télescopique
1 seau rectangulaire
1 serpillière
1 lame

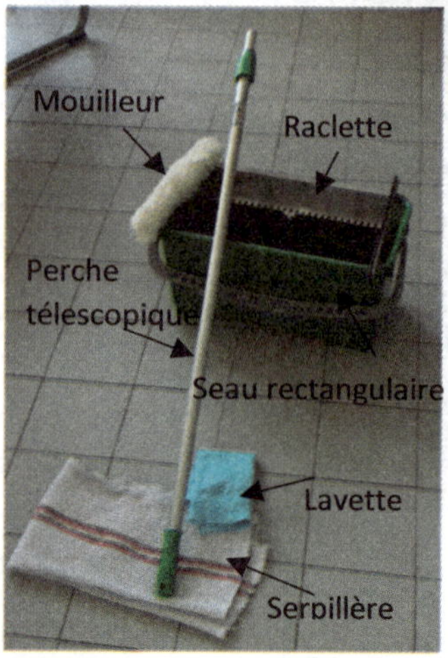

Produits et consommables

1 produit détergent neutre ou 1 produit spécifique pour vitres

Étapes préalables : se laver les mains, s'attacher les cheveux, ne pas porter de bijoux, baliser la zone d'intervention, placer une serpillière au bas de la vitre.

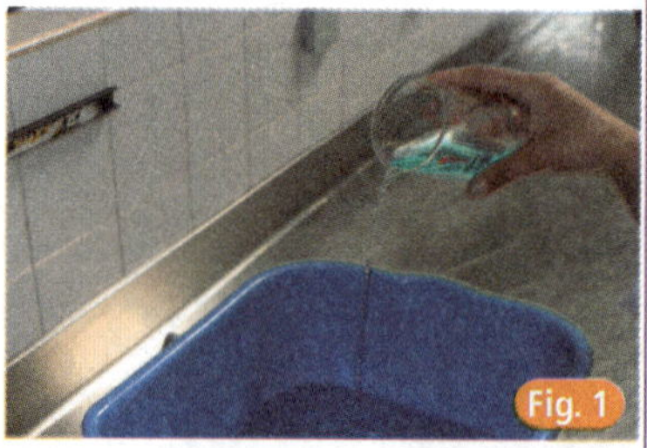
Fig. 1

Fig. 2

Fig. 3

Méthode

étape 1 Préparer un seau de 10 litres en respectant la dilution du produit indiquée sur l'étiquette (sinon faire une dilution à 1 % (fig. 1).

étape 2 Dépoussiérer l'encadrement
Ôter si nécessaire les salissures adhérentes et résistantes sur la vitre et l'encadrement.

étape 3 Laver la surface du premier côté (intérieur) avec le mouilleur :
- 1. tremper le mouilleur dans la solution ;
- 2. essorer ;
- 3. détourer la surface (ne pas oublier les angles) ;
- 4. commencer par le bas et frotter en spirale (fig. 2) ;

Quand il y a deux niveaux de vitrage, commencer par le haut pour éviter de resalir la vitre du bas avec des salissures et des coulures.

étape 4 Sécher à la raclette pour éliminer la solution et les salissures :
- faire glisser la raclette de haut en bas en bandes parallèles qui se chevauchent sur les 2/3 supérieurs de la vitre (fig. 3) ;
- essuyer la lame en caoutchouc de la raclette avec la lavette après chaque passage ;

 Fig. 4  Fig. 5	• racler latéralement pour nettoyer le tiers inférieur et rassembler la solution détergente dans l'angle final (fig. 4). étape 5 Passer la lavette sur le pourtour de la vitre afin de parfaire la finition (fig. 5). étape 6 Renouveler l'opération de l'autre côté de la vitre.
Autocontrôle	Vérifier visuellement l'absence de traces et de coulures.
Hygiène	– Laver les textiles en machine. – Travailler toujours du plus propre au plus sale.
Sécurité	– Baliser la zone. – Bien lire la fiche de sécurité du produit.
Ergonomie et économie	– Respecter les dilutions préconisées. – Ajouter un bouchon de vinaigre blanc s'il y a présence de calcaire sur la vitre.

Fiche 80

Le bionettoyage des jouets

Assurer des activités de remise en état des matériels et des loca

Objectif : éliminer les salissures et les micro-organismes afin d'éviter les biocontaminations sur des jouets en textiles ou en plastique.

Matériel utilisé	Produits et consommables
2 bassines Des lavettes en microfibres 1 brosse	Détergent/désinfectant à usage alimentaire Papier à usage unique

Étapes préalables :

étape 1 Se laver les mains, porter une tenue professionnelle (cheveux attachés, ne pas porter de bijoux).

étape 2 Trier les jouets.

étape 3 Ôter les pièces amovibles de certains jouets : les piles.

étape 4 Préparer le matériel et les produits : diluer le détergent désinfectant dans les deux bassines en respectant les dosages.

Fig. 1

Méthode

étape 1 Laver et désinfecter le plan de travail.

étape 2 Laver les jouets textiles (tapis d'éveil, doudous…) en machine à laver le linge en suivant le code d'entretien :
– pour les peluches synthétiques, entretien au minimum hebdomadaire dans un cycle à 40 °C. Le lavage est très important car les peluches peuvent contenir jusqu'à 500 acariens/cm³ (fig. 1).

étape 3 Laver en machine à laver la vaisselle les petites pièces en plastique (type Lego).

étape 4 Laver et désinfecter les jouets en plastique manuellement.

Pour les jouets immergeables :
– plonger les jouets dans la solution de détergent-désinfectant (fig. 2) ;

Fig. 2

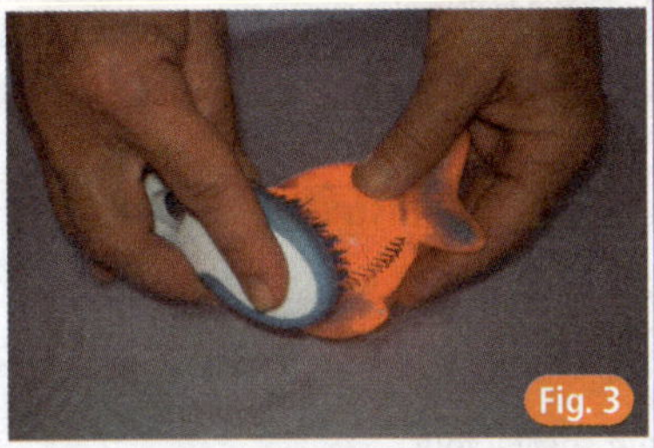 Fig. 3 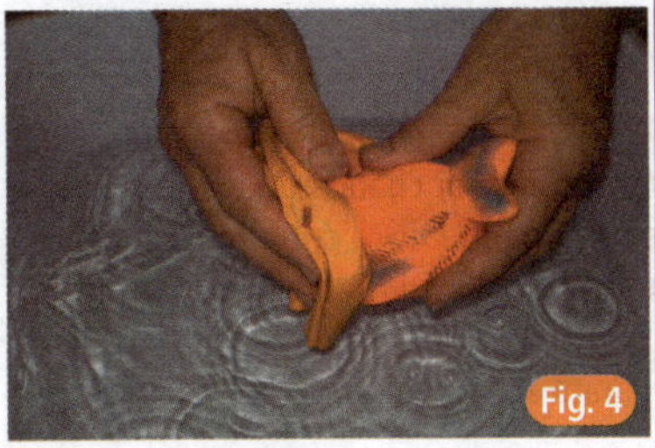 Fig. 4	– brosser les recoins (fig. 3). – laisser tremper dans une nouvelle solution de détergent-désinfectant en respectant le temps d'action ; – rincer pour diminuer le risque toxicologique et sécher à l'aide d'un papier à usage unique. **Pour les jouets non immergeables :** – essuyer avec une lavette (à usage unique ou réutilisable changée quotidiennement avec lavage en machine) imprégnée d'une solution de détergent-désinfectant compatible avec l'usage alimentaire avec un temps de contact de 15 minutes ; – rincer avec une nouvelle lavette propre imprégnée d'eau puis sécher (fig. 4). étape 5 Nettoyer et ranger le matériel.
Autocontrôle	Vérifier l'absence de salissures visuellement.
Hygiène	– Laver les textiles en machine. – Augmenter la fréquence d'entretien des jouets en cas d'épidémie.
Sécurité	Bien lire la fiche de sécurité du produit.
Ergonomie et économie	Respecter les dilutions préconisées.

Fiche 81

Le bionettoyage du four

Assurer des activités de remise en état des matériels et des locau

Objectif : Éliminer les salissures adhérentes et les micro-organismes.

Matériels	Produits et consommables
1 tampon abrasif 1 vaporisateur pour l'intérieur du four 1 centrale de nettoyage murale 2 lavettes	1 produit détergent 1 produit dégraissant spécial four De l'Eau Du papier à usage unique

Étapes préalables : se laver les mains et porter une tenue professionnelle.

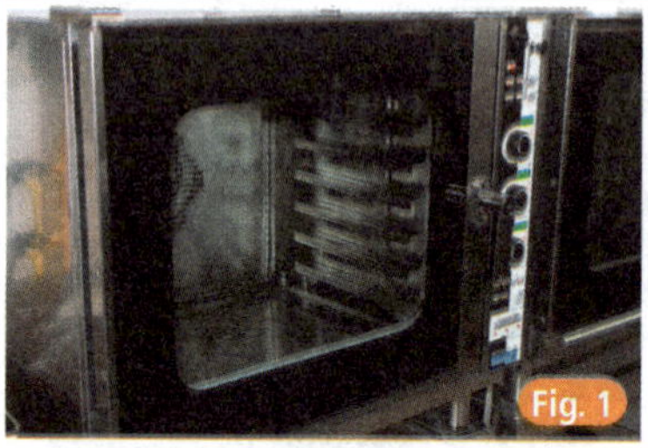
Fig. 1

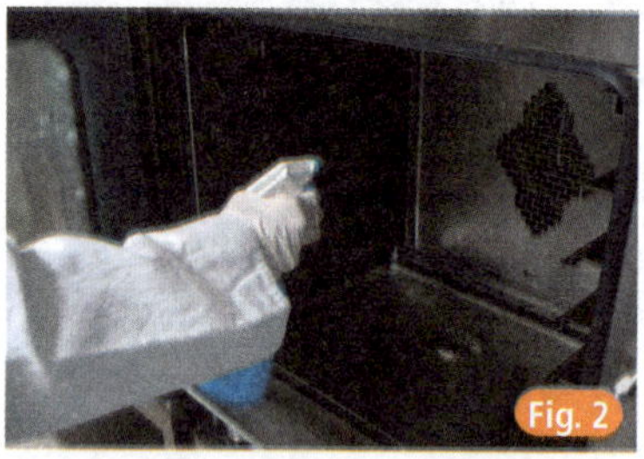
Fig. 2

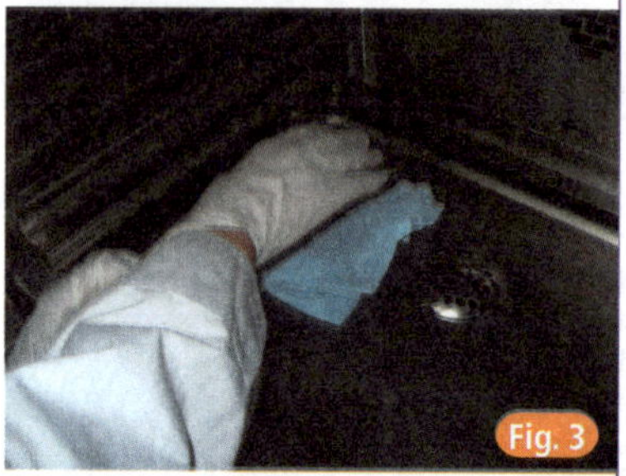
Fig. 3

Fig. 4

Méthode

⚠ Ne jamais nettoyer un four chaud afin d'éviter les brûlures et les vapeurs de produits d'entretien. Attendre que la température soit tiède (voir mode d'emploi du produit utilisé).
Rassembler les produits et le matériel.

Étape 1 Enlever les grilles, les mettre à tremper dans un bac de lavage avec une dose de produit plonge manuelle (fig. 1).

Étape 2 Éliminer tout débris dans le fond du four, notamment à l'endroit où le joint de la porte vient faire l'étanchéité (l'accumulation de saletés peut en effet empêcher la porte de se fermer correctement).

Étape 3 Vaporiser l'intérieur du four y compris la porte avec le produit détergent désinfectant (fig. 2).

Étape 4 Frotter avec une lavette du haut vers le bas et de l'intérieur vers l'extérieur du four (fig. 3). Ne pas oublier la porte. Nettoyer soigneusement toutes les miettes et résidus incrustés autour de l'ouverture du four afin d'éviter tout endommagement des charnières et rainures de la porte pouvant entraîner une perte de chaleur.
Il faut aussi entretenir les joints du four qui doivent toujours être en bon état pour former une jointure bien étanche avec le devant du four (des joints usés ou non étanches peuvent laisser s'échapper la chaleur).
Laisser agir le produit 5 minutes pour plus d'efficacité.

Étape 5 Frotter les grilles, les rincer, les sécher avec du papier à usage unique.

Étape 6 Rincer le four à l'aide de la centrale murale ou d'une douchette (fig. 4).

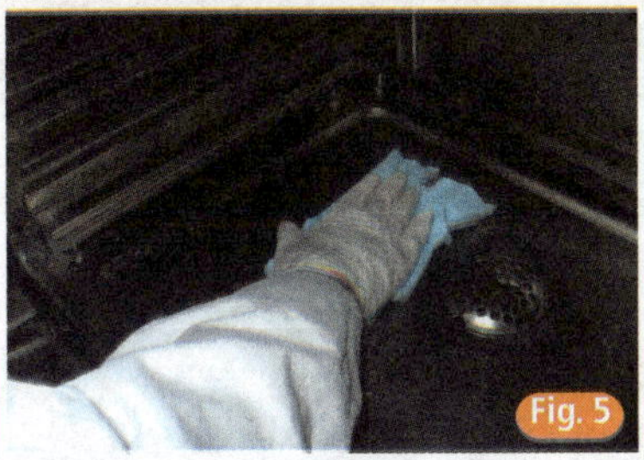 Fig. 5	étape 7 Essuyer à l'aide d'une lavette sèche ou de papier à usage unique (fig. 5). étape 8 Replacer les grilles propres et sèches. étape 9 Fermer le four. étape 10 Nettoyer l'extérieur du four en procédant comme pour un plan de travail. étape 11 Ranger les matériels et les produits.
Autocontrôle	– Absence de résidus carbonisés à l'intérieur du four. – Absences de traces et coulures
Hygiène 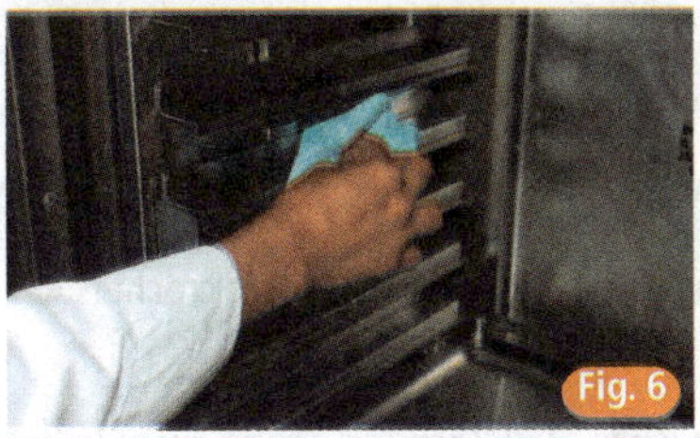 Fig. 6	Sécher le four afin d'éviter le développement de micro-organismes (fig. 6).
Sécurité	Respecter les dosages du produit.
Ergonomie et économie	Respecter le temps d'action du produit.

Conseils

Un nettoyage fréquent permet de :
– prolonger la durée de vie d'un four ;
– de garantir son fonctionnement optimal ;
– d'éviter l'accumulation de saletés et de résidus dans le four et de maintenir son efficacité (les matières incrustées sur le fond ou les côtés du four détruisent la tôle métallique).
Un four propre consomme également moins d'énergie car il distribue la chaleur plus efficacement qu'un four sale.

Fiche 82

Le tri du linge et la mise en machine

Assurer des activités de remise en état des matériels et des loca

Objectif : éliminer les salissures grâce à l'action chimique du détergent lessiviel et de l'action mécanique de la rotation du tambour.

Matériels	Produits et consommables
1 plan de travail 1 machine à laver 1 séchoir à linge mécanique ou tancarville Des cintres	1 sac de linge à laver Détergent lessiviel (poudre, liquide, tablette en dose unique et dose liquide) ; de préférence des lessives douces sans phosphates et sans assouplissant (pour le linge de bébé) ou savon de Marseille en paillettes

Étapes préalables : se mettre en tenue et se laver les mains et préparer le matériel et les produits.

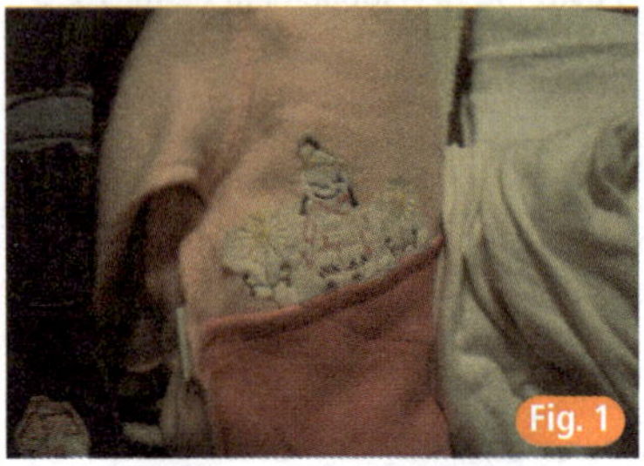

Fig. 1

Fig. 2

Fig. 3

Fig. 4

Méthode

Le tri du linge

étape 1 Effectuer un tri du linge (fig. 1).

étape 2 Vider les poches, déboutonner, fermer les crochets et les glissières.

étape 3 Vérifier s'il n'y a pas du détachage à faire avant la mise en machine.

étape 4 Regrouper les vêtements suivant les symboles d'entretien, en fonction des couleurs (blanc, couleur), du niveau de salissures et du poids.

étape 5 Mettre les vêtements sur l'envers.

étape 6 Regrouper les vêtements de bébé (chaussettes et sous-vêtements) dans un petit filet.

étape 7 Consulter les instructions de lavage figurant sur les étiquettes des codes d'entretien (fig. 2).

La mise en machine

étape 1 Détacher, si nécessaire les articles (encre, sang, boue…).

étape 2 Charger correctement le tambour (pas plus de 2/3, pas moins de 1/3 du tambour) (fig. 3).

étape 3 Choisir le programme adapté au lavage avec un rinçage très efficace (programme long).

étape 4 Mesurer le bon dosage de produit lessiviel avec le bouchon doseur (ou dose individuelle ; dans tous les cas lire le mode d'emploi du produit avant utilisation) et verser dans le bac réservé au produit de lavage (fig. 4).

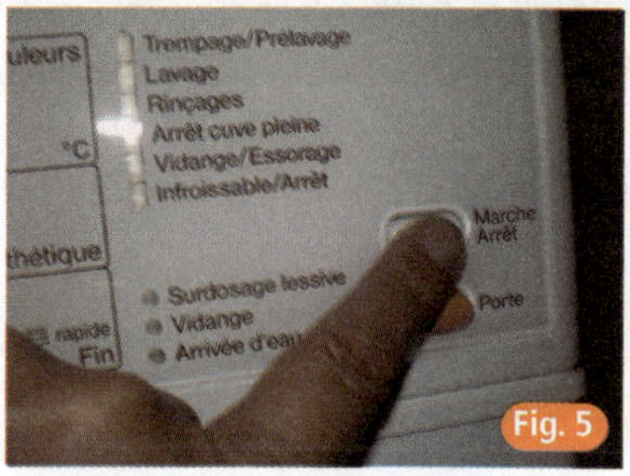

Fig. 5

étape 5 Ajouter si nécessaire un produit adoucissant (à éviter pour le linge de bébé) ou de l'eau de javel en fonction du linge à laver.

étape 6 Laver à 60 °C minimum tous les textiles d'enfants qui le supportent : les bavoirs, le linge de toilette et la literie.

étape 7 Mettre en marche. Laisser tourner la machine le temps nécessaire (différent selon le programme) (fig. 5).

À la fin du cycle de lavage

étape 8 Vider le contenu dans une bassine propre.

étape 9 Mettre le linge à sécher :
- étendre sur des cintres les chemises, vestes…
- sécher les articles en maille à plat ou à cheval sur un fil.

Mettre en sèche-linge

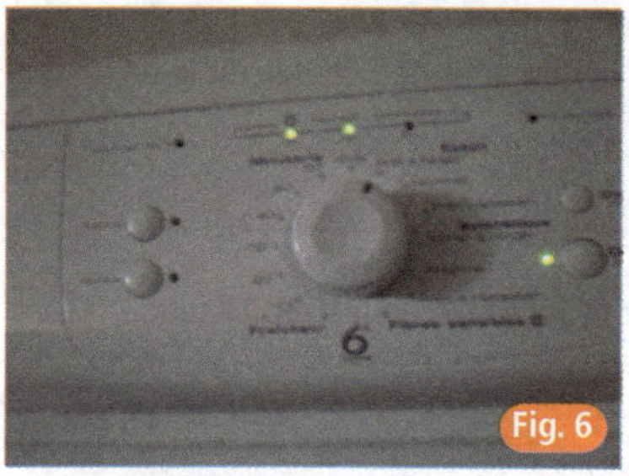
Fig. 6

étape 1 Remplir le sèche-linge en évitant les surcharges et en pensant à nettoyer le filtre.

étape 2 Régler le thermostat en fonction du type de linge (fig. 6).

Autocontrôle	Effectuer un contrôle visuel du linge à la sortie : pas de tâches, pas de décoloration.
Hygiène	– Sortir et laver le filtre une fois par trimestre. – Nettoyer l'intérieur du bac à produit.
Sécurité	Ranger correctement les détergents lessiviels hors de portée des enfants.
Ergonomie et économie	– S'accroupir en gardant le dos droit pour charger et décharger la machine à laver et le sèche-linge. – Bien suivre le code d'entretien pour éviter d'abimer les pièces à laver.

Remarque

Le décodage des symboles de lavage du linge est important pour un lavage efficace.

Programme normal | Programme modéré | Programme très modéré / Programme laine | Programme à la main | Programme exclu | Eau à 30°

Fiche 83 Le repassage du linge plat

Assurer des activités de remise en état des matériels et des loca…

Objectif : redonner au linge plat (drap, torchon, taie d'oreiller…) un bel aspect et faciliter le rangement.

Matériel	Produits et consommables
1 fer à repasser ou centrale vapeur 1 table ou planche à repasser Du linge plat : draps, taies de coussin, taie d'oreillers, torchons, serviettes…	De l'eau pour la centrale vapeur ou eau distillée

Étapes préalables

étape 1 Se mettre en tenue et se laver les mains.

étape 2 Organiser le poste de repassage :
- positionner les corbeilles à linge (1pour le linge à repasser et 1 pour le linge repassé) ;
- remplir le réservoir du fer à repasser avec l'eau distillée ou de la centrale avec de l'eau ;
- préparer le repassage en humectant le linge (s'il est trop sec) ;
- mettre l'appareil sous tension en réglant le thermostat sur la température adaptée au linge (voir code d'entretien).

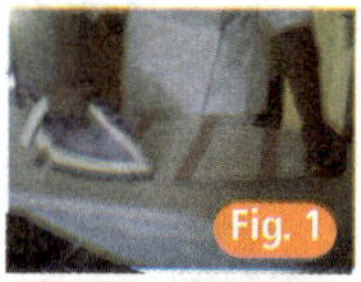
Fig. 1

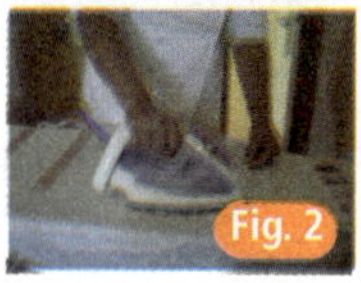
Fig. 2

étape 1 Frauder (étirer le linge pour le défroisser).

étape 2 Préparer, lisser et tendre le tissu en saisissant délicatement la pièce de linge avec le pouce et l'index d'une main.

étape 3 Faire glisser le fer avec l'autre main, par bandes parallèles, en « godillant » (fig. 1).

étape 4 Exercer une pression plus soutenue sur les ourlets (fig. 2).

Pour les torchons

Fig. 3

Fig. 4

Fig. 5

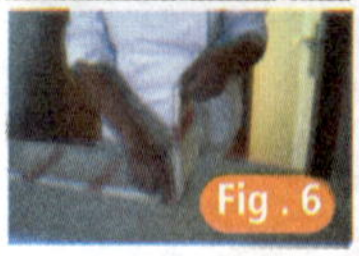
Fig . 6

Fig. 7

étape 1 Repasser dans le sens « chaîne » en remontant puis en descendant tout le torchon (fig. 3).

étape 2 Positionner le torchon, bien à plat, au bord de la table, l'ourlet sur le dessus visible, l'attache en haut à gauche (fig. 4).

étape 3 Plier de bas en haut, en trois parties égales en marquant le pli avec la main (fig. 5).

étape 4 Plier le torchon en trois parties égales d'abord de la droite vers le centre puis de gauche à droite. La main sert de point de repère à un pliage régulier (fig. 6 et 7).

Pour les draps

Fig. 8

étape 1 Les plier en deux dans le sens de la longueur, envers contre envers, puis dans le sens de la largeur.

étape 2 Enfiler les coins des draps housses, les uns dans les autres afin que les quatre coins se superposent (fig. 8).

 Fig. 9  Fig. 10  Fig. 11  Fig. 12 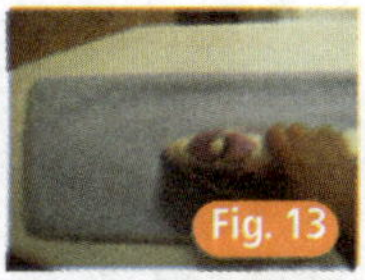 Fig. 13  Fig. 14  Fig. 15	étape 3 Placer le drap plié sur la table à repasser et commencer à repasser les lisières (fig. 9). Il est possible de repasser les quatre épaisseurs ensemble (fig. 10). étape 4 Diriger le fer avec une main en « godillant » (fig. 11). étape 5 Préparer, lisser et tendre le drap avec l'autre main, pour faciliter la glisse du fer. étape 6 Repasser toute la surface qui est sur la table, puis déplacer le drap vers l'avant de la table pour continuer sur les parties encore froissées. étape 7 Pour le drap housse, plier les parties rentrées et repasser l'angle et les côtés (fig. 12). étape 9 Plier puis repasser le rectangle ainsi formé (fig. 13). **Pour la taie d'oreiller ou de traversin** étape 1 Repasser la taie sur les deux faces en glissant le fer par bandes parallèles (fig. 14). étape 2 Plier la taie, de la même largeur que celle des draps (fig. 15). étape 3 Ranger le linge en fin de travail.
Autocontrôle	Effectuer un contrôle visuel du linge après le repassage : pas de pli, de bosses ou de partie qui dépasse après pliage.
Hygiène	– Ranger le linge et la planche. – Nettoyer la semelle du fer quand il est froid. – Laver régulièrement le dessus de table à repasser ou la protection de table (au moins une fois par trimestre).
Sécurité	– Bien stabiliser la table à repasser. – Positionner le fer sur le support afin d'éviter les risques de brûlure. – Ne pas laisser trainer les fils pour éviter le risque de chute. – Débrancher et vider le fer. – Mettre le fer chaud en sécurité.
Ergonomie et économie	Bien suivre le code d'entretien pour éviter d'abimer les pièces à repasser.

Remarque

Le décodage des symboles de repassage du linge est important pour ne pas brûler le tissu et pour un repassage efficace et de bonne qualité.

Conseils

Il est nécessaire de faire un pliage très régulier afin de faciliter le rangement.
Il est préférable de repasser tout le linge plat « en série », de le poser à plat sur un plan de travail ou une table (des « matelas » de linge).

Fiche 84 Le repassage du linge en forme

Assurer des activités de remise en état des matériels et des loca

Objectif : Redonner aux vêtements venant d'être lavés un bel aspect et faciliter le rangement.

Matériels	Produits et consommables
1 fer à repasser ou centrale vapeur 1 table ou 1 planche à repasser, éventuellement 1 jeannette. Linge : chemisier, tee-shirt, pantalon	De l'eau pour la centrale vapeur ou eau distillée

Étapes préalables

étape 1 Se mettre en tenue et se laver les mains.

étape 2 Organiser le poste de repassage :
- positionner les corbeilles à linge (1 pour le linge à repasser et 1 pour le linge repassé) ;
- remplir le réservoir du fer à repasser ou de la centrale à vapeur avec l'eau distillée ;
- préparer le repassage en humectant le linge (s'il est trop sec) ;
- retourner les vêtements sur l'envers ;
- mettre l'appareil sous tension en réglant le thermostat sur la température adaptée au linge (voir code d'entretien).

Fig. 1

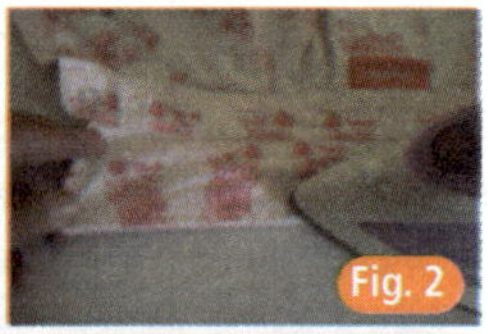
Fig. 2

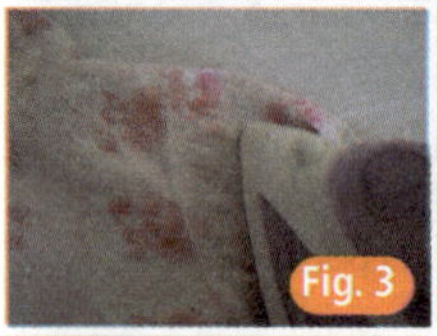
Fig. 3

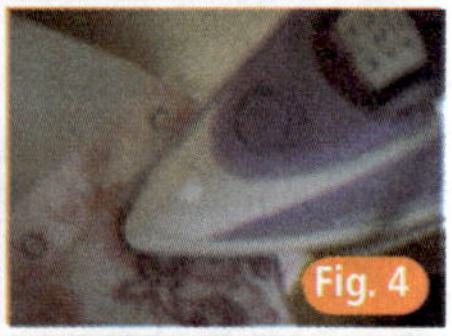
Fig. 4

Fig. 5

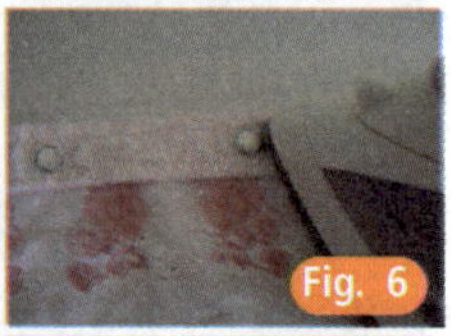
Fig. 6

Fig. 7

Fig. 8

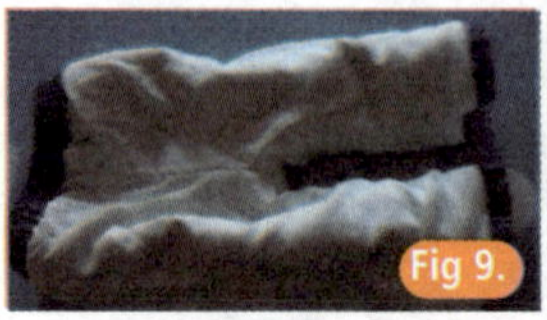
Fig 9.

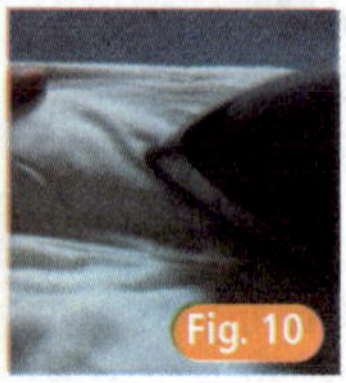
Fig. 10

Repassage d'un chemisier d'enfant

étape 1 Préparer, lisser et tendre le tissu en saisissant délicatement le bord de la pièce avec le pouce et l'index d'une main (fig. 1 et 2).

étape 2 Faire glisser le fer avec l'autre main.

étape 3 Positionner le col vers soi (fig. 3).

étape 4 Repasser les poignets des manches (pour une chemise à manches longues) puis la manche.

étape 5 Repasser les empiècements et les motifs en utilisant le bout arrondi de la planche à repasser ou une jeannette (fig. 4).

étape 6 Repasser le dos de la chemise puis les deux côtés avant (fig. 5).

étape 7 Retourner le vêtement sur l'endroit et procéder aux mêmes opérations : col, manches, empiècement, dos, et devant sans oublier les pattes de boutonnage (en évitant les boutons) (fig. 6).

étape 8 Plier ou suspendre la chemise (fig. 7 et 8).

Repassage d'un pantalon

étape 1 Préparer, lisser et tendre le tissu (fig. 9 et 10).

étape 2 Commencer par repasser les poches si le pantalon en possède.

 Fig. 11 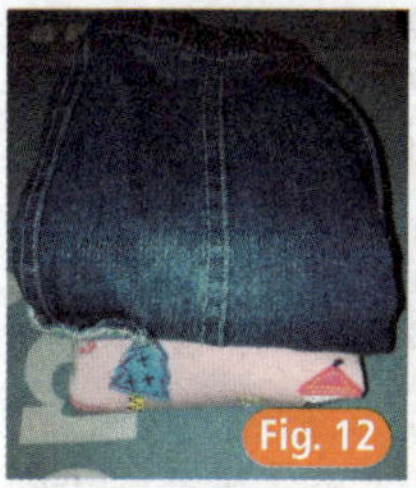 Fig. 12  Fig. 13	étape 3 Positionner le devant d'une jambe bien à plat et repasser en commençant par le bas en évitant d'écraser les coutures avec le fer pour ne pas faire de marque sur le vêtement. étape 4 Procéder de la même manière avec l'autre jambe (fig. 11). étape 5 Retourner le pantalon et appliquer la même technique pour l'autre face. étape 6 Repasser le haut du pantalon en utilisant le bout arrondi de la planche à repasser ou une jeannette en faisant tourner le pantalon. étape 7 Retourner le vêtement sur l'endroit. étape 8 Repasser les 2 côtés des 2 jambes. étape 9 Le plier ou le suspendre (fig. 12 et 13). Ranger le linge en fin de travail.
Autocontrôle **Conseil** Il est nécessaire de faire un pliage très régulier afin de faciliter le rangement.	Effectuer un contrôle visuel du linge après le repassage : pas de pli, de bosses ou de partie qui dépasse après pliage.
Hygiène	– Ranger le linge et la planche. – Nettoyer la semelle du fer quand il est froid. – Laver régulièrement le dessus de table à repasser ou la protection de table (au moins une fois par trimestre).
Sécurité	– Bien stabiliser la table à repasser. – Positionner le fer sur le support afin d'éviter les risques de brûlure. – Ne pas laisser trainer les fils pour éviter le risque de chute. – Débrancher et vider le fer. – Mettre le fer chaud en sécurité.
Ergonomie et économie	Bien suivre le code d'entretien pour éviter d'abimer les pièces à repasser.

Remarque

Symboles	Signification
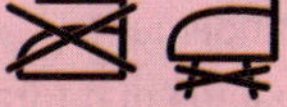	Repassage et vapeur interdits.
	Le repassage est autorisé jusqu'à une température de 110 °C. ⚠ Le repassage à la vapeur présente des risques.
	Repassage possible jusqu'à 150 °C.
	Repassage possible jusqu'à 200 °C.

QCM — Assurer les activités de remise en état des matériels et des locaux

Parmi les propositions suivantes, cochez la ou les bonnes réponses.

1. La remise en état des matériels et locaux en école maternelle a pour but :

- ❍ a. d'assurer un entretien quotidien des locaux pour un meilleur accueil des enfants.
- ❍ b. de maintenir la propreté de l'école afin d'assurer hygiène et confort aux enfants.
- ❍ c. d'assurer un enseignement de qualité pour l'évolution des enfants.

2. L'organisation dans les tâches d'entretien permet :

- ❍ a. d'obtenir un gain de temps.
- ❍ b. de favoriser les bonnes pratiques d'hygiène.
- ❍ c. de faciliter le travail des agents.

3. Le bionettoyage a comme objectif de :

- ❍ a. réduire, voire de supprimer les micro-organismes présents dans le milieu afin d'assainir l'environnement.
- ❍ b. dépoussiérer les locaux afin de les rendre propres visuellement.
- ❍ c. entretenir les locaux pour éviter que les enfants ne soient malades.

4. Le bionettoyage consiste en un entretien :

- ❍ a. en 3 étapes : dépoussiérage, lavage, cirage.
- ❍ b. en 3 étapes : lavage, rinçage, désinfection.
- ❍ c. en 2 étapes : lavage et désinfection.

5. Pour l'entretien des sanitaires, il est nécessaire :

- ❍ a. d'appliquer le détergent/désinfectant/détartrant dans la cuvette et sur les robinetteries, puis de laisser agir.
- ❍ b. de verser dans la cuvette des toilettes une solution détergente avec de l'eau très chaude et un détergent, puis de laisser agir.
- ❍ c. d'appliquer le détergent/désinfectant/détartrant sur tous les composants de la salle de toilette (lavabos, cuvettes, urinoirs, portes, interrupteurs, robinetteries…) puis de laisser agir.

6. L'objectif du bionettoyage des jouets est :

- ❍ a. de rendre les jouets visuellement propres pour que les parents soient satisfaits de l'hygiène de la structure.
- ❍ b. d'éviter que les enfants ne se contaminent en utilisant le même jouet lorsqu'ils sont malades.
- ❍ c. d'éliminer les salissures et les micro-organismes afin d'éviter les biocontaminations.

7. L'entretien du linge (tri, lavage) a pour objectif :

- ❍ a. d'éliminer les salissures grâce à l'action chimique du détergent lessiviel et de l'action mécanique de la rotation du tambour.
- ❍ b. d'éliminer les salissures et de garder le linge neuf comme au premier jour.
- ❍ c. de supprimer les poussières grâce au brossage du vêtement ou du linge de la collectivité.

8. Le repassage du linge a pour objectif :

- ❍ a. de désinfecter le linge lavé.
- ❍ b. de faciliter le rangement.
- ❍ c. de redonner au linge plat (drap, torchon, taie d'oreiller…) ou en forme (vêtements…) un bel aspect.

Solutions : 1. a., b. – **2.** a., b., c. – **3.** a., c. – **4.** b. – **5.** a. – **6.** c. – **7.** a. – **8.** b., c.

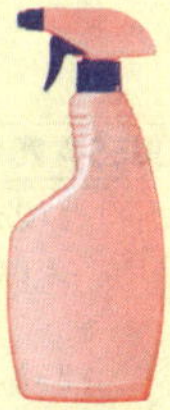

Sujet 1 CAP Accompagnant éducatif petite enfance

Durée : 1 h 30 Partie écrite	Épreuve : EP2 Exercer son activité en accueil collectif	Coefficient : 4

Compétences évaluées :
- Établir une relation privilégiée et sécurisante avec l'enfant
- Coopérer avec l'ensemble des acteurs concernés dans un but de cohérence, d'adaptation et de continuité de l'accompagnement
- Assurer une assistance pédagogique au personnel enseignant
- Assurer des activités de remise en état des matériels et locaux en école maternelle

Contexte professionnel

Vous travaillez les mercredis et durant les vacances scolaires dans un accueil de loisirs sans hébergement. Le centre accueille 30 enfants de 3 à 12 ans. L'équipe pédagogique est composée d'une directrice, de 3 animateurs diplômés BAFA (Brevet d'aptitude aux fonctions d'animateur) et de vous, diplômé du CAP Accompagnement éducatif de la petite enfance. Vous assistez un animateur auprès du groupe des « P'tits bouts » âgés de 3 à 6 ans.
Le projet pédagogique de la structure comprend deux grands axes :
– permettre aux enfants de s'épanouir, en leur offrant une animation éducative, favorisant leur intégration sociale ;
– former des citoyens et des futurs adultes responsables par l'éducation à la protection de l'environnement et aux gestes éco-citoyens.
La structure se compose d'une salle d'accueil, de 3 salles d'activités, d'une médiathèque, d'un dortoir, de sanitaires, d'une cuisine et d'une salle de restauration.
Vous assistez à la réunion de l'équipe d'animation afin de préparer le programme des activités des vacances scolaires.
Tous les matins, vous assurez l'accueil des parents et des enfants.
Mardi, vous animez une activité autour du tri des déchets.
Jeudi après-midi, vous participez à une activité artistique de recyclage d'objets.
Tous les jours, vous encadrez la pause méridienne pour le temps du repas et de la sieste des enfants.
En fin de journée, vous assurez l'entretien de la salle d'accueil pour le lendemain.

PARTIE I Coopérer avec l'ensemble des acteurs concernés dans un but de cohérence, d'adaptation et de continuité de l'accompagnement

La directrice de l'accueil de loisirs est attentive à l'ambiance au sein de l'équipe d'animation et au contact avec les familles. Elle met un point d'honneur à faciliter la communication afin de favoriser le meilleur accueil pour les enfants.

1. Citer les fonctions de la communication.

....

....

Le contact avec les parents est quotidien au sein de l'accueil de loisirs notamment le matin et le soir.

2. Indiquer deux facteurs qui peuvent favoriser cette communication.

....

....

Ce matin, vous accueillez Kilian (5 ans) et sa maman qui est furieuse car son fils a abîmé son pantalon la veille lors d'un temps récréatif. Elle vous tient pour responsable.

3. Proposer 2 attitudes adaptées face à cette communication orale difficile.

....

....

4. Citer deux freins à la communication.

....

....

Ce matin, Line, l'animatrice des grands, vous dit : « Bonjour ! » Vous lui demandez comment elle va et elle vous répond : « Ça va très bien ». Cependant, vous observez que son visage est triste et que le ton de sa voix ne correspond pas à sa réponse.

5. Indiquer les rôles de la communication non-verbale.

....

....

Lors vos activités professionnelles dans le centre d'accueil de loisirs, vous êtes confronté(e) à diverses situations de communication.

6. Identifier la diversité des formes de communication de la structure présentées dans le tableau en précisant s'il s'agit d'une communication orale, écrite ou visuelle.

Situation de communication	Formes de communication
La directrice fait une présentation de la semaine de vacances en projetant le planning des activités.	
Un animateur expose l'affiche des règles de vie pour le groupe d'enfants des 3-5 ans.	
La directrice vous donne le règlement intérieur de la structure.	
Un parent demande des renseignements par téléphone.	

7. Indiquer le nom des outils de communication utilisés par l'accueil de loisirs et préciser s'il s'agit d'une communication orale, écrite ou visuelle.

①

②

③

④

⑤

⑥

PARTIE 2 Établir une relation privilégiée et sécurisante avec l'enfant

Vous vous occupez des enfants de 3 à 6 ans. Certains ont du mal à s'exprimer. Les activités sont des moments favorables à la communication.

8. Énoncer deux obstacles au développement de la communication verbale chez l'enfant.

9. Indiquer 4 moyens de communication utilisés par les enfants qui ne maîtrisent pas encore le langage.

10. Indiquer 4 moyens de stimuler la communication verbale lors de l'activité.

11. Indiquer le comportement adéquat face à un enfant de mauvaise humeur qui perturbe le déroulement de l'activité de groupe.

PARTIE 3 Assurer une assistance pédagogique

Le directeur vous demande de lire le projet éducatif territorial de l'accueil de loisirs qui a été élaboré.

Doc. 1 : Le projet éducatif territorial de la structure pour les 3-6 ans

Ce document a pour but de définir les orientations pédagogiques de l'équipe de l'accueil de loisirs. Il est élaboré en lien avec les orientations éducatives définies par la municipalité. C'est un document de travail et un outil de référence pour toute personne travaillant régulièrement ou occasionnellement à l'accueil de loisirs.

Tout animateur embauché à l'accueil de loisirs devra en prendre connaissance, et marquer son adhésion. On retrouve différentes rubriques : descriptif de l'accueil de loisirs, les missions, les principaux axes de travail, les activités, les besoins de l'enfant, les objectifs, la description de la vie quotidienne, les pauses des animateurs, l'organisation de l'espace, l'équipe d'animation, le respect du programme, les responsabilités, la règlementation.

12. À l'aide du Doc. 1 et des connaissances acquises, indiquer le responsable de l'élaboration du projet éducatif térritorial.

....

....

13. À l'aide du Doc. 1 et des connaissances acquises, énoncer l'intérêt du projet éducatif territorial.

....

....

....

PARTIE 4 Assurer des activités de remise en état des matériels et locaux en centre de loisirs

Vous devez réaliser le bionettoyage du sol carrelé de la salle d'accueil. Vous commencez par un dépoussiérage du sol.

14. Définir le terme bionettoyage.

....

....

15. Indiquer les deux techniques que vous pouvez employer pour dépoussiérer le sol.

....

....

16. Citer le type de salissures éliminées lors du dépoussiérage du sol.

....

....

Le local d'entretien dispose de nombreux matériels et produits.

17. Indiquer le matériel à choisir lors du dépoussiérage du sol de la salle d'accueil en l'entourant parmi la liste ci-dessous.

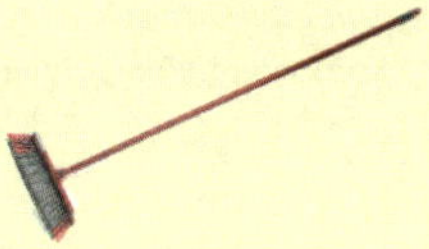
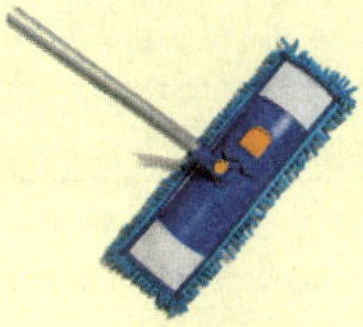

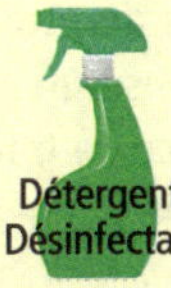

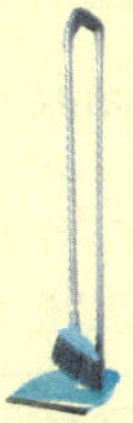
Dépoussiérant

L'aspirateur ne fonctionne pas et vous devez effectuer un dépoussiérage manuel.

18. Préciser les critères qui permettent le choix de l'utilisation d'un balayage humide lors de l'entretien de la salle d'accueil en les cochant parmi la liste ci-dessous.

❍ Le balayage humide permet l'élimination des salissures adhérentes.
❍ Le balayage humide permet l'élimination des salissures non adhérentes.
❍ Le balayage humide s'applique sur des moquettes et des tapis.
❍ Le balayage humide s'applique sur des sols durs et lisses.
❍ Le balayage humide est réalisé au moyen d'une gaze pré-imprégnée de produit agglutinant.
❍ Le balayage humide est réalisé au moyen d'un aspirateur.

19. Justifier le choix de la technique en indiquant ses principaux intérêts à l'aide du Doc. 2.

Doc. 2 : Comparaison entre le balayage humide et le balayage à sec

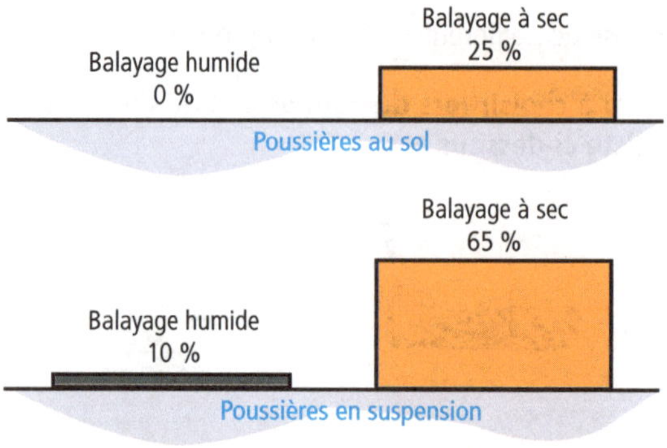

....

....

....

20. Énoncer les critères de qualité et les conditions de réussite du balayage humide en les classant dans le tableau à l'aide des propositions suivantes :
Absence de zone imparfaitement dépoussiérée – Absence de trace d'eau ou de produit agglutinant – Respect de la technique – Absence de salissure non adhérente – Ne pas secouer le balai

Critères de qualité	Critères de réussite

21. Citer 2 règles d'ergonomie à respecter lors de l'entretien du sol.

....

....

22. Indiquer le mode opératoire du balayage humide en numérotant les étapes dans l'ordre chronologique.

Mode opératoire du balayage humide	
....	Ramasser les salissures dans une pelle avec une balayette au niveau de la porte
....	Nettoyer et ranger le matériel utilisé
....	Préparer le matériel nécessaire au dépoussiérage
....	Effectuer un détourage de la pièce
....	Dépoussiérer la surface en reculant et en ramenant les salissures à soi avec le balai
....	Se positionner du côté opposé à la porte

Sujet 2

CAP Accompagnant éducatif petite enfance

Durée : 1 h 30 Partie écrite	Épreuve : EP2 Exercer son activité en accueil collectif	Coefficient : 4

Compétences évaluées :
- Établir une relation privilégiée et sécurisante avec l'enfant
- Coopérer avec l'ensemble des acteurs concernés dans un but de cohérence, d'adaptation et de continuité de l'accompagnement
- Assurer une assistance pédagogique au personnel enseignant
- Assurer des activités de remise en état des matériels et locaux en école maternelle

Contexte professionnel

Vous travaillez à l'école Jules Ferry en tant qu'agent territorial spécialisé des écoles maternelles (ATSEM). L'école est située dans une commune de 65 000 habitants. Vous assistez Madame Pravaz, professeure des écoles, qui est en charge de la petite section. La classe accueille Dylan, un enfant en situation de handicap présentant des troubles autistiques. Il est accompagné par une assistante de vie scolaire 3 jours par semaine : les lundis, mardis et jeudis.

Chaque début de semaine, l'enseignante vous précise les missions qui vont vous être confiées.

Pour cette semaine :

Tous les matins, vous assurez l'accueil des parents et des enfants devant la classe.

Mardi, vous accompagnerez les enfants pour une sortie dans une ferme pédagogique.

Jeudi après-midi, vous aiderez l'enseignante à installer un parcours de motricité dans la salle d'accueil. Vous assurerez ensuite l'entretien de la salle.

Tous les jours, vous encadrez la pause méridienne (conduite des enfants demi-pensionnaires au restaurant scolaire et accueil pour le temps de la sieste dans le dortoir de l'école).

En fin de journée, vous assurez le nettoyage de la salle d'eau et plus particulièrement de ses équipements.

PARTIE I Coopérer avec l'ensemble des acteurs concernés dans un but de cohérence, d'adaptation et de continuité de l'accompagnement

Ce matin, la mère de Louka (3 ans) vous interpelle et vous fait part des difficultés rencontrées par son fils, aussi bien dans la vie de classe que durant les apprentissages scolaires.

1. Proposer une attitude adpatée face à cette situation et la forme de communication à employer.

....

....

Le père de Giulian (3 ans) vous avertit que son fils ne mangera pas à la cantine ce jour. Il souhaite que le repas ne soit pas facturé.

2. **Indiquer un outil et la forme de communication à employer pour répondre à cette demande.**

....

....

La mère de Théo vous questionne sur le comportement de son fils au restaurant scolaire.

3. **Indiquer si vous pouvez répondre à cette question. Justifier la réponse.**

....

....

PARTIE 2 Établir une relation privilégiée et sécurisante avec l'enfant

Cet après-midi au moment de la sieste, Elias, 3 ans, pleure beaucoup et il appuie sur son ventre avec ses deux mains.

4. **Énoncer quatre mécanismes de la communication non verbale.**

....

....

5. **Énoncer deux obstacles à la communication verbale chez l'enfant.**

....

....

Au cours du temps pédagogique, la professeure des écoles organise des activités pour stimuler le langage des enfants.

6. **Citer deux activités qui favorisent le développement du langage des enfants en lien avec la sortie pédagogique.**

....

....

PARTIE 3 Assurer une assistance pédagogique au personnel enseignant

Pendant les moments où vous assistez l'enseignante, vous êtes en contact avec des enfants qui enfreignent les règles de vie. Certains ont parfois des comportements inadaptés, voire sont en situation de conflit.

7. **Indiquer l'attitude à adopter dans ces cas précis.**

....

....

8. Expliquer la notion de double hiérarchie en école maternelle.

....

....

9. Citer les activités relevant du temps scolaire et celles relevant du temps périscolaire dans cette situation.

Temps scolaire : ....

....

Temps périscolaire : ....

....

L'enseignante accueille dans sa classe Dylan en situation de handicap et présentant des troubles autistiques.

10. Énoncer la procédure de mise en place d'un PPS.

....

....

....

11. Citer les éléments obligatoires figurant dans un PPS.

....

....

....

Doc. 1 : La fiche de préparation du parcours de motricité

Parcours de motricité

Un espace est délimité dans la salle d'activité.

Quatre cerceaux de couleurs différentes permettent quatre possibilités d'entrée. Placer les éléments comme décrits sur le plan en veillant à la sécurité (tapis de réception sur le parcours).

Vérifier l'état du matériel.

L'enseignante demande aux élèves ce qu'ils pensent venir faire.

Ils observent le matériel, nomment les éléments du parcours et imaginent une utilisation. L'enseignante confirme ou propose l'utilisation des différents éléments du parcours : « Vous entrez par une porte, vous allez où vous voulez, un seul enfant par élément. Si vous renversez un élément vous devez le remettre à sa place. Vous devez tenter de ne pas mettre les pieds par terre, lorsque vous êtes fatigués ou que vous voulez regarder vos copains, vous sortez par une porte. » Tout manquement aux règles d'utilisation du matériel et de respect des autres enfants doit être repris.

L'enseignante et l'ATSEM se positionnent en parade aux endroits les plus complexes.

DOc. 2 : Le plan du parcours de motricité

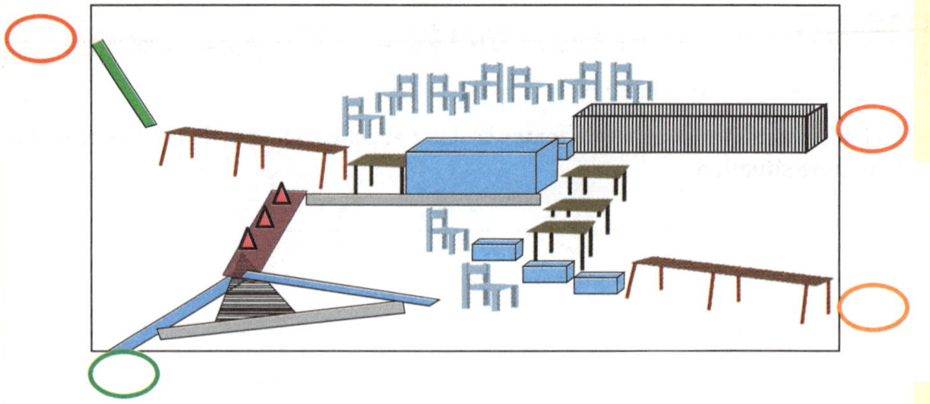

12. **À l'aide des documents 1 et 2, identifier les informations utiles dans la fiche de préparation de l'activité motricité.**

....

....

....

....

Vous accompagnez la classe pour la viste de la ferme pédagogique avec l'enseignante et deux parents.

13. **Indiquer le nombre d'adultes obligatoire pour cette sortie.**

....

....

14. **Décrire votre responsabilité en matière de sécurité sur le trajet en bus et à pied lors de la sortie.**

....

....

PARTIE 4 Assurer des activités de remise en état des matériels et locaux en école maternelle

Vous devez assurer le bionettoyage (nettoyage et désinfection) des équipements des sanitaires de l'école maternelle.

15. **Définir les termes suivants :**

Bionettoyage ....

....

Nettoyage : ....

....

Désinfection : ....

....

16. Choisir le produit utilisé pour cet entretien en l'entourant dans les propositions suivantes.

Détergent désinfectant dégraissant

Nettoyant multi-usages

Dépoussiérant

Nettoyant sanitaire anticalcaire

Eau de Javel en pastilles

17. Justifier l'emploi d'un produit détartrant pour l'entretien des équipements (toilettes et lavabos).

....

....

18. Justifier l'ordre des opérations suivantes : travailler de haut en bas et du plus propre vers le plus sale.

....

....

19. Indiquer deux critères de qualité du résultat de l'entretien des équipements des sanitaires.

....

....

Doc. 3 : Fiche technique du produit détartrant

ESTAIMPUIS	GEL WC SUPER DETARTRANT

Marché : France — Langue : Français — Date d'impression : 9/12/2011

IDENTIFICATION

Présentation :

GEL WC, SUPER DÉTARTRANT, FRAÎCHEUR BLEUE

Numéro de formule :	16021465
Code de développement : /	
Révision :	9
Date :	09/01/2007

COMPOSITION CHIMIQUE

MATIÈRE ACTIVE (%)		**5,65**
Acide total		4,75
Acide chlorhydrique	4,75	
Tensio-actifs totaux		0,90
Tensio-actifs non ioniques	0,9	
ADDITIFS		
Colorant		présence
Parfum		présence
Eau		qsp 100 %

RECOMMANDATIONS

CARACTÉRISTIQUES ORGANOLEPTIQUES

Aspect : gel limpide

Couleur : bleu

Odeur : fraîcheur bleu

CARACTÉRISTIQUES PHYSICOCHIMIQUES À 20 °C

Densité à 20 °C (g/ml)	1,022+/– 0,010
pH à 20 °C sur tel quel	< 2
Acidité (meq/g)	1,3 +/– 0,4
Viscosité à 20 °C (mPa.s) après production 1	00 +/– 50
Brookfield LVF, mobile/vitesse	2/30
Agents tensio-actifs titrables (%) pm 355	0,9+/– 0,3
Matières sèches à 105°c 1 g 1 heure	
Étuve ventilée (%)	0,9 +/0,5

ÉTIQUETAGE SELON RÈGLEMENT 648/2004/CE

Moins de 5 % :	agents de surface non ioniques
Également :	parfums

FRAGRANCES ALLERGISANTES

Non

ÉTIQUETAGE DE SÉCURITÉ SELON 99/45/CE

Irritant pour les yeux et la peau

Conserver hors de la portée des enfants

Éviter le contact avec la peau et les yeux

En cas de contact avec les yeux, laver immédiatement et abondamment avec de l'eau.

En cas d'ingestion, consulter immédiatement un médecin et lui montrer l'emballage ou l'étiquette.

Ne pas mélanger avec d'autres produits.

20. À l'aide du Doc. 3, relever deux règles de sécurité à respecter lors de l'utilisation du produit.

....

....

21. Repérer le risque chimique lié à l'utilisation de certains produits d'entretien en l'entourant sur l'étiquette (Doc. 3).

CORRIGÉS

SUJET I

Partie 1 : Coopérer avec l'ensemble des acteurs concernés dans un but de cohérence, d'adaptation et de continuité de l'accompagnement

1. Citer les fonctions de la communication.

Elle permet de faire passer un message, des idées.

Elle consiste à mettre en commun une ou des informations.

Elle transmet des émotions et des sentiments (joie, peur, amour, colère, tristesse…).

Elle répond à un besoin social.

2. Indiquer deux facteurs qui peuvent favoriser cette communication.

La personne qui parle doit être souriante, respectueuse, aimable, à l'écoute, polie, motivée et regarder son interlocuteur.

Écouter activement, être attentif et avoir le désir de comprendre favorisent la communication.

Le message doit être clair, précis, adapté à l'interlocuteur et audible.

Être motivé, avoir conscience de l'influence de la communication non-verbale et contrôler ses émotions.

L'interlocuteur doit être à l'écoute, concentré. Il doit regarder la personne qui lui parle.

3. Proposer 2 attitudes adaptées face à cette communication orale difficile.

– Garder son calme afin de trouver une solution.

– Expliquer que vous comprenez son mécontentement mais que ce n'est pas vous qui avez déchiré le pantalon.

– Faire intervenir un tiers médiateur si aucun compromis n'est engagé.

4. Citer deux freins à la communication.

– Obstacles liés à l'environnement : bruits, aménagements inconfortables.

– Obstacles d'ordre personnel : trac, colère, agressivité, manque de respect, visage fermé, moquerie, bavardages.

– Obstacles d'ordre culturel : langage mal compris (langue étrangère, mots complexes…).

– Obstacles d'ordre organisationnel : mauvaise organisation de la structure (nombreux intermédiaires, manque de personnel, surcharge de travail…).

5. Indiquer les rôles de la communication non-verbale.

– Elle complète la communication verbale.

– Elle donne des indications sur l'état émotionnel.

6. Identifier la diversité des formes de communication de la structure présentées dans le tableau en précisant s'il s'agit d'une communication orale, écrite ou visuelle.

Situation de communication	Formes de communication
La directrice fait une présentation de la semaine de vacances en projetant le planning des activités.	Écrite et orale
Un animateur expose l'affiche des règles de vie pour le groupe d'enfants des 3-5 ans.	Visuelle et écrite
La directrice vous donne le règlement intérieur de la structure.	Écrite
Un parent demande des renseignements par téléphone.	Orale

7. Indiquer le nom des outils de communication utilisés par l'accueil de loisirs et préciser s'il s'agit d'une communication orale, écrite ou visuelle.

① Affiche : communication visuelle et écrite
② Cahier : communication écrite
③ Courrier postal : communication écrite
④ Affiche : communication visuelle
⑤ Téléphone : communication orale
⑥ Panneaux d'affichage : communication visuelle et écrite

Partie 2 : Établir une relation privilégiée et sécurisante avec l'enfant

8. Énoncer deux obstacles au développement de la communication verbale chez l'enfant.

– L'absence d'interactions verbales avec l'entourage et les pairs.
– L'utilisation excessive de la tétine qui empêche l'enfant de s'exprimer.
– Des troubles de l'audition, un retard de langage.

9. Indiquer 4 moyens de communication utilisés par les enfants qui ne maîtrisent pas encore le langage.

– La voix
– Le regard
– La posture
– Les expressions faciales (sourire)
– Les gestes

10. Indiquer 4 moyens de stimuler la communication verbale lors de l'activité.

– Lire des histoires ou demander à l'enfant de décrire des images, apprendre des chansons.
– Reformuler correctement les mots mal prononcés et ne pas souligner d'éventuelles erreurs de la part de l'enfant.
– Adapter son langage (phrases courtes, mots simples).
– Mettre des mots sur des actions.

11. Indiquer le comportement adéquat face à un enfant de mauvaise humeur qui perturbe le déroulement de l'activité de groupe.

– Lui indiquer de stopper son comportement qui dérange le bon déroulement de l'activité sur un ton calme mais ferme.
– Rester calme et le féliciter quand il obéit.

Partie 3 : Assurer une assistance pédagogique au personnel enseignant

12. À l'aide du Doc. 1 et des connaissances acquises, indiquer le responsable de l'élaboration du projet éducatif térritorial.

L'élaboration, la mise en œuvre et le suivi du PEDT relèvent des collectivités territoriales et de leurs partenaires (associations).

13. À l'aide du Doc. 1 et des connaissances acquises, énoncer l'intérêt du projet éducatif territorial.

Il formalise une démarche permettant aux collectivités territoriales de proposer à chaque enfant un parcours éducatif cohérent et de qualité avant, pendant et après l'école, organisant ainsi la complémentarité des temps éducatifs.
Le PEDT permet d'organiser des activités périscolaires prolongeant le service public d'éducation.

Partie 4 : Assurer des activités de remise en état des matériels et locaux en école maternelle

14. Définir le terme bionettoyage.

Bionettoyage : procédé destiné à réduire la contamination biologique des surfaces. Il consiste en un entretien en trois étapes : le nettoyage, le rinçage et la désinfection.

15. Indiquer les deux techniques que vous pouvez employer pour dépoussiérer le sol.
Dépoussiérage manuel ou balayage humide
Dépoussiérage mécanique

16. Citer le type de salissures éliminées lors du dépoussiérage du sol.
Salissures non adhérentes : poussières, sable, etc.

17. Indiquer le matériel à choisir lors du dépoussiérage du sol de la salle d'accueil en l'entourant parmi la liste ci-dessous.

18. Préciser les critères qui permettent le choix de l'utilisation d'un balayage humide lors de l'entretien de la salle d'accueil en les cochant parmi la liste ci-dessous.
- Le balayage humide permet l'élimination des salissures adhérentes.
- Le balayage humide s'applique sur des sols durs et lisses.
- Le balayage humide est réalisé au moyen d'une gaze pré-imprégnée de produit agglutinant.

19. Justifier le choix de la technique en indiquant ses principaux intérêts à l'aide du DOC. 2.
Le balayage humide évite la mise en suspension dans l'air des poussières qui transportent des micro-organismes.

20. Énoncer les critères de qualité et les conditions de réussite du balayage humide en les classant dans le tableau à l'aide des propositions suivantes :

Critères de qualité	Critères de réussite
Absence de zone imparfaitement dépoussiérée Absence de trace d'eau ou de produit agglutinant Absence de salissure non adhérente	Respect de la technique Ne pas secouer le balai

21. Citer 2 règles d'ergonomie à respecter lors de l'entretien du sol.
– Garder le dos droit
– Fléchir les genoux pour se baisser

22. Indiquer le mode opératoire du balayage humide en numérotant les étapes dans l'ordre chronologique.

Mode opératoire du balayage humide	
5	Ramasser les salissures dans une pelle avec une balayette au niveau de la porte
6	Nettoyer et ranger le matériel utilisé
1	Préparer le matériel nécessaire au dépoussiérage
3	Effectuer un détourage de la pièce
4	Dépoussiérer la surface en reculant et en ramenant les salissures à soi avec le balai
2	Se positionner du côté opposé à la porte

SUJET 2

Partie 1 : Coopérer avec l'ensemble des acteurs concernés dans un but de cohérence, d'adaptation et de continuité de l'accompagnement

1. Proposer une attitude adpatée face à cette situation et la forme de communication à employer.

Il s'agit dans ce cas d'une communication orale.

Il est possible de répondre à la mère que ces faits relèvent des apprentissages scolaires et qu'il faut en parler avec l'enseignante. On peut lui suggérer de prendre rendez-vous avec Madame Pravaz, la professeure des écoles.

Dans ce cas, on peut utiliser un cahier de rendez-vous. La comunication est donc écrite.

2. Indiquer un outil et la forme de communication à employer pour répondre à cette demande.

Il faut utiliser une forme de communication écrite en notant dans le cahier de présence du restaurant scolaire l'absence de Giulan ce jour-là et le fait que le repas ne doit pas être facturé.

3. Indiquer si vous pouvez répondre à cette question. Justifier la réponse.

Vous pouvez répondre à cette question car vous êtes responsable de ces temps de pause méridienne. Vous pouvez donc renseigner les parents sur ce qui concerne l'enfant, mais pas sur ce qui concerne l'élève.

Partie 2 : Établir une relation privilégiée et sécurisante avec l'enfant

4. Énoncer quatre mécanismes de la communication non verbale.

La voix : l'enfant crie. Le regard, les expressions faciales et les gestes.

5. Énoncer deux obstacles à la communication verbale chez l'enfant.

Un langage utilisé par l'adulte trop compliqué, ainsi qu'un manque d'attention ou de la fatigue.

6. Citer deux activités qui favorisent le développement du langage des enfants en lien avec la sortie pédagogique.

– Faire réaliser par les enfants un résumé oral du déroulement de la journée à la ferme pédagogique.
– Leur demander de citer et décrire les animaux rencontrés.

Partie 3 : Assurer une assistance pédagogique au personnel enseignant

7. Indiquer l'attitude à adopter dans ces cas précis.

Il faut s'appuyer sur l'enseignante pour faire respecter les règles de vie. Lorsque l'enseignante est présente, la gestion des conflits ou des comportements inadaptés lui revient.

8. Expliquer la notion de double hiérarchie en école maternelle.

Par leurs fonctions, les ATSEM sont soumis à une double hiérarchie. Ils sont donc placés :
– d'une part, sous l'autorité hiérarchique de la collectivité (la mairie) ;
– d'autre part, sous l'autorité fonctionnelle du directeur d'école.

9. Citer les activités relevant du temps scolaire et celles relevant du temps périscolaire dans cette situation.

Temps scolaire : accompagnement des enfants pour une sortie dans une ferme pédagogique.
– Installation d'un parcours de motricité dans la salle d'accueil.
– Accueil des parents et des enfants.
– Accueil pour le temps de la sieste dans le dortoir de l'école.

Temps périscolaire : encadrement pendant la pause méridienne (restaurant scolaire).
– Nettoyage de la salle d'eau.

10. Énoncer la procédure de mise en place d'un PPS.

C'est la famille qui saisit la maison départementale des personnes handicapées (MDPH).

L'équipe pluridisciplinaire d'évaluation (EPE) procède à l'évaluation de la situation de l'élève. Elle élabore ensuite le PPS, puis le transmet à la Commission des droits et de l'autonomie des personnes handicapées (CDAPH).

La CDAPH prend ainsi les décisions relatives au parcours de formation de l'enfant : orientation (en ULIS, par exemple), matériel pédagogique adapté et aide humaine.

11. Citer les éléments obligatoires figurant dans un PPS.

– Aménagements et adaptations pédagogiques ;
– modalités de déroulement de la scolarité ;
– actions pédagogiques, psychologiques, éducatives, sociales, médicales et paramédicales répondant aux besoins de l'élève.

12. À l'aide des documents 1 et 2, identifier les informations utiles dans la fiche de préparation de l'activité motricité.

Un espace est délimité dans la salle d'activité.

Quatre cerceaux de couleurs différentes permettent quatre possibilités d'entrée. Placer les éléments comme décrits sur le plan en veillant à la sécurité (tapis de réception sur le parcours).

Vérifier l'état du matériel.

Tout manquement aux règles d'utilisation du matériel et de respect des autres enfants doit être repris.

L'enseignante et l'ATSEM se positionnent en parade aux endroits les plus complexes.

13. Indiquer le nombre d'adultes obligatoire pour cette sortie.

Encadrement par deux adultes au moins, dont l'enseignante de la classe. Le deuxième adulte peut être un autre enseignant, un aide éducateur, un agent territorial spécialisé d'école maternelle (ATSEM), un parent ou un autre bénévole…

14. Décrire votre responsabilité en matière de sécurité sur le trajet en bus et à pied lors de la sortie.

Accompagnement et participation à la surveillance des élèves durant le trajet sous la responsabilité de l'enseignante. Veiller à ce que les élèves mettent leur ceinture de sécurité dans le bus.

Partie 4 : Assurer des activités de remise en état des matériels et locaux en école maternelle

15. Définir les termes suivants :

Bionettoyage : procédé destiné à réduire la contamination biologique des surfaces. Il consiste en un entretien en trois étapes : le nettoyage, le rinçage et la désinfection.

Nettoyage : action de dépoussiérer, de laver et de purifier afin de supprimer les poussières, les salissures et les taches.

Désinfection : opération au résultat momentané permettant d'éliminer ou de tuer les micro-organismes et/ou d'inactiver les virus indésirables sur des milieux inertes contaminés en fonction des objectifs fixés.

16. Choisir le produit utilisé pour cet entretien en l'entourant dans les propositions suivantes.

Nettoyant sanitaire anticalcaire

17. Justifier l'emploi d'un produit détartrant pour l'entretien des équipements (toilettes et lavabos).

Élimination du tartre et des traces de calcaire adhérentes.

18. Justifier l'ordre des opérations suivantes : travailler de haut en bas et du plus propre vers le plus sale.

Cela évite de salir des zones déjà nettoyées.

19. Indiquer deux critères de qualité du résultat de l'entretien des équipements des sanitaires.

– Absences de poussière, de trace et de produit.
– Équipements brillants.
– Rangement de la salle de bains conforme aux exigences de l'usager.

20. À l'aide du Doc. 3, relever deux règles de sécurité à respecter lors de l'utilisation du produit.

Conserver hors de portée des enfants et ne pas mélanger avec d'autres produits.

21. Repérer le risque chimique lié à l'utilisation de certains produits d'entretien en l'entourant sur l'étiquette (Doc. 3).

Le risque chimique est repérable :

– sur les étiquettes grâce au pictogramme : 

– et à la mention : Irritant pour les yeux et la peau.

Présentation de l'épreuve EP3 et des compétences évaluées

Épreuve EP3 : Exercer son activité en accueil individuel

Unité UP3
Coefficient : 4
Épreuve orale

A Les compétences évaluées

Les compétences sont articulées autour de l'activité suivante :

Exercer son activité à son domicile, celui des parents ou en maison d'assistants maternels	
Compétences	**Sous-compétences**
Organiser son action	Élaborer le plan de travail, planifier ses activités de travail
	S'adapter à une situation imprévue
	Suivre l'état des stocks
Négocier le cadre de l'accueil	Identifier les attentes des parents
Assurer les opérations d'entretien du logement et des espaces réservés à l'enfant	Mettre en œuvre les techniques de dépoussiérage, nettoyage, bionettoyage, séchage des espaces et équipements réservés à l'enfant
Élaborer des repas	Concevoir des repas
	Préparer des repas en milieu familial
	Servir un repas en milieu familial

B La description de l'épreuve EP3

- L'épreuve EP3 est une épreuve orale.
- Le candidat réalise un **exposé** puis un **entretien d'une durée totale de 25 minutes.**
- **Le candidat présente un projet d'accueil** :

– soit élaboré à **partir d'un ensemble documentaire** fourni par le centre d'examen. Le **temps de préparation est de 1 h 30** ;
– soit **pour les AMA et les employés à domicile** qui font ce choix au moment de l'inscription, à partir d'**un projet d'accueil réel** prenant appui sur leur contexte d'intervention professionnel du domicile. Le projet d'accueil doit être présenté sous la forme d'un **dossier de 5 pages maximum.** Dans ce cas, le dossier doit être déposé à une date fixée par le recteur.

- En l'absence du dépôt du projet d'accueil à la date fixée par le recteur, le candidat n'est pas autorisé à passer l'épreuve.
- L'évaluation porte sur les critères d'**évaluation des compétences des savoirs précisés dans le bloc de compétences « Exercer son activité en accueil individuel ».**

C Des exemples de questions pour l'épreuve EP3

- **Organiser son action**

– Présentez un plan de travail pour l'organisation d'une activité cuisine avec les enfants dont vous assurez la garde.
– Indiquez les actions que vous mettez en œuvre lorsqu'un enfant renverse sur le sol son repas et que celui-ci est irrécupérable.
– Que devez-vous faire lorsqu'un enfant est allergique au gluten et que vous avez prévu pour le goûter une compote et des biscuits du commerce ?

– Vous prévoyez une activité cuisine avec les enfants à partir des denrées que vous avez dans le placard et le réfrigérateur : que devez-vous faire ?

• Négocier le cadre de l'accueil

– Présentez les principaux éléments d'un projet d'accueil.
– Le projet d'accueil est-il un outil qui facilite la communication entre l'assistant(e) maternel(le) et la famille ? Pourquoi ?
– Précisez le rôle du contrat de travail.
– Indiquez les éléments qui constituent un contrat de travail.
– Indiquez l'intérêt pour un(e) assistant(e) maternel(le) de contracter une assurance responsabilité civile professionnelle.
– Indiquez quelles sont les conditions d'agrément pour devenir assistant(e) maternel(le).
– Quelle est la durée de l'agrément d'un(e) assistant(e) maternel(le) ?
– Auprès de quelle administration se fait la demande de renouvellement de l'agrément ?

• Assurer les opérations d'entretien du logement et des espaces réservés à l'enfant

– Énoncez le protocole d'entretien des sols à domicile. Citez le matériel utilisé.
– Citez les produits d'entretien dont vous disposez et leur usage.
– Quel est l'objectif général du nettoyage ?
– Quel est l'objectif du bionettoyage ?
– Quelles sont les principales consignes de sécurité à suivre durant les opérations de nettoyage ?

• Élaborer des repas

– Définissez la notion de ration alimentaire.
– Indiquez les recommandations à suivre lors de l'élaboration des menus.
– Définissez la notion de régime alimentaire.
– Citez les différents types de régimes alimentaires. Indiquez la conduite à tenir dans le cas de l'accueil d'un enfant diabétique.
– Qu'est-ce qu'un produit semi-élaboré ou prêt à l'emploi ?
– Quel est l'intérêt d'utiliser des produits semi-élaborés ou prêt à l'emploi ?
– Quels sont les sens utilisés pour la mise en valeur des qualités organoleptiques des préparations ?
– Pourquoi faut-il bien présenter les plats avant le service ?
– Peut-on conserver des restes alimentaires ?

Il est conseillé au candidat de s'informer auprès du référentiel du diplôme des compétences et des connaissances attendues dans les épreuves de certification.

Fiche 85 Les outils de planification

Les outils de planification permettent de penser à tout, d'informer l'ensemble des intervenants du déroulement du travail, des activités ou des actions prévues. La planification des différentes tâches facilite l'élaboration :
– de plans de travail et/ou de budgets permettant l'organisation du travail dans le temps et la réalisation d'objectifs précis ;
– de roulements de travail.

1 L'échéancier

C'est un **outil qui identifie les différentes étapes clés du projet et les situe dans le temps,** en listant les actions à faire, les dates importantes et les personnels impliqués. Le planning d'activités inclut les coûts de conception et de fabrication. C'est un **moyen essentiel de prise de décisions.**

Exemple

Échéancier de la préparation du spectacle de Noël dans une maison d'assistants maternels (MAM)

Étapes	Date	Responsable
Première rencontre pour établir les actions, choisir les dates et les contenus.	Mercredi 8 novembre	Équipe d'assistants maternels (Marie, Sophie, Loïc, Mariama et Paul)
Présentation du budget	Mardi 14 novembre	Loïc
Loterie des assistants maternels (récolte de fonds)	Mardi 5 décembre	Marie
Exposition des travaux, chants de Noël des différents enfants	Vendredi 8 décembre	Sophie
Spectacle de marionnettes et venue du père Noël	Vendredi 15 décembre	Équipe d'assistants maternels (Marie, Sophie, Loïc, Mariama et Paul)

2 La liste des tâches

- C'est **une liste précise, complète et détaillée des tâches avec une analyse fonctionnelle** des actions à réaliser.
- Elle est faite **en coordination avec les parents** pour une garde à domicile **ou dans les maisons d'assistants maternels.**

3 Le planning d'activités (ou scénario)

- C'est le **déroulement précis des différentes tâches à faire ou des activités à mettre en œuvre.** C'est une prévision dans le temps et dans l'espace des activités.
- **En maison d'assistants maternels**, c'est la **répartition horaire** qui indique au personnel ce qu'il doit faire, quand et comment il s'intègre dans l'équipe et le projet. C'est donc le **détail de la journée ou de l'activité.**
- **Chez les particuliers**, en accord avec les parents, c'est l'**organisation détaillée des journées** : activités, sorties…

4 Le planning de travail

• **Dans les maisons d'assistants maternels** où les jours et les horaires de travail des employés sont variables selon les semaines, **le planning de travail établit à l'avance les jours et les horaires de chacun** en tenant compte des jours de repos, du besoin de remplacement et des demandes de congés...). Ce planning peut également prendre en compte le travail par roulement. Il y a des **plannings hebdomadaires** et des **plannings mensuels** du personnel qui permettent aux salariés de connaître à l'avance leurs jours et leurs horaires de travail.

• À **domicile, c'est l'organisation de la semaine :** les activités et sorties.

Exemple

Planning de travail pour une assistante maternelle qui a la charge de 3 enfants entre 2 et 3 ans

Lundi	Mardi	Mercredi	Jeudi	Vendredi
De l'arrivée à 10 heures : jeux calmes				
Comptines, contes,	Puzzles	Chants	Pâte à modeler, pâte à sel	Coloriage ou peinture
De 10 heures à 11 h 45 : si le temps le permet, différentes activités pour se dépenser et se socialiser et si le temps ne le permet pas : gymnastique, danses, cabrioles…				
Sortie à la ludothèque	Promenade et activités extérieures au parc	Rencontre avec d'autres enfants et leur assistante maternelle	Participation aux ateliers éducatifs (musique, activités manuelles, etc. proposés par les RAM).	Jeux dans le jardin / ou activité potager
De 11 h 45 à 12 h 15 : retour à la maison, lavage des mains et jeux libres (poupées, dinettes, voitures, lecture, jeux d'activités…)				
De 12 h 15 à 12 h 45/13 heures : repas et jeux calmes libres				
De 13 h à 14 h/14 h 30 : sieste				
De 14 h 30 à 16 h : si le temps le permet, différentes activités pour se dépenser et se socialiser et si le temps ne le permet pas : gymnastique, danses, cabrioles ou activités manuelles…				
Rencontre avec d'autres enfants et leur assistante maternelle	Participation aux ateliers éducatifs proposés par les RAM	Jeux dans le jardin / ou activité potager	Promenade et activités extérieures au parc	Sortie à la ludothèque
De 16 h à 16 h 30 : retour à la maison, lavage des mains, goûter				
De 16 h 30 à l'arrivée des parents : jeux calmes				
Lecture de contes	Activités manuelles : dessin, gommettes...	Écoute de musique et chants	Jeux de société (mémory, colorino…)	Jeux empruntés à la ludothèque : puzzle, perles géantes...

Fiche 86 Les outils de gestion des stocks

1 Le stock et sa gestion

A La notion de stock

• La **gestion des stocks** concerne la tenue et le suivi d'une quantité de produits. Cette activité se décompose en :
– **gestion des mouvements d'entrée et de sortie** des marchandises ;
– **gestion des réapprovisionnements.**

Définition

Stock : marchandises et/ ou produits en réserve.

• La **rotation des stocks est le renouvellement du contenu du stock** en tenant compte du premier entré/ premier sorti mais également des dates de péremption (dans le cas de produits possédant une DLC ou DDM) pour éviter le gaspillage.

Sigles

DLC : date limite de consommation.
DDM : date de durabilité minimum.

B La gestion d'un stock

Pour assurer une **bonne gestion des stocks,** il faut :
– **connaître l'état des stocks ;**
– **déterminer la bonne quantité à acheter** pour éviter :
  • d'avoir trop de produits en stock (**surstockage**) ce qui entraînerait du gaspillage, une dépense d'argent inutile et une utilisation importante des espaces de rangement ;
  • le manque de produits (**rupture de stock**) qui ne permet pas un bon fonctionnement.

2 La fonction et l'utilisation des différents outils de gestion des stocks

A La fiche de stock

• **La fiche de stock récapitule tous les mouvements en quantité pour chaque produit.** Elle permet de suivre l'évolution du stock et ainsi de commander dès que le besoin se présente. Elle contribue à la liaison avec l'employeur en milieu familial ou avec les autres assistants maternels.

À retenir

Pour gérer les stocks, il est utile d'utiliser des **fiches de stock** ou un **logiciel.**

• **Les différentes rubriques de la fiche de stock**
– Le nom du produit ;
– le stock minimum : nombre de produits que l'on doit avoir en réserve ;
– le stock maximum : nombre de produits à ne doit pas dépasser ;
– les entrées, les sorties et le stock réel (le nombre de produits que l'on a réellement) ;
– commentaires : cette rubrique permet de noter les imprévus : produit renversé, cassé ou jeté car périmé.

• **Les quantités à commander**
Lorsque le stock minimum est atteint, il est nécessaire de faire un achat ou une commande de produit :

Quantité à commander = Stock maximum – Stock réel

Exemple

Fiche de stock

Nom du produit : Détergent désinfectant « Nettoitou »				Stock maximum : 2 Stock minimum : 1
Date	**Entrée**	**Sortie**	**Stock**	**Commentaires**
01/03/N			1	
02/03/N	2	1	2	
17/03/N		1	1	Penser à renouveler
20/04/N	1		2	
06/04/N		1	1	Attention la moitié du flacon a été renversée, penser à renouveler

B Les logiciels de gestion des stocks

• Généralement les logiciels de gestion de stock sont utilisés par des entreprises et sont très complets et payants. Toutefois, **il existe des logiciels gratuits.**

• **Au niveau familial**, il est possible de créer un document de gestion de stock personnel répondant exactement au besoin d'une famille ou d'une petite collectivité à partir d'un **tableur**.

Définition

Tableur : programme informatique capable de manipuler des feuilles de calcul, exemples : Excel, Libre office Calc…

• Ces logiciels permettent :
– de **visualiser instantanément l'état réel** du stock ;
– de **réaliser** de manière fiable **les entrées et sorties des produits** et de **planifier des entrées et sorties de stock** à l'avance, donc de prévoir les achats ou commande à faire ;
– de **réaliser** sans erreur **un inventaire** ;
– de **conserver un historique** ;
– d'éditer les stocks.

Fiche 87 La procédure d'agrément et le projet d'accueil

La personne qui souhaite accueillir des mineurs à son domicile, ou en dehors de son domicile, au sein d'une maison d'assistants maternels (MAM), contre rémunération, doit être préalablement agréée comme assistant(e) maternel(le) par le président du Conseil départemental du département où elle réside après avis des services de la protection maternelle et infantile (PMI).

1 La procédure d'agrément pour devenir assistant(e) maternel(le)

A Les conditions de l'agrément

Pour obtenir l'agrément en qualité d'assistant maternel, **les conditions sont les suivantes :**

– **avoir la nationalité française, être citoyen de l'espace économique européen (EEE)** ou titulaire d'un titre de séjour en cours de validité autorisant l'exercice d'une activité professionnelle ;

– **ne pas avoir fait l'objet de condamnation pénale** incompatible avec l'exercice de la profession ;

– **passer un examen médical** assurant que l'état de santé permet d'accueillir des enfants ;

– présenter des conditions d'accueil garantissant **la sécurité, la santé et l'épanouissement des enfants** (physique, intellectuel et affectif).

Remarque

Les conseils généraux organisent des réunions d'information sur le métier d'assistant maternel. Ces réunions permettent de mieux connaître le rôle et les responsabilités de l'assistant maternel, les aptitudes nécessaires à l'accueil d'enfants et les conditions d'exercice du métier.

B L'instruction de la demande

- **Le service de protection maternelle et infantile** (PMI) du département a **3 mois pour instruire la demande.** L'instruction compte trois étapes :

étape 1 Une étude du dossier de demande

étape 2 Des entretiens

étape 3 Des visites du domicile

- Le service de la PMI utilise une **grille de critères** pour vérifier que la personne remplit les conditions d'agrément (décret n° 2012-364 du 15 mars 2012 du Code de l'action sociale et des familles).

Exemple

Critères pour l'obtention de l'agrément

– **Maîtriser la langue française orale,** obligatoire pour le suivi de la formation et l'établissement des relations avec l'enfant, ses parents, les services départementaux de protection maternelle et infantile et les autres professionnels.

– **Être capable de percevoir et de prendre en compte les besoins de chaque enfant,** selon son âge et ses rythmes propres, pour assurer son développement physique, intellectuel et affectif et de mettre en œuvre les moyens appropriés, notamment dans les domaines de l'alimentation, du sommeil, du jeu, des acquisitions psychomotrices, intellectuelles et sociales.

– **Être capable de s'adapter à une situation d'urgence** ou imprévue et de prendre les mesures appropriées.

C La décision d'agrément

• **La décision est notifiée dans les 3 mois suivant la réception du dossier complet de demande.** La décision d'agrément mentionne le nombre et l'âge des enfants à accueillir en même temps et les horaires d'accueil.

• **S'il s'agit d'une première demande d'agrément**, la personne est autorisée à accueillir **2 enfants au minimum** (sauf si le logement ne le permet pas).

• **L'accueil peut aller jusqu'à 4 enfants en même temps dans la limite de 6 au total.** Ces limites incluent les propres enfants de moins de 3 ans du futur assistant maternel présents au domicile. Exceptionnellement, l'accueil de 4 enfants simultanément peut être autorisé mais toujours dans la limite de 6 au total.

D La durée de l'agrément

L'agrément a une durée de cinq ans. La demande de renouvellement doit être faite auprès des services du département au moins trois mois avant la fin de l'échéance du contrat initial.

E La formation

Depuis 2007, **tout assistant maternel agréé doit suivre une formation obligatoire de 120 heures** financée par le conseil général.

2 Le projet d'accueil et ses objectifs

• **Le projet d'accueil a deux objectifs :**
– **permettre à l'assistant maternel de réfléchir à sa façon de travailler** : comment concevoir les moments de la sieste, du repas, de l'accueil ? Quels temps de jeux proposer ? Comment accueillir l'enfant et sa famille ? ;
– **permettre aux parents de mieux connaître l'assistant maternel à qui ils confient leur enfant.** À travers le projet d'accueil, l'assistant maternel explique sa pratique professionnelle et montre qu'il ne fait pas les choses par hasard : description d'une journée-type, respect de la culture de l'enfant, de son rythme de sommeil, de la période d'acquisition de la propreté…

Voir Fiche guide 6

Définition

Projet d'accueil : document écrit qui explique aux familles comment l'enfant sera reçu chez l'assistant maternel, au niveau de l'accueil quotidien, de l'adaptation, des activités proposées, de l'éveil, de la socialisation, des sorties, de la propreté, des repas, du sommeil, de l'hygiène, de la sécurité, de la santé…
Il détaille également les relations qui vont exister entre l'assistant maternel et les parents de l'enfant dans divers domaines comme l'éducation par exemple.

Fiche 88

Le contrat de travail et ses annexes

Négocier le cadre de l'accueil

1 Le contrat de travail de l'assistant(e) maternel(le) agréé(e)

A Les modalités du contrat de travail en CDI (contrat à durée indéterminée)

• **Les parents employeurs doivent obligatoirement rédiger un contrat de travail à durée indéterminée (CDI)** lors de l'embauche d'une assistante maternelle agréée.

• **Un contrat de travail écrit est obligatoire.** Il constitue une garantie pour les deux parties. Si plusieurs enfants sont confiés à la même assistante maternelle agréée, il faut établir un contrat par enfant.

• **Le contrat de travail doit être établi en deux exemplaires,** daté, paraphé et signé par les deux parties.

Définitions

Contrat de travail : convention écrite dans laquelle le salarié s'engage à effectuer un travail pour un employeur qui lui verse un salaire en contrepartie.

Pajemploi : offre de service du réseau des Urssaf destinée à simplifier les formalités administratives pour les parents employeurs qui font garder leur(s) enfant(s) par une assistante maternelle agréée ou une garde d'enfants à domicile.

www.pajemploi.urssaf.fr

B Les éléments du contrat de travail

• Il doit mentionner :

– **les coordonnées des deux parties, le numéro Pajemploi et le numéro de Sécurité sociale de l'assistante maternelle** ;

– **les références de l'agrément de l'assistante maternelle** et sa date de délivrance et/ou la date du dernier renouvellement ;

– **l'assurance responsabilité civile professionnelle de l'assistante maternelle**, couvrant les dommages des accidents dont l'enfant pourrait être victime et les dommages qu'il pourrait causer ;

– **la durée de la période d'essai et modalités de la période d'adaptation.** Au cours de la période d'essai, l'employeur ou l'assistante maternelle peut rompre le contrat de travail librement, sans procédure particulière, mais en respectant un délai de prévenance ;

– **la durée et horaires d'accueil :** le contrat de travail précise les horaires de garde de l'enfant et le nombre de jours de garde par semaine, ainsi que le jour de repos hebdomadaire de la personne salariée ;

– **la rémunération :** le salaire horaire brut de base est indiqué et ne peut être inférieur au salaire minimum en vigueur, la date de paiement est précisée. Dans le cas d'un accueil régulier, la mensualisation de la rémunération est obligatoire ;

Remarque

Si la personne salariée est amenée à utiliser son véhicule pour transporter l'enfant, les coordonnées de sa compagnie d'assurance et le numéro de police d'assurance doivent être précisés.

– **les congés payés et jours fériés** définis à l'avance ;
– **l'indemnité journalière d'entretien** (matériels et produits de couchage, de puériculture, de jeux et d'activités destinés à l'enfant, à l'exception des couches fournies par les parents, frais généraux du logement) ;
– **les frais de repas** ou la fourniture des repas par les parents ;
– **les frais kilométriques** si l'assistante utilise son véhicule pour transporter l'enfant.

C Le contrat à durée déterminée (CDD)

Un contrat de travail à durée déterminée (CDD) peut être conclu quand l'assistante maternelle habituelle :
– est absente (maladie, congés, formation, etc.) ;
– passe provisoirement à temps partiel (congé parental d'éducation, temps partiel pour création ou reprise d'entreprise...).

2 Les annexes au contrat de travail

Des documents sont à joindre au contrat de travail, notamment :
– **la copie de l'attestation d'agrément** valide ;
– **la copie de l'attestation responsabilité civile professionnelle de l'assistante maternelle** ;
– **l'autorisation concernant les modes de déplacement** de l'enfant et copie de l'attestation d'assurance automobile ;
– **les éléments relatifs à la santé de l'enfant :** copie des pages de vaccination du carnet de santé, autorisation parentale d'intervention chirurgicale, ordonnance et protocole du médecin, autorisation de donner des médicaments ;
– **les modalités de conduite à l'école** ;
– **la liste et les coordonnées des personnes autorisées à venir chercher l'enfant** au domicile du salarié ;
– **la liste des personnes à contacter en cas d'urgence** et en l'absence des parents ;
– **la délégation de garde éventuelle** et ses conditions.

Les conventions collectives et l'assurance civile professionnelle

1 La convention collective nationale des assistants maternels du particulier employeur

A Qu'est-ce qu'une convention collective ?

La convention collective de travail contient les règles particulières du droit du travail applicable à un secteur donné (contrat de travail, hygiène, congés, salaires, classification, licenciement, etc.). Elle est conclue par les organisations syndicales représentatives des salariés et les organisations ou groupements d'employeurs. Son champ d'application est variable. L'employeur doit l'appliquer, sauf cas particulier.

B Quel est son rôle ?

- Elle stipule que **la profession d'assistant maternel est régie par des dispositions légales et réglementaires** relevant de différents codes :
  – le Code de l'action sociale et des familles ;
  – le Code de la santé publique ;
  – le Code du travail ;
- **Le Conseil départemental délivre l'agrément** et en contrôle le suivi.

Remarque

Lorsqu'une convention collective s'applique à une entreprise, tous les salariés de l'entreprise liés par un contrat de travail (CDD, CDI, etc.) sont concernés.

C Quel est le rôle de l'assistant maternel ?

- La profession a pour objet l'accueil, par l'assistant maternel, à son domicile, d'un enfant confié par son ou ses parent(s), pour participer à sa prise en charge et à son épanouissement. **Le parent qui confie son enfant à un assistant maternel devient un particulier employeur.** Le **lien de subordination** existe dans cette relation qui est celle d'un **contrat de travail.**
- La relation de respect et de confiance est essentielle dans ce contexte.

2 La convention collective nationale des salariés du particulier employeur

Elle règle les rapports entre les particuliers employeurs et leurs salariés et indique que :
– le **caractère spécifique de cette profession** est de **s'exercer au domicile privé du particulier employeur** ;

Exemple

Dans le cas de garde d'enfant à domicile, les employeurs sont les parents et leur salarié est un employé qui garde leur(s) enfant(s) au domicile des parents.

– **le particulier employeur n'est pas une entreprise.** Le salarié est une personne, qui effectue tout ou partie des tâches de la maison à caractère familial ou ménager, à temps plein ou partiel ;
– **le particulier peut rémunérer l'employé par chèque emploi-service universel (CESU).**

Remarque

La convention collective nationale des assistants maternels du particulier employeur et la convention collective nationale des salariés du particulier employeur comportent des annexes : par exemple, un modèle de contrat de travail à durée indéterminée, un modèle de bulletin de paie, etc.

3 Les droits et obligations du salarié et de l'employeur

A Les droits

• **Le salarié employé par un particulier employeur doit signer un contrat de travail.** Il bénéficie d'une **rémunération**, d'une **couverture sociale**, d'un **système de prévoyance** et de la « convention collective nationale des salariés du particulier employeur ». Il a accès à la **formation professionnelle**.

• **L'employeur peut bénéficier d'avantages fiscaux** et d'une **exonération des cotisations sociales**.

B Les obligations

• **Le contrat de travail doit mentionner notamment la nature du travail à réaliser**, la durée et les horaires de travail, la rémunération, les conditions de travail, etc. **Le salarié doit s'y conformer.**

• **L'employeur doit respecter la loi**, la sécurité, appliquer la convention collective, verser un salaire, payer les charges sociales, il peut sanctionner le salarié en cas de faute professionnelle.

Exemple

L'assistante maternelle doit garantir la sécurité et le bien-être de l'enfant accueilli, transmettre aux parents toute information sur la santé de leur enfant, respecter le cadre de son agrément. Elle a droit au respect de sa vie privée et de son environnement familial et professionnel.

4 L'assurance responsabilité civile professionnelle (RC Pro)

• L'assurance responsabilité civile professionnelle, intervient lorsqu'un dommage est causé par le professionnel à un tiers dans le cadre de son activité professionnelle : dommage corporel, matériel ou immatériel.

• Elle **permet d'indemniser les victimes des conséquences du dommage.**

• Elle couvre notamment les fautes professionnelles, l'imprudence.

www.mae.fr

QCM Négocier le cadre de l'accueil

Parmi les propositions suivantes, cochez la ou les bonnes réponses.

1. Le projet d'accueil est un document écrit qui précise :

❍ **a.** les modalités d'accueil de l'enfant au domicile de l'assistant(e) maternel(le).

❍ **b.** les habitudes de vie, la santé, les rythmes et l'éducation de l'enfant accueilli.

❍ **c.** les habitudes de vie, la santé, les activités de l'assistant(e) maternel(le).

2. Le projet d'accueil est un document :

❍ **a.** obligatoire.

❍ **b.** non obligatoire.

❍ **c.** conseillé.

3. Le rôle du projet d'accueil est :

❍ **a.** d'exprimer les vœux éducatifs des parents de manière à assurer une continuité et une cohérence dans l'accueil de l'enfant chez l'assistant(e) maternel(le).

❍ **b.** de vérifier si l'assistant(e) maternel(le) assure bien ses fonctions.

❍ **c.** de servir de lien et de dialogue avec la famille, ce qui permet d'améliorer l'accueil de l'enfant.

4. Le projet d'accueil est :

❍ **a.** figé dès les premiers jours de garde pour la durée totale du contrat.

❍ **b.** évolutif et devra être actualisé tout au long des grandes étapes de développement de l'enfant.

❍ **c.** imposé par les parents pour favoriser une relation de confiance.

5. Le contrat de travail est :

❍ **a.** une convention écrite dans laquelle l'assistant(e) maternel(le) s'engage à effectuer un travail pour des parents employeurs qui lui versent un salaire en contrepartie.

❍ **b.** obligatoire. Il constitue une garantie pour les deux parties.

❍ **c.** facultatif si ce n'est pas un contrat de travail à durée indéterminée (CDI).

6. Le contrat de travail doit :

❍ **a.** être établi en trois exemplaires, datés, paraphés et signés par les parents, l'assistant(e) maternel(le) et la mairie de la commune de garde.

❍ **b.** être établi en deux exemplaires, daté, paraphé et signé par les deux parties.

❍ **c.** être établi en deux exemplaires, daté, paraphé et signé par l'assistant(e) maternel(le) uniquement.

7. La profession d'assistant(e) maternel(le) est régie par des dispositions légales et réglementaires relevant de différents codes :

❍ **a.** le Code de l'action sociale et des familles.

❍ **b.** le Code de la santé publique.

❍ **c.** le Code du travail.

8. L'assurance responsabilité civile professionnelle est une assurance qui :

❍ **a.** permet d'indemniser les victimes des conséquences du dommage.

❍ **b.** Couvre les fautes professionnelles, l'imprudence.

❍ **c.** intervient lorsqu'un dommage est causé par le professionnel à un tiers dans le cadre de son activité professionnelle (dommage corporel, matériel ou immatériel).

Solutions : 1. a. – **2.** b., c. – **3.** c. – **4.** b. – **5.** a., b. – **6.** b. – **7.** a., b., c. – **8.** a., c.

Fiche 90 La prévention du risque toxicologique

1 L'exposition aux risques

Les produits ménagers sont très nombreux : lessives, détergents, produits vaisselle (manuelle, mécanique), dégraissants, détachants, décapants, détartrants, désinfectants, désodorisants, cirants, lustrants, déboucheurs… Ils sont utilisés quotidiennement pour l'entretien des locaux, du mobilier et des divers objets de la maison.

• Afin de rendre ces produits efficaces, faciles d'usage, pour qu'ils assainissent et paraissent agréables (odeur de propre), **les produits ménagers sont fabriqués à partir de substances chimiques** (solvants organiques, tensio-actifs et autres composés chlorés…).

• L'utilisation intense de ces produits a un **double impact** :
– **sur l'environnement** : ils sont sources de pollution car ils sont difficiles à dégrader dans l'environnement ;
– **sur la santé** : ils ne sont pas adaptés à l'organisme, donc allergènes, irritants, voire toxiques et même mortels. Ils nuisent à la santé et plus particulièrement à celle des enfants, des personnes malades ou âgées et des femmes enceintes.

A Les dangers pour la santé

Pictogramme	Signification	Risque	Conseils	Exemples
	CORROSIF Ça ronge.	Ces produits rongent la peau et/ou les yeux en cas de contact ou projection.	Éviter tout contact direct avec la peau et les yeux. Utiliser des gants ménagers. Rincer en cas de projection.	Eau de Javel Détartrant/ Désinfectant WC Déboucheur
	NOCIF Xi : Ça irrite. Xn : Ça empoisonne	Ces produits sont irritants pour les yeux, le nez ou la gorge, Ils provoquent des allergies, une somnolence ou des vertiges et peuvent empoisonner même à faible dose.	Éviter tout contact direct avec la peau et les yeux. Utiliser des gants ménagers. Rincer en cas de projection. Ne pas avaler et éviter de respirer ce produit.	Pastille d'eau de Javel Détergent multi-usage Désodorisant
	TOXIQUE Ça intoxique gravement.			Décapant four
	INFLAMMABLE Ça flambe facilement.	Ces produits peuvent s'enflammer au contact d'une flamme, d'une étincelle, etc.	Utiliser ce produit loin d'une flamme ou d'étincelles.	Produits présentés en bombe aérosol : désodorisant, décapant four…
	DANGEREUX POUR L'ENVIRONNEMENT Ça pollue.	Produits ayant des effets néfastes sur les organismes du milieu aquatique.	Éviter de jeter ce produit ou les emballages vides n'importe où, mais uniquement dans les endroits prévus à cet effet.	Eau de Javel Détartrant/ Désinfectant WC

– **Porter un bracelet** indiquant la nature de l'allergie alimentaire (utile en situation d'urgence).
– **Décoder et surveiller la liste des ingrédients** des aliments car l'allergène peut être un ingrédient contenu dans plusieurs produits alimentaires.
– **Identifier les plats** exempts d'allergène et destinés à la personne allergique.
– Éliminer **les sources de contamination** susceptibles d'apporter un ou plusieurs allergènes (exemple : ustensile contaminé par l'allergène).
– **Avoir sur soi un auto-injecteur d'adrénaline** pour les personnes qui ont des difficultés respiratoires, en cas d'absorption accidentelle d'un aliment contenant un ou plusieurs allergènes.

3 L'intolérance au gluten

A qu'est-ce qu'on appelle gluten ?

Le gluten est une protéine présente dans certaines céréales : blé, seigle, orge, avoine. L'intolérance au gluten peut donner lieu à des symptômes mineurs ou peu caractéristiques. **L'intolérance au gluten apparaît de manière progressive et s'installe dans la durée.** Cette maladie se traduit par une mauvaise absorption des constituants alimentaires, notamment le fer, le calcium et l'acide folique au niveau de l'intestin grêle.

B Les symptômes

Nouveau-né	Diarrhée chronique, fatigue, vomissement, anorexie, abdomen gonflé, ralentissement de la croissance en poids et taille
Jeune enfant	Perte de poids et/ou retard de croissance (petite taille par rapport à l'âge), puberté tardive, anémie chronique, douleurs aux articulations, irritabilité, aphtes récidivants, dermatite

C Les mesures à respecter en cas d'intolérance au gluten

Le seul traitement efficace de la maladie cœliaque repose sur l'adoption d'un régime sans gluten : **éliminer** les aliments contenant du gluten (produits céréaliers et aliments préparés) ; **lire** attentivement les étiquettes ; **ne pas contaminer** les aliments sans gluten lors d'échanges d'ustensiles ; **privilégier** les aliments frais et éviter les aliments transformés ; **s'informer** auprès d'associations afin de bénéficier de conseils.

À retenir

Les aliments autorisés dans un régime sans gluten : le sarrasin, les légumes, le maïs, les pommes de terre, le lait, le riz, les poissons, les viandes grillées, les œufs, les légumes secs, le soja, les fruits.

4 L'intolérance au lactose

A Les symptômes

Des symptômes digestifs inconfortables apparaissent après l'ingestion de lactose, mais sans complication. **L'intolérance au lactose ne doit pas être confondue avec l'allergie aux protéines de lait, bien plus rare et plus grave.** Chez l'enfant, une intolérance passagère au lactose, après une gastro-entérite, est fréquente.

L'info en +

L'intolérance au lactose est un problème de digestion du sucre (lactose) contenu dans le lait et ses produits dérivés. Elle provient d'un déficit d'une enzyme digestive, la lactase. Le lactose, non transformé par la lactase, se retrouve au niveau de l'intestin où il fermente.

B les mesures à respecter en cas d'intolérance

En cas de doute, le mieux est d'écarter temporairement les aliments sources de lactose de l'alimentation, tout en veillant à **conserver des apports en calcium**. Un médecin complétera le diagnostic et établira une liste d'aliments. Dans la très grande majorité des cas, on ne se prive pas totalement de produits laitiers. **Les fromages, les yaourts sont souvent mieux supportés.**

Fiche 107

Les régimes alimentaires de l'enfant

1 Les régimes alimentaires

A Qu'est-ce qu'un régime alimentaire ?

Un régime alimentaire consiste en un changement de l'alimentation d'un individu. Cette modification des habitudes alimentaires doit être suivie avec vigilance pour ne pas causer de carences alimentaires pouvant engendrer des problèmes de santé. **Un régime se traduit par l'introduction et/ou la suppression de certains aliments**, par une répartition différente de ceux-ci au cours de la journée et par l'adoption de nouvelles techniques culinaires.

B Différencier le régime thérapeutique et le régime pour raison esthétique

• De nombreux régimes existent parmi lesquels :
– **le régime thérapeutique ou préventif :** avant ou après une opération, en cas de diabète, de surpoids, d'allergie alimentaire ou de problèmes digestifs.

• Il est prescrit par un médecin comme traitement thérapeutique ou préventif. Le régime est alors étroitement **encadré par des professionnels de la santé comme des médecins nutritionnistes**. Le médecin étudie l'alimentation du patient pour ensuite établir un nouveau régime alimentaire avec des indications sur les aliments à consommer et à éviter ;
– **le régime pour raison esthétique ou relevant de choix familiaux** : rondeurs, gênes physiques, sans viande, sans lait de vache, etc.

2 Les principaux régimes alimentaires

A Les régimes dans le cas de problèmes digestifs de l'enfant

Ils consistent à modifier l'alimentation pendant la durée des troubles digestifs.

Troubles digestifs	Symptômes	Conséquences	Principes du régime
Diarrhée	Selles liquides et/ou abondantes	Déshydratation qui peut être grave pour les nourrissons. Amaigrissement Carences en vitamines et éléments minéraux	S'hydrater Ralentir le transit intestinal : limiter les aliments riches en fibres, supprimer le lactose
Constipation	Faible fréquence d'émission des selles (moins de 3 par semaine)	À long terme : occlusion intestinale	Accélérer le transit : consommer des aliments riches en fibres Diversifier les repas Manger à heure régulière Pratiquer une activité physique régulière
Vomissement	Rejet du contenu de l'estomac par la bouche lors d'un spasme Fièvre Douleurs abdominales Perte d'appétit	Déshydratation	S'hydrater : boire en dehors des repas Fractionner les repas au cours de la journée (4 à 5) Manger les aliments à température ambiante

B Les régimes d'exclusion

Ils consistent à supprimer une catégorie d'aliments contenant des substances non tolérées.

Substances non tolérées	Caractéristiques	Principe
Gluten	Protéine présente dans certaines céréales (blé, orge, avoine, seigle)	Utiliser des farines sans gluten (maïzena) Interdiction de tout aliment en contenant
Protéines de lait de vache	Protéines solubles Intolérance non définitive	Utiliser des poudres de lait ne contenant pas de protéines allergisantes Supprimer les produits laitiers Préférer les produits à base de soja
Arachide	Lipides présents dans de nombreuses préparations alimentaires	Suppression totale de l'arachide et des produits dérivés

C Le régime d'un enfant diabétique

• **Le diabète est un état d'hyperglycémie chronique**. Le diabète de type 1 touche les enfants. **Un enfant diabétique doit avoir une alimentation identique à celle des autres enfants** : aucun aliment n'est interdit. C'est **l'insuline** qui **permet de faire entrer le glucose dans les cellules**, notamment celles du foie et des muscles et de transformer le glucose en énergie. Lorsque l'enfant diabétique consomme des glucides, il doit apporter l'insuline pour pouvoir les utiliser comme énergie. Il est donc important de **repérer les aliments contenant des glucides** et de **les quantifier** pour adapter le traitement par insuline.

• Il est conseillé de **prévoir un aliment de chaque groupe alimentaire aux repas principaux** :
- produit laitier ;
- viande, poisson ou œuf ;
- féculent ou produit céréalier ;
- légume ;
- fruit ;
- matière grasse ;
- eau.

• Il convient de :
- respecter les horaires de repas (4 par jour) ;
- éviter les aliments trop sucrés ;
- calculer la ration de glucides afin d'éviter des troubles graves en cas d'hyperglycémie ou d'hypoglycémie.

Définition

Diabète de type 1 : maladie auto-immune (capacité du système immunitaire de l'organisme à déclencher une réaction inflammatoire avec immunisation caractérisée envers ses propres antigènes) qui entraîne une destruction des cellules du pancréas fabriquant l'insuline, hormone qui permet de réguler la glycémie.

L'info en +

Les glucides sont la source principale d'énergie du corps. Ils représentent la moitié de nos apports énergétiques journaliers.

Fiche 108 Les intoxications alimentaires, prévention des risques microbiologiques

1 Les intoxications alimentaires et les mauvaises habitudes

- Une **contamination d'origine alimentaire** résulte habituellement de **mauvaises méthodes** de manipulation, préparation, stockage ou conservation ou cuisson des aliments (le non-respect des températures d'entreposage ou de cuisson, contaminations croisées).
- De **bonnes pratiques d'hygiène** avant, pendant, et après la préparation de la nourriture peuvent **réduire ces risques de contamination**.

2 Les toxi-infections alimentaires

Les **toxi-infections alimentaires sont des maladies**, souvent infectieuses et accidentelles, contractées à la suite de l'ingestion de nourriture ou de boisson contaminées par des agents pathogènes, qu'il s'agisse de bactéries, de virus ou de parasites.

Définition

Infection d'origine alimentaire : infection du système digestif causée par la consommation d'aliments contaminés par des agents microbiens.

Exemples de micro-organismes pathogènes

Micro-organismes	Exemples	Aliments concernés	Conséquences de l'infection
Bactéries	*Listeria monocytogenes*	Lait cru, charcuteries, coquillages	Septicémies, méningites
	Clostridium botulinum	Plats préparés, conserves	Paralysie, mort
	Salmonella	Lait, produits laitiers, viandes	Gastro-entérites, infections sévères
	Clostridium perfringens	Plats cuisinés, fonds de sauce, aliments cuits la veille	Septicémie, appendicite foudroyante
Virus	Virus de l'hépatite A	Eau, aliments crus : sandwichs, salades, fruits congelés, charcuteries, viandes froides…	Troubles digestifs, nausées, fièvre, destruction des cellules hépatiques

3 La prévention des risques microbiologiques

Afin de prévenir le risque microbiologique il suffit de respecter la **règle des 5 « M »**. En effet les facteurs pouvant être à l'origine d'une contamination sont regroupées en 5 familles :
– le **Matériel :** les ustensiles de cuisine jusqu'aux moyens de conservation (réfrigérateur…) ;
– la **Matière première :** les denrées ;
– le **Milieu :** l'environnement de la cuisine et la cuisine elle-même ;
– la **Méthode :** la façon de procéder pour préparer les aliments ;
– la **Main-d'œuvre :** la cuisinière ou le cuisinier.

À retenir

Astuce mnémotechnique pour retenir cette règle : Ma Ma Mi Mé Mains

Fiche 109 La préparation des fruits et des légumes

Principe : les fruits et légumes sont source de vitamines, d'eau et de fibres et participent à couvrir les besoins nutritionnels de la journée. Les fruits et légumes sont fragiles et facilement contaminables.

La salade de fruits ou la salade de crudités

Objectif : **préparer des fruits et des légumes dans le cadre d'une collation ou de la réalisation d'une entrée en respectant les protocoles de décontamination et le principe de la marche en avant.**

Matériel

3 bacs de lavage (décontamination)
1 couteau d'office en acier inoxydable

1 couteau économe

1 planche à découper
2 assiettes, 2 saladiers, 1 plat de service

Produits

Fruits : pommes, oranges, citrons….
Légumes : salade, carottes, concombres, tomates…

Étapes préalables : avant de commencer, porter une tenue professionnelle, se laver les mains et nettoyer le plan de travail.

Nettoyage et décontamination

Lavage → Décontamination → Rinçage

Épluchage

Végétaux à éplucher à gauche de l'opérateur → Épluchage des végétaux devant l'opérateur → Végétaux épluchés à droite de l'opérateur

Taillage

Végétaux épluchés à gauche de l'opérateur → Taillage des végétaux devant l'opérateur → Végétaux taillés à droite de l'opérateur

étape 1 Nettoyer les fruits ou les légumes dans un bac d'eau claire.

étape 2 Les laisser 5 minutes dans le second bac contenant de l'eau et du vinaigre blanc (décontamination). Il s'agit d'éliminer les éventuels micro-organismes.

étape 3 Rincer les fruits en utilisant le troisième bac contenant de l'eau claire.
Mettre les fruits décontaminés dans le plat.

étape 4 Éplucher les fruits ou les légumes. Le couteau économe minimise les épluchures.

étape 5 Déposer les épluchures dans le premier saladier.

étape 6 Découper l'orange et la pomme en quartiers. Le but est de trancher le fruit pour soigner la présentation et minimiser la taille. Découper les tomates en quartiers, les carottes en bâtonnets ou en rondelles, etc.

étape 7 Mettre les fruits ou les légumes épluchés dans le second saladier.

Qualités nutritionnelles et organoleptiques

Apport en vitamines (A et C), en fibres et en sels minéraux. La taille des crudités doit être adaptée aux jeunes enfants. Le râpage ou la division en fins morceaux permettent une meilleure mastication. Absence de parties non comestibles, et de reste d'épluchures.

La cuisson dans un liquide

Principe : on cuit les aliments en les plongeant dans un liquide froid, on parlera de cuisson par « expansion ». La cuisson par « expansion » permet de provoquer un échange de saveurs entre les aliments et le liquide de cuisson. Il s'agit d'une cuisson avec départ dans un liquide froid.

Le potage de légumes

Objectif : préparer un potage en conservant la saveur et les vitamines des aliments.

Matériel

1 marmite
1 couteau économe
1 couteau d'office
1 mixeur électrique ou un moulin à légumes

Produits

1 litre d'eau
2 pommes de terre
2 carottes
1 poireau
20 grammes de beurre
1 pincée de sel

Étapes préalables : avant de commencer, porter une tenue professionnelle, se laver les mains et nettoyer le plan de travail.

Fig. 1

étape 1 Laver, éplucher et tailler les légumes.

étape 2 Faire cuire les légumes avec l'eau et le sel dans une marmite durant 25 minutes environ à feu moyen.

étape 3 Mixer le potage. Il ne doit plus y avoir de morceaux (fig. 1).

Fig. 2

étape 4 Ajouter le beurre et mélanger (fig. 2).

Qualités nutritionnelles et organoleptiques

Texture fluide et épaisse, température + 63 °C
La soupe hydrate et permet de faire consommer des légumes aux enfants.
La cuisson n'a pas diminué les teneurs en minéraux des légumes (magnésium, potassium). En revanche, il y a des pertes vitaminiques liées à la température de la cuisson. La soupe apporte des vitamines du groupe B et de la vitamine A.

La préparation de fruits pochés

Principe : il s'agit de cuire un aliment par immersion dans un liquide (eau, court-bouillon, lait, sirop). Il y a échanges entre le liquide de cuisson et l'aliment, favorisant ainsi la transmission de parfums. On peut cuire les fruits, les légumes, les féculents, le poisson…

Abricots pochés dans un sirop

Objectif : pocher un fruit dans un sirop en évitant le noircissement.

Matériel		Produits	
1 casserole	1 verre mesureur	200 g d'abricots	125 ml d'eau
1 balance de cuisine	1 couteau	18 g de sucre fin	½ bâton de vanille
1 cuillère à soupe	1 saladier	Une pincée de cannelle	Un zeste de citron
1 écumoire (ou une passoire)		Une cuillère à soupe de vinaigre	
Papier film étirable pour aliments			

Étapes préalables : avant de commencer, porter une tenue professionnelle, se laver les mains et nettoyer le plan de travail.

Fig. 1

Fig. 2

Fig. 3

Fig. 4

étape 1 Préparer le sirop : mettre l'eau, le sucre, le bâton de vanille coupé en deux, la cannelle et le zeste de citron dans une casserole (fig. 1).

étape 2 Chauffer le sirop à feu doux : le sucre se dissout dans l'eau (fig. 2).

étape 3 Nettoyer et décontaminer les abricots : tremper les fruits dans trois bains successifs : un bain d'eau claire, un bain d'eau vinaigrée à 1 %, puis dans un bain d'eau claire.

étape 4 Découper les abricots en deux et les dénoyauter (fig. 3).

Pocher les abricots :

étape 1 Plonger les fruits entièrement dans le sirop et cuire à feu doux.

étape 2 Le sirop doit arriver à mi-hauteur du fruit.

étape 3 Retourner les fruits à mi-cuisson en faisant attention de ne pas les abîmer.

étape 4 Égoutter les fruits pour éliminer le surplus de sirop (fig. 4).

étape 5 Couvrir les fruits et les mettre au frais, après refroidissement (cela permet de protéger des contaminations).

Qualités nutritionnelles et organoleptiques	Le pochage est un mode de cuisson doux qui permet de conserver une texture assez ferme. Les abricots sont intéressants pour leur teneur en vitamines A et C.

Fiche 112 La cuisson grillée

Principe : c'est une cuisson à feu vif, l'aliment est soumis directement à la chaleur rayonnante ou par contact. C'est une cuisson dite par « concentration » qui permet de retenir le maximum de composés sapides et nutritifs à l'intérieur de l'aliment.

Cuisson du steak haché

Objectif : cuire une viande en conservant sa saveur.

Matériel

1 poêle ou un grill
1 fourchette
1 assiette de service

Produits

1 steak haché surgelé
Sel et poivre

Étapes préalables : avant de commencer, porter une tenue professionnelle, se laver les mains et nettoyer le plan de travail. Faire chauffer la poêle quelques minutes. Déconditionner le steak haché dans une assiette, saler et poivrer.

Fig. 1

Fig. 2

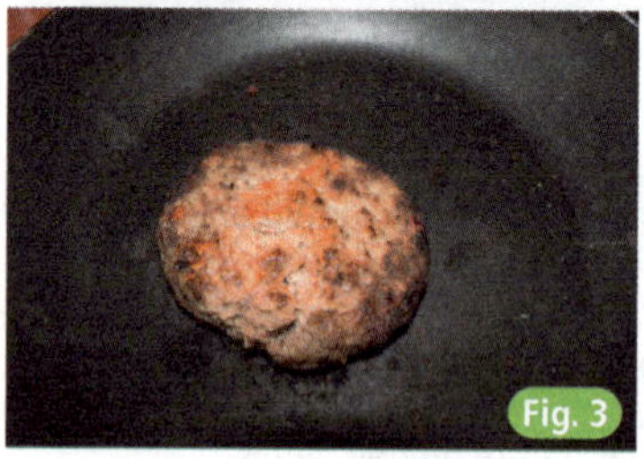

Fig. 3

étape 1 Poser le steak haché encore congelé dans la poêle chaude (feux vif) (fig. 1).

étape 2 Lorsqu'une croûte apparaît, retourner le steak et renouveler l'opération. (fig. 2)

étape 3 Baisser ensuite le feu afin de cuire l'intérieur de la pièce et pour que la surface ne brûle pas.

étape 4 Le steak haché est dit « saignant » au bout de 6 minutes de cuisson (3 minutes par face), lorsque le jus « perle » à la surface.

étape 5 Le steak haché est dit « à point » au bout de 8 minutes (4 minutes par face), lorsque le jus ne « transpire » plus à la surface (fig. 3). C'est le degré de cuisson idéal pour les enfants. Au-delà ce temps, le steak est sec.

Qualités nutritionnelles et organoleptiques	La cuisson au four permet d'obtenir des textures différentes : croustillant, fondant et une couleur dorée. Cette cuisson par « concentration » permet de conserver des minéraux ou des vitamines dans le jus de cuisson.

La cuisson au four

Principe : il s'agit de cuire un aliment en le soumettant à l'action d'une chaleur sèche intense. Celle-ci permet de coaguler les protéines, de caraméliser les glucides en périphérie et de former une croûte plus ou moins colorée, croustillante et particulièrement sapide. Cette cuisson est dite par « concentration » bien qu'il n'y ait pas de concentration proprement dite des constituants alimentaires, mais plutôt une rétention de ceux-ci à l'intérieur de l'aliment.
La sélection des températures de cuisson au four est réalisée au moyen d'un thermostat.

Le poulet rôti

Objectif : cuire un poulet au four.

Matériel

1 plat à rôtir
1 fourchette à rôtir
1cuillère à soupe

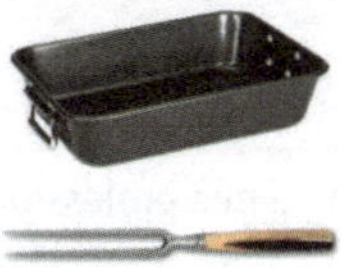

Produits

1 poulet
Poivre, sel
Huile d'arachide

Étapes préalables : porter une tenue professionnelle, se laver les mains, nettoyer le plan de travail et allumer le four pour le préchauffer à 200 °C.

Fig. 1

Fig. 2

Fig. 3

Fig. 4

Méthode

étape 1 Huiler le poulet sur toutes ses faces pour favoriser une coloration homogène (fig. 1).

étape 2 Assaisonner le poulet pour relever le goût (intérieur/extérieur) (fig. 2).

étape 3 Positionner le poulet sur un flanc.

étape 4 Cuire au four pendant 10 minutes : la couleur doit être dorée et homogène.

étape 5 Refaire cette opération sur l'autre flanc.

étape 6 Arroser le poulet avec un peu d'eau régulièrement pendant 40 minutes pour que le poulet soit tendre et qu'il ne sèche pas (fig. 3).

étape 7 Sortir le poulet et le conserver au chaud jusqu'au moment de sa consommation. S'il n'est pas consommé rapidement, le conserver par le froid, puis le remettre en température juste avant de le servir.

étape 8 Nettoyer les ustensiles et le plan de travail afin d'éliminer les salissures adhérentes, non adhérentes et les micro-organismes (fig. 4).

Qualités nutritionnelles et organoleptiques

La cuisson au four permet d'obtenir des textures différentes : croustillant, fondant et une couleur dorée. Cette cuisson par « concentration » permet de conserver des minéraux ou des vitamines dans le jus de cuisson.

Fiche 114

La cuisson à la vapeur

Principe : c'est la vapeur d'eau chaude qui cuit l'aliment. Cette technique permet de préserver les qualités organoleptiques et nutritionnelles des aliments sans ajout de matière grasse.

Carottes Vichy

Objectif : cuire des légumes sans matière grasse.

Matériel

1 casserole avec panier et couvercle ou 1 cuiseur vapeur, 1 autocuiseur
1 couteau d'office
1 couteau économe
1 planche à découper

Produits : (4 personnes)

1 kg de carottes fraiches
10 g de sucre en poudre
Persil frais
Sel

Étapes préalables : avant de commencer, porter une tenue professionnelle, se laver les mains et nettoyer le plan de travail.

Fig. 1

étape 1 Laver, éplucher et tailler en rondelles les carottes fraîches et hacher finement le persil (fig. 1).

étape 2 Mettre de l'eau dans une casserole et la faire bouillir.

Fig. 2

étape 3 Placer les carottes dans le panier vapeur au-dessus de l'eau bouillante (fig. 2).

étape 4 Ajouter le beurre, le sucre et le sel.

Fig. 3

étape 5 Laisser cuire à feu doux et à couvert pendant environ 40 à 45 minutes (fig. 3).

étape 6 Vérifier l'assaisonnement, mélanger le persil avec les carottes encore chaudes.

Qualités nutritionnelles et organoleptiques

La vapeur permet de conserver les vitamines. Les légumes gardent une texture ferme.

Fiche 115 Les sauces

Principe : les sauces sont des liaisons à base d'amidon, de jaune d'œuf ou de crème. L'objectif d'une liaison est d'épaissir une préparation liquide, d'en modifier la couleur ou la saveur. Les sauces permettent de lier les constituants entre eux.
Le mélange de farine et de matière grasse, coloré à feu moyen, constitue un roux.

La sauce Béchamel

Objectif : réaliser une liaison à base de roux.

Matériel	Produits (pour une ou deux personnes)
1 fouet 1 casserole 1 couteau d'office 1 balance de cuisine 1 verre mesureur	20 g de farine 20 g de beurre 125 ml de lait 1 pincée de sel et de poivre

Étapes préalables : avant de commencer, porter une tenue professionnelle, se laver les mains et nettoyer le plan de travail.

Fig. 1

Fig. 2

Fig. 3

Fig. 4

Étape 1 Faire fondre le beurre dans la casserole.

Étape 2 Hors du feu, lorsque le beurre est entièrement fondu, ajouter la farine petit à petit en remuant avec le fouet jusqu'à l'obtention d'un mélange homogène (fig. 1).

Étape 3 Mélanger pendant 5 minutes jusqu'à l'obtention d'un roux blanc (fig. 2).

Étape 4 Hors du feu, ajouter le lait froid en remuant énergiquement afin de ne pas former de grumeaux (fig. 3).

Étape 5 Cuire à feux doux tout en remuant jusqu'à ce que la préparation épaississe (fig. 4).

Étape 6 Assaisonner avec le sel et le poivre.

Qualités nutritionnelles et organoleptiques	
	Les sauces d'une manière générale sont riches en lipides et apportent beaucoup d'énergie, il faut donc en tenir compte lors de l'élaboration d'un menu équilibré. La sauce béchamel est une sauce épaisse et onctueuse de couleur blanche.

Fiche 116 La préparation mixée

Principe : il s'agit d'une préparation à texture modifiée (on trouve aussi les textures hachées, moulinées, liquides) destinée à des enfants en bas âge. La préparation est d'abord cuite, puis mixée.

La purée de pommes de terre

Objectif : réaliser une préparation à haut pouvoir énergétique et facilement digeste.

Matériel

1 couteau d'office	1 couteau économe
1 spatule	1 cuillère à soupe
1 mixeur ou moulin à légumes	
1 saladier	1 passoire
1 assiette	1 autocuiseur
1 verre mesureur	

Produits

- 500 g de pommes de terre
- 100 ml de lait
- 25 g de beurre
- 1 cuillère à soupe de gros sel
- 1 pincée de sel fin et de poivre
- 1 pincée de muscade

Étapes préalables : se mettre en tenue professionnelle, se laver les mains, nettoyer le plan de travail. Préparer le matériel et les denrées.

Fig. 1

Fig. 2

Fig. 3

étape 1 Laver et désinfecter les pommes de terre.

étape 2 Éplucher les pommes de terre, les laver à nouveau (fig. 1).

étape 3 Couper les pommes de terre en 4.

étape 4 Cuire à l'autocuiseur pendant 20 minutes (cuisson à la vapeur conseillée) (fig. 2).

étape 5 Passer immédiatement les pommes de terre au mixeur ou au moulin à légumes.

étape 6 Ajouter le lait chaud, le beurre et mélanger énergiquement.

étape 7 Assaisonner (sel, poivre, muscade), la purée est prête (fig. 3).

étape 8 Maintenir au chaud jusqu'au service.

étape 9 Nettoyer et ranger le matériel.

Qualités nutritionnelles et organoleptiques

La pomme de terre est riche en amidon (sucre lent), elle est donc très énergétique. La cuisson à l'autocuiseur permet de conserver la vitamine C.
La cuisson ramollit les fibres et l'aliment devient plus digeste. Le mixage supprime la mastication et facilite l'ingestion et la digestion, ce qui est intéressant pour le jeune enfant. La purée doit être légère et fondante.

Fiche 117 La pâte liquide : la pâte à crêpes

Principe : il s'agit de réaliser une pâte fluide, constituée d'amidon, d'œufs et de lait. Elle est cuite en couche mince dans une poêle, son aspect est crêpé, d'où son nom.

La pâte à crêpe

Objectif : réaliser des crêpes.

Matériel	Produits
1 bol 1 saladier 1 verre mesureur 1 balance alimentaire 1 crêpière 1 spatule	 Pour 4 personnes : 1 œuf entier 80 g de farine de blé 150 ml de lait 15 à 20 g de beurre fondu 1 pincée de sel Garniture sucrée (confitures, sucre…) ou salée (jambon, fromage…) au choix

Étapes préalables : se mettre en tenue professionnelle, se laver les mains, nettoyer le plan de travail. Préparer le matériel et les denrées.

Fig. 1

Fig. 2

Fig. 3

Fig. 4

étape 1 Tamiser la farine dans un saladier afin de séparer les grains de la farine et d'éviter la formation de grumeaux (fig. 1).

étape 2 Disposer la farine en fontaine ou faire un puits au centre de la farine.

étape 3 Casser et battre l'œuf dans un bol.

étape 4 Ajouter le sel, l'œuf et le parfum dans la fontaine et mélanger le tout. Le sel renforce le goût de la crêpe (fig. 2).

étape 5 Ajouter progressivement le lait froid tout en mélangeant (fig. 3).

étape 6 Laisser reposer la pâte avant de l'utiliser (filmer la pâte et la laisser reposer 30 minutes au réfrigérateur). Cela influence l'élasticité des crêpes.

étape 7 Verser la pâte liquide dans une poêle chaude et huilée et cuire jusqu'à l'obtention de la coloration souhaitée. Décoller et retourner la crêpe pour cuire l'autre face (fig. 4).

Qualités nutritionnelles et organoleptiques	Les crêpes doivent être bien cuites, souples et dorées. Elles apportent des glucides, ce sont des aliments énergétiques.

Fiche 118 La pâte brisée et la pâte sablée

Principe : réaliser une pâte sèche (pâte brisée ou sablée) en utilisant la propriété des grains d'amidon qui se gonflent d'eau pour former un empois d'amidon lors de la cuisson. L'enrobage délicat de matière grasse permet la cohésion d'une telle pâte.

La pâte brisée

Objectif : préparer une pâte brisée afin de réaliser des tartes, quiches, tourtes…

Matériel utilisé

1 saladier 
1 rouleau
1 balance de cuisine
1 couteau d'office
1 moule à tarte
1 planche à découper
1 tamis 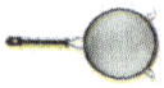

Produits

100 g de farine
50 g de beurre doux
25 g d'eau (suivant farine)
1 pincée de sel

Étapes préalables : se laver les mains, mettre sa tenue, nettoyer le plan de travail.

Fig. 1

Fig. 2

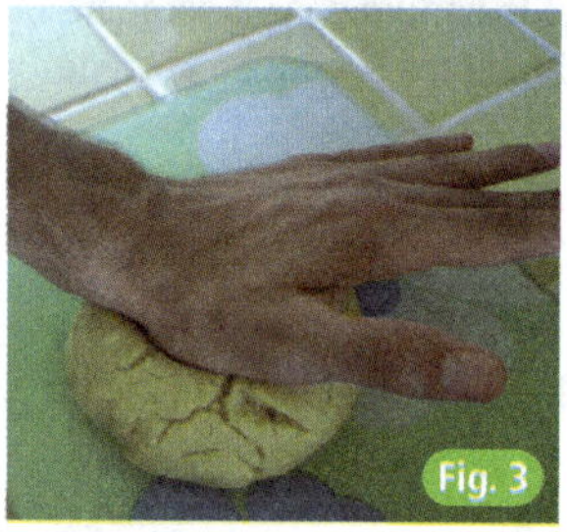
Fig. 3

étape 1 Mettre dans un saladier la farine tamisée, le sel, le beurre coupé en petits cubes) (fig. 1).

étape 2 Mélanger le tout du bout des doigts jusqu'à l'obtention d'un mélange granuleux (fig. 2).

étape 3 Faire une fontaine et verser l'eau petit à petit.

étape 4 Former de petites boules de pâte fermes mais souples très rapidement.

étape 5 Rassembler le tout en une grosse boule.

étape 6 Fraiser deux fois (pousser et écraser) la pâte avec la paume de la main (fig. 3).

étape 7 Remettre en boule.

étape 8 Fariner légèrement.

étape 9 Laisser reposer au minimum 20 minutes au frais (4 °C) dans un film plastique afin de laisser le temps à l'eau de s'introduire dans les grains d'amidon.

étape 10 Préchauffer le four à 220-240 °C.

étape 11 Fariner la planche et abaisser la pâte.

étape 12 Préparer un moule, piquer la pâte.

étape 13 Cuire à blanc (ce qui signifie qu'elle est partiellement cuite), 7 minutes à 240 °C.

Qualités nutritionnelles et organoleptiques

Le fraisage sert à donner de la tenue à la pâte et à bien incorporer les morceaux de beurre. La pâte est dite brisée car le beurre sépare et enrobe les grains d'amidon, ce qui permet d'obtenir une pâte souple. La cohésion de la pâte est due au beurre qui forme un « ciment » en refroidissant.

La pâte sablée

Objectif : **préparer une pâte comme fond de tarte en pâtisserie. Il s'agit d'une pâte sèche, sucrée et très friable.**

Matériel

1 saladier
1 rouleau
1 couteau d'office
1 balance de cuisine
1 planche à découper
1 moule à tarte
1 tamis
1 spatule

Produits

100 g de farine de blé type 55
50 g de beurre doux
25 g de sucre en poudre
1 œuf
1 pincée de sel

Étapes préalables : se laver les mains, mettre sa tenue, nettoyer le plan de travail.

Fig. 1

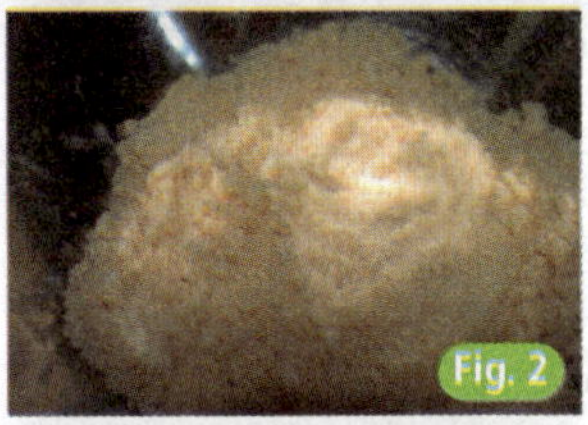
Fig. 2

Fig. 3

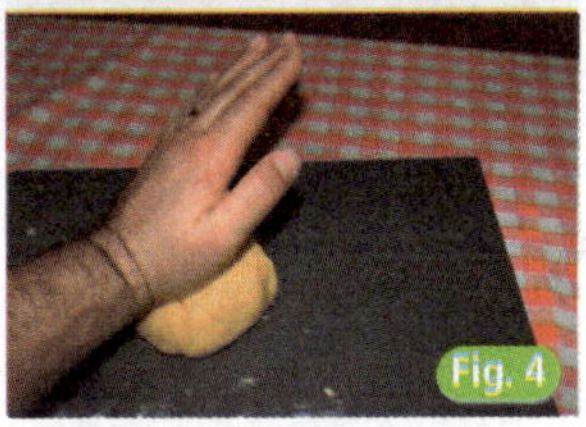
Fig. 4

étape 1 Mettre dans un saladier la farine tamisée, le sel, le beurre coupé en petits cubes et le sucre (fig. 1).

étape 2 Mélanger le tout du bout des doigts jusqu'à l'obtention d'un mélange en « grains de sable » (fig. 2).

étape 3 Faire une fontaine et verser l'œuf battu.

étape 4 Mélanger à la spatule puis rapidement avec le bout des doigts.

étape 5 Former des petites boules de pâte fermes mais souples (rajouter un peu de farine si besoin).

étape 6 Rassembler le tout en une grosse boule (fig. 3).

étape 7 Fraiser deux fois la pâte avec la paume de la main (fig. 4).

étape 8 Remettre en boule.

étape 9 Fariner légèrement.

étape 10 Laisser reposer au minimum 20 minutes au frais (4 °C) dans un film plastique afin de laisser le temps à l'eau de s'introduire dans les grains d'amidon.

étape 11 Préchauffer le four à 160 °C.

étape 12 Fariner la planche et abaisser la pâte.

étape 13 Préparer un moule en le tapissant avec du papier sulfurisé, puis cuire la pâte à blanc 15 minutes à 160 °C

Qualités nutritionnelles et organoleptiques

La pâte est dite sablée car les grains d'amidon, toujours entourés de matière grasse, sont moins en cohésion que pour la pâte brisée, elle est « cassante ». C'est l'œuf qui apporte l'eau nécessaire. La cohésion de la pâte se fait toujours grâce à la matière grasse.
Lors de la cuisson, il y aura dextrinisation de l'amidon et caramélisation des sucres. Saveur sucrée.

Fiche 119 La pâte levée à la levure chimique et la pâte levée à l'œuf

1 La pâte levée à la levure chimique

Principe : il s'agit d'une pâte levée à la levure chimique, composée d'un agent levant (carbonate de sodium) dégageant de l'acide carbonique (CO_2).

<table>
<tr><th colspan="2">Le cake</th></tr>
<tr><td colspan="2">Objectif : réaliser une pâte levée à la levure chimique.</td></tr>
<tr><td>Matériel
1 balance alimentaire
1 verre mesureur
1 saladier
1 fouet
1 moule à cake</td><td>Produits

1 œuf entier
60 g de beurre doux
60 g de sucre semoule blanc
90 g de farine (type 55)
½ sachet de levure chimique
1 pincée de sel
Parfum (zeste de citron, 60 g de raisin…) au choix</td></tr>
<tr><td colspan="2">Étapes préalables : se laver les mains, mettre sa tenue, nettoyer le plan de travail.</td></tr>
<tr><td>
Fig. 1

Fig. 2</td><td>étape 1 Chemiser le moule.
étape 2 Préchauffer le four à 150 °C.
étape 3 Travailler le beurre dans un saladier pour le ramollir, l'air pénètre dans le beurre (fig. 1).
étape 4 Ajouter le sucre et mélanger énergiquement jusqu'à ce que la pâte devienne blanche et mousseuse à l'aide du fouet. Le sucre se dissout dans le beurre. L'utilisation d'un fouet permet d'aérer le mélange et de le rendre mousseux.
étape 5 Ajouter les œufs un par un tout en mélangeant énergiquement.
étape 6 Ajouter le parfum pour apporter du goût.
étape 7 Ajouter la farine et la levure tout en mélangeant énergiquement pour incorporer de l'air. Le gluten contenu dans la farine apporte l'élasticité à la pâte levée (fig. 2).
étape 8 Verser dans un moule recouvert de papier sulfurisé ou graissé et fariné et placer au four à 180 °C pendant 45 minutes environ.</td></tr>
<tr><td>Qualité nutritionnelle et organoleptique</td><td>– Gâteau bien cuit et bien aéré.
– Croûte dorée.
– Apport de glucides, aliments énergétiques.</td></tr>
</table>

2 La pâte levée à l'œuf

Principe : c'est une pâte molle, sucrée, levée au four grâce à la dilatation de l'air incorporé lors du moussage de l'œuf entier avec le sucre. Le moussage est stabilisé au bain-marie tiède.

La génoise	
Objectif : réaliser une pâte levée au four.	
Matériel 1 moule à manqué (diamètre 12 cm) 1 maryse (spatule souple) 1 saladier 1 batteur électrique	**Produits (pour 2 personnes)** 1 œuf 30 g de farine type 55 30 g de sucre semoule 
Étapes préalables : se laver les mains, mettre sa tenue, nettoyer le plan de travail.	
 Fig. 1  Fig. 2	étape 1 Chemiser le moule (mettre un papier sulfurisé sur le fond et les parois du moule, ou graisser et fariner) (fig. 1). étape 2 Préchauffer le four à 150 °C. étape 3 Battre l'œuf et le sucre dans un saladier au bain-marie (la préparation est placée dans un récipient, lui-même placé dans un autre récipient plus grand qui contient de l'eau. En chauffant, l'eau bout et fait cuire, réchauffer ou fondre la préparation) jusqu'à ce que la pâte double de volume. étape 4 Ôter du bain-marie et continuer de battre jusqu'au refroidissement et l'obtention du ruban. étape 5 Incorporer délicatement la farine en enrobant la pâte avec une maryse (spatule en caoutchouc). étape 6 Verser aussitôt dans le moule préparé, et remplir aux 2/3. étape 7 Enfourner et laisser cuire 30 minutes (fig. 2). étape 8 Démouler sur une grille.
Qualité nutritionnelle et organoleptique	– L'air en se dilatant dans le four permet la levée de la pâte. – Gâteau bien cuit et bien aéré. – Croûte dorée. – Apport de glucides, aliments énergétiques.

Fiche 120 La pâte levée à la levure organique : la pâte à pizza

Principe : cette pâte subit une fermentation alcoolique grâce à la levure de boulangerie, avec une production de gaz carbonique qui provoque la levée.

La pâte à pizza

Objectif : réaliser une pâte levée à la levure organique, épaisse, sans œuf.

Matériel

1 saladier
1 spatule
1 rouleau de pâtissier
1 moule de 20 cm de diamètre

Produits pour une pizza individuelle

100 g de farine de blé type 55
10 g de levure fraiche de boulangerie
20 g d'huile d'olive
1 pincée de sel
6 cuillères à soupe de lait ½ écrémé

Étapes préalables : se laver les mains, mettre sa tenue, nettoyer le plan de travail.

Fig. 1

Étape 1 : Délayer la levure dans le lait tiède à 30 °C (fig. 1).

Étape 2 : Faire une fontaine avec la farine dans un saladier, bien mélanger le sel et ajouter la levure (fig. 2).

Fig. 2

Étape 3 : Travailler énergiquement pendant 10 minutes jusqu'à ce que la pâte se détache du fond du saladier.

Étape 4 : Introduire l'huile et continuer à pétrir.

Étape 5 : Laisser lever la pâte à température ambiante ou en étuve (four ou sur un bain-marie à 30 °C).

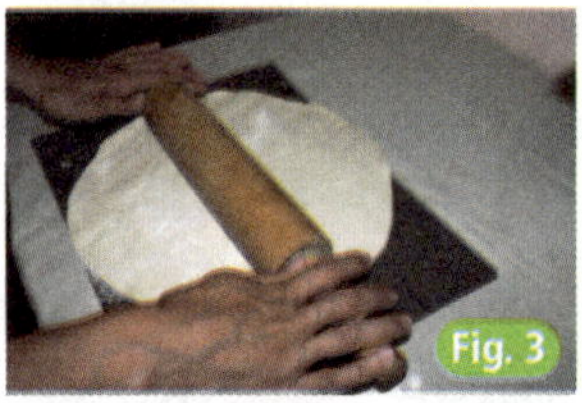

Fig. 3

Étape 6 : Abaisser la pâte au rouleau sur un moule ou une plaque farinée (fig. 3).

Fig. 4

Étape 7 : Placer la garniture sur la pâte (sauce tomate, fromage, olives par exemple) (fig. 4).

Étape 8 : Cuire au four à 220 °C durant 20 minutes.

Qualités nutritionnelles et organoleptiques

- Pâte bien cuite et croustillante.
- Température + de 63 °C.
- Fromage fondu.
- Aliment énergétique, apport de glucides et lipides.

Fiche 121

Les entremets

Principe : il s'agit d'un plat sucré. Ils sont divisés en trois groupes : les entremets chauds (crèmes, crêpes, beignets, charlottes...), les entremets froids (crèmes, flans, bavarois...), les entremets glacés (glaces, sorbets…).

1 La crème pâtissière

Objectif : réaliser une crème sucrée liée à l'amidon.

Matériel	**Produits (pour deux personnes)**
1 saladier 1 calotte 1 fouet 1 spatule	150 g de lait ½ écrémé 1 jaune d'œuf 20 g de sucre semoule 10 g de farine de blé type 45 ¼ de gousse de vanille

Étapes préalables : se laver les mains, mettre sa tenue, nettoyer le plan de travail.

Fig. 1

Fig. 2

étape 1 Verser le lait dans une casserole et faire bouillir.

étape 2 Mettre dans une calotte le jaune d'œuf et le sucre petit à petit en fouettant, jusqu'à l'obtention d'un ruban (fig. 1).

étape 3 Incorporer la farine tamisée d'un seul coup (avec la spatule).

étape 4 Verser le lait bouillant sur l'ensemble, petit à petit en fouettant.

étape 5 Mettre le mélange dans la casserole du lait.

étape 6 Faire cuire 2 à 3 minutes à partir de l'ébullition sur feux doux sans cesser de remuer.

étape 7 À la fin de la cuisson, verser dans un saladier et ajouter le parfum.

étape 8 Dresser immédiatement pour un entremet ou laisser tiédir pour garnir tartes, choux… (fig. 2)

Qualités nutritionnelles et organoleptiques	
	– Apport de glucides. – Goût sucré. – Absence de grumeaux. – Texture épaisse et onctueuse. – Aliments énergétiques.

2 Le riz au lait	
Objectif : réaliser une crème sucrée liée à l'amidon et au jaune d'œuf.	
Matériel 1 casserole 1 balance de cuisine 6 ramequins 1 cuillère à soupe (c. à s.) 1 passoire	**Produits (pour 6 personnes)** 0,8 l de lait ½ écrémé 2 œufs 100 g de sucre 120 g de riz rond 1 cuillère à soupe de vanille liquide
Étapes préalables : se laver les mains, mettre sa tenue, nettoyer le plan de travail.	
 Fig. 1	étape 1 Laver le riz dans une passoire. – Blanchir le riz en le mettant dans une casserole, le recouvrir d'eau froide pour éliminer l'amidon en excès et le faire bouillir une minute. étape 2 Égoutter le riz. étape 3 Faire bouillir le lait et la vanille. Verser le riz en pluie et laisser cuire 20 minutes à feu doux en tournant de temps en temps jusqu'à complète absorption du lait par le riz. étape 4 Ajouter les jaunes d'œufs hors du feu et mélanger. étape 5 Remettre sur le feu 2 à 3 minutes en mélangeant. étape 6 Verser dans les ramequins et servir tiède (fig. 1).
Qualités nutritionnelles et organoleptiques	Il s'agit d'une liaison amylacée, le riz rond remplaçant cette fois-ci la farine de blé. Le riz doit être cuit et gonflé. La texture est souple et le goût sucré. – Apport de glucides. – Aliments énergétiques.

Fiche 122 Les produits prêts à l'emploi

Principe : un produit semi-élaboré ou prêt à l'emploi est un produit qui a subi une transformation permettant un gain de temps lors de sa mise en œuvre (préparation simple, cuisson rapide). Sa conservation est plus longue également. On y distingue par exemple les produits surgelés, les denrées sous atmosphère modifiée (salade en sachet), les produits sous vide (betteraves, pavés de saumon…), les produits déshydratés (lait en poudre, purée en sachet), les produits pâtissiers (fonds de tarte...).

1 Le moelleux au chocolat produit semi-élaboré

Objectif : réaliser un moelleux au chocolat à l'aide d'une préparation prête à l'emploi.

Matériel	Produits : (pour 6 personnes)
1 saladier 1 bol 1 spatule 1 feuille de papier sulfurisé (papier cuisson) 1 fouet 1 moule à gâteau (24 cm de diamètre)	20 cl de crème liquide 3 œufs 10 g de beurre 1 sachet de préparation pour gâteau 1 sachet contenant du sucre glace

Étapes préalables : se laver les mains, mettre sa tenue, nettoyer le plan de travail.

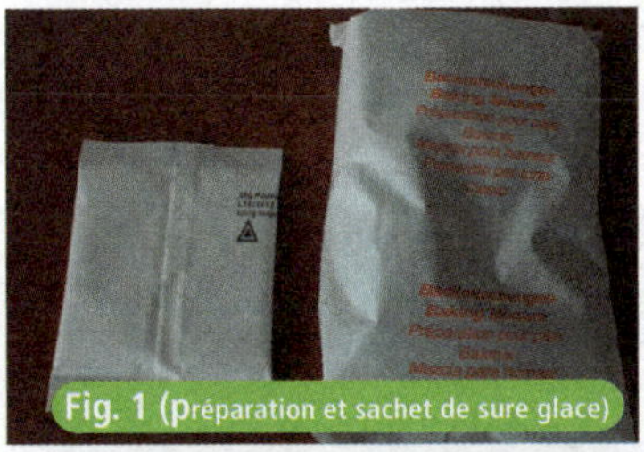
Fig. 1 (préparation et sachet de sure glace)

Fig. 2

Fig. 3

Lire le mode d'emploi inscrit sur l'emballage et suivre les différentes étapes de réalisation.
Exemple pour ce gâteau au chocolat :

étape 1 Dans un saladier, mélanger la préparation (fig. 1) avec 3 œufs et 20 cl de crème liquide.

étape 2 À l'aide d'un fouet mélanger la préparation jusqu'à l'obtention d'un mélange crémeux.

étape 3 Ajouter à la préparation avec 3 œufs (préalablement cassés l'un après l'autre dans un bol) et 20 cl de crème liquide. Bien mélanger pour obtenir une préparation homogène (fig. 2).

étape 4 Recouvrir le fond d'un moule d'un papier cuisson et graisser les bords.

étape 5 Verser la pâte dans le moule et lisser la surface en tapotant légèrement le moule.

étape 6 Faire cuire 45 minutes à 150 °C.

étape 7 Démouler et dresser sur une assiette.

étape 8 Saupoudrer de sucre glace contenu dans le sachet prévu à cet effet (fig. 3).

Modifications physico-chimiques	La préparation contient déjà tous les ingrédients sous forme de poudre du moelleux au chocolat (sucre, farine, levure chimique, lait et blancs d'œufs).

2 La poire au sirop et crème anglaise

Objectif : déconditionner un produit conditionné sous la forme d'une conserve et un produit conditionné en brique.

Matériel	**Produits : (pour 6 personnes)**
6 bols	1 lingette désinfectante 1 boîte de poire au sirop de 450 ml 1 brique de 250 ml de crème anglaise

Étapes préalables :

étape 1 Se laver les mains, mettre sa tenue.

étape 2 Nettoyer le plan de travail.

étape 3 Vérifier la DDM et la DLC des poires au sirop et de la crème anglaise.

Fig. 1

étape 1 Désinfecter le couvercle de la boîte avant de l'ouvrir (fig. 1).

étape 2 Ouvrir la boîte, vider son contenu dans un saladier et garder le sirop si besoin, placer une poire au sirop au centre d'une assiette creuse.

Fig. 2

étape 3 Ouvrir la brique de crème anglaise (fig. 2).

étape 4 Verser la crème anglaise autour de la poire.

Fig. 3

étape 5 Présenter de façon ludique (amandes, chocolat fondu... (fig. 3).

Hygiène et sécurité	Ne pas oublier de désinfecter l'opercule de la boîte de conserve avant de l'ouvrir afin d'éviter la contamination par des micro-organismes.

La qualité organoleptique des préparations

1 L'appétit

A L'acte de manger

L'acte de manger doit procurer la satisfaction au consommateur. Pour cela, **les aliments doivent remplir deux exigences :**
– ils doivent être reconnus en tant qu'aliments consommables ;
– Ils doivent être savoureux, autrement dit, ils doivent être agréables au goût.

B Les facteurs déclencheurs de l'appétit

• L'appétit est l'envie de manger. Ce désir est lié à plusieurs facteurs tels que les facteurs sensoriels :
– **le facteur visuel :** la présentation d'un met dans l'assiette ;
– **le facteur olfactif :** les parfums s'échappant des préparations culinaires, l'odeur agréable des cuissons ;
– **le facteur gustatif :** les différents arômes d'un plat.

• On distingue deux types de faim :
– **la faim physiologique :** le manque d'énergie provoque la libération d'hormones dans le cerveau qui déclenchent la sensation de faim ;
– **la faim psychologique :** le cerveau est à l'origine de la sensation de faim, alors que le corps n'a pas besoin de nourriture. La faim psychologique peut aggraver les maladies alimentaires comme l'obésité.

2 La qualité organoleptique

Les organes des sens

Les sens	Les caractéristiques de l'aliment
La vue	• La forme (rond, cylindrique…) • La couleur (rouge, vert…) • L'aspect (lisse, granuleux…)
Le toucher	• La texture (mou, râpeux, doux…) • La température (chaud, froid, tiède…)
L'odorat	• L'odeur (agréable, désagréable, inodore, épicée…)
Le goût	• La température (chaud, froid, tiède…) • La consistance (ferme, onctueux, croquant, gluant, fluide…) • La saveur (acide, salée, sucrée, amer)
L'ouïe	Le bruit lorsqu'on mâche l'aliment (croustillant, croquant…)

Définition

Qualité organoleptique : désigne l'ensemble des propriétés d'un aliment perceptibles par les sens (la couleur, l'odeur, la saveur, la consistance). Le cerveau associe une sensation ou une caractéristique à un aliment (exemple : une tomate correspond à la couleur rouge, à une forme ronde…). Les critères organoleptiques correspondent aux propriétés de l'aliment qui procurent une sensation.

A Les organes sensoriels

Plusieurs organes participent à la perception des saveurs et des odeurs.

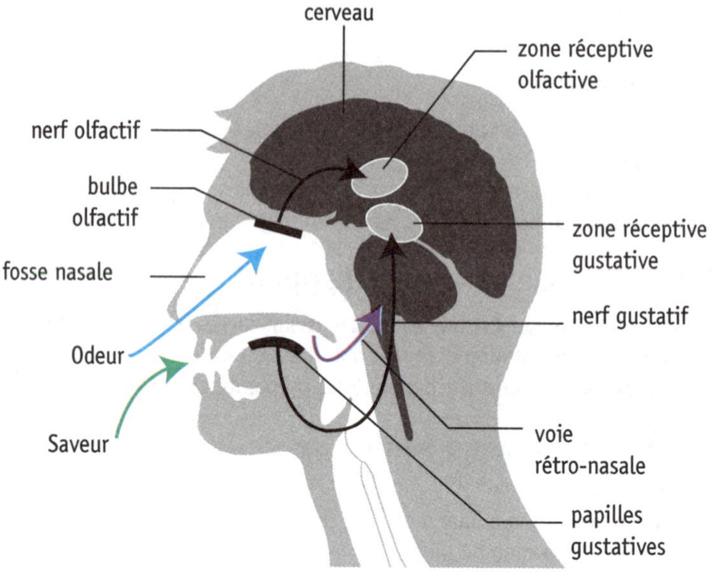

B La mise en valeur des plats

Afin de stimuler l'appétit, il est important de présenter les préparations en les mettant en valeur.

Exemple

Mettre des plats en valeur :
- proposer des aliments de qualité, comme des produits biologiques par exemple ;
- offrir un choix d'assaisonnements variés ;
- proposer des préparations avec une consistance adaptée à l'âge des enfants (repas mixés) ;
- servir les plats à bonne température au moment du service ;
- réaliser une présentation harmonieuse des aliments dans l'assiette ;
- concevoir des préparations culinaires colorées.

Fiche 124

La fonction sociale et les conditions optimales de prise des repas

1 Introduction

• **L'alimentation** et un événement important dans la vie du nourrisson et du jeune enfant. Elle **représente une source d'interaction sociale par une communication verbale mais aussi non verbale** (attitude vis-à-vis des préparations proposées, respect des goûts de chacun…).

• La **prise des repas** constitue aussi une occasion favorable à de **nouveaux apprentissages** (utilisation des couverts…) et à la **socialisation,** mais elle représente aussi simplement un **moment chaleureux** de partage, de plaisir et de convivialité pour chaque enfant.

2 La fonction sociale

• Le temps du repas est un moment favorable au **partage et** au **respect des pratiques culturelles et alimentaires de chacun.**

• **L'utilisation de tables rondes favorise la sociabilité** et évite aux enfants de s'interpeler d'un bout à l'autre de la table.

3 Les conditions optimales de prise des repas

A L'encadrement

• Le **personnel** doit avoir un discours positif autour de la composition du repas, il participe à **l'éducation alimentaire des enfants** et à la convivialité des repas.

• Il est important que le personnel s'adapte à l'autonomie de chaque enfant en fonction de son âge.

Exemple

Encadrer les repas selon les âges
– pour les « petits » (0 à 15 mois) : 1 agent fait manger 1 enfant à la fois ;
– pour les « moyens » (15 à 20 mois) : 1 agent pour 4, voire 6 enfants ;
– pour les « grands » (20 mois à 3 ans) : 1 agent pour 6 enfants.

B L'environnement

• Constituer des tables de 6 enfants maximum.

• Il est conseillé d'**avoir un local dédié aux repas** dans un environnement calme et avec du mobilier adapté (cuillères molles pour les petits, tables insonorisées…).

• Le lieu du repas doit être aussi agréable (lumineux, décors sur les murs….).

À retenir

La durée des repas doit se faire au rythme de chacun et peut varier de 30 à 45 minutes selon l'autonomie des enfants.

• Pour **lutter contre la nuisance sonore,** on peut séparer les « petits » des plus « grands » et faire si possible plusieurs services.

• Il existe aussi des matériaux permettant de réduire le niveau sonore d'une pièce que l'on collera par exemple sur les murs.

Fiche 125

Le maintien et la remise en température, la gestion des restes

1 Introduction

• Les repas sont issus de deux formes de distribution : la **distribution directe et la distribution indirecte.**

• En **milieu familial,** c'est de la **restauration directe** si le **repas est préparé par l'assistante maternelle** chez elle et distribué le jour même, et de la **restauration différée si le repas est apporté par les parents** (en respectant les règles d'hygiène et de température durant le transport).

• **Dans les maisons d'assistants maternels (MAM)**, chaque assistant maternel est seul responsable de la gestion (préparation, distribution) des repas des enfants qui lui sont confiés. Il devra **respecter** d'une part, **les règles générales d'hygiène alimentaire**, et d'autre part, **les consignes propres à chaque enfant** prévues avec les parents.

• Toutefois la MAM, peut décider de préparer de manière collective les repas. Deux possibilités sont alors envisageables :
– les repas seront confectionnés sur place dans une cuisine validée par les services vétérinaires ;
– la MAM fera appel aux services d'un prestataire de restauration collective, dûment homologué en préfecture.

• **Dans le cas où les repas sont préparés à l'extérieur de l'établissement** (comme dans une cuisine centrale par exemple), on parlera de **distribution indirecte** (en liaison chaude ou froide).

2 Les liaisons froide et chaude

A La liaison froide

• **En liaison froide,** dès la fin de la cuisson, **les aliments** sont conditionnés en grandes portions ou en portions individuelles puis **refroidis à + 10 °C maximum en moins de deux heures** dans des cellules de refroidissement.

• Le stockage peut alors être de 3 jours à + 3 °C. On peut remettre les préparations en température à condition de passer de 3 °C à + 63 °C en moins d'une heure avant consommation.

B La liaison chaude

En liaison chaude, dès la fin de la cuisson, **les aliments** sont conditionnés en bacs ou en portions individuelles, **maintenus à +63 °C** à cœur et **servis dans la journée** (distribution directe) ou bien transportés dans des récipients isothermes ou des appareils chauffants.

3 La gestion des restes

• **Dans les MAM, les restes doivent obligatoirement être jetés,** il est interdit de reconditionner des aliments qui ont été présentés aux enfants, et donc déconditionnés.

• Toutefois, il est possible de remettre à une consommation ultérieure (servis le lendemain à J + 1 donc 24 h maximum) les préparations qui n'ont pas été consommées.

• Cependant, certaines conditions doivent être impérativement remplies.
Pour les préparations réfrigérées :
– elles ne doivent pas avoir été déjà présentées aux consommateurs ;
– elles doivent avoir été conservées à la température réglementaire de + 3 °C maximum.

Pour les préparations chaudes :

– les MAM doivent posséder un équipement spécifique ;
– les préparations chaudes ne doivent pas avoir déjà été présentées aux enfants ;
– elles doivent avoir été :
 • conservées à température réglementaire, soit à + 63 °C minimum. ;
 • refroidies rapidement selon la réglementation en vigueur, soit avec un passage de + 63 °C à + 10 °C en moins de 2 heures, puis stockage à + 3 °C maximum.
 • remises en température selon la réglementation en vigueur, soit avec un passage de + 10 °C à + 63 °C en moins de 1 heure, avant consommation.

• Un **étiquetage** doit permettre de connaître la date d'utilisation prévue des préparations et conservées (J + 3, soit 4 jours au maximum).

• Il doit exister sur le site des **fiches de « refroidissement rapide »** et de **« remise en température »**.

• Chez l'assistante maternelle, il existe 10 règles à suivre impérativement.

À retenir

Les 10 règles de la gestion des restes

règle 1 Ne jamais recongeler un aliment ou un plat décongelé.

règle 2 Ne jamais laisser les restes plus de 2 heures hors du réfrigérateur : une fois cuisinés, les aliments doivent être consommés, réfrigérés ou congelés dans les 2 heures qui suivent leur préparation. On réduit ce délai à 1 heure l'été pour éviter la prolifération microbienne.

règle 3 Ne jamais garder de restes pour bébé.

règle 4 Tous les restes doivent être placés au réfrigérateur à 3 °C durant un jour maximum.

règle 5 Consommer les restes le plus rapidement possible.

règle 6 Servir les restes toujours bien chauds (63 °C minimum).

règle 7 Ne jamais réchauffer plus d'une fois un aliment ou un plat cuisiné.

règle 8 Jeter les restes qui ont une odeur ou un aspect suspect.

règle 9 Congeler les restes que vous ne pouvez pas manger immédiatement.

règle 10 Décongeler les aliments lentement au réfrigérateur ou rapidement au four à micro-ondes. Ne jamais décongeler une préparation à l'air libre ou sous l'eau.

QCM Élaborer des repas

Parmi les propositions suivantes, cochez la ou les bonnes réponses.

1. Les constituants alimentaires apportés par les aliments sont classés en :

- ❍ a. 2 catégories (constituants alimentaires énergétiques : protéines, glucides, lipides et constituants alimentaires non énergétiques : eau, vitamines, éléments minéraux).
- ❍ b. 2 catégories (constituants alimentaires plastiques : protéines, glucides, lipides et constituants alimentaires fonctionnels : eau, vitamines, éléments minéraux).
- ❍ c. 3 catégories (constituants alimentaires énergétiques : protéines, glucides, lipides ; constituants alimentaires fonctionnels : vitamines, éléments minéraux et constituants alimentaires plastiques : eau).

2. Le rôle des constituants alimentaires est :

- ❍ a. fonctionnel.
- ❍ b. énergétique.
- ❍ c. plastique.

3. Les aliments sont classés en 7 groupes, afin :

- ❍ a. de connaître le contenu calorique des préparations.
- ❍ b. de composer des menus gastronomiques.
- ❍ c. d'élaborer des rations alimentaires équilibrées.

4. Les constituants alimentaires contenus dans les aliments vont permettre de répondre aux besoins de l'organisme qui varient selon :

- ❍ a. l'âge.
- ❍ b. le poids.
- ❍ c. l'état de santé.

5. Les trois nutriments énergétiques sont :

- ❍ a. les glucides, les protéines et l'eau.
- ❍ b. les glucides, les lipides et les vitamines.
- ❍ c. les glucides, les lipides et les protéines.

6. Les facteurs qui influencent le comportement alimentaire sont d'ordre :

- ❍ a. métaboliques.
- ❍ b. sensuels.
- ❍ c. culturels.

7. Une allergie alimentaire est une :

- ❍ a. intolérance alimentaire.
- ❍ b. réaction du système immunitaire à un aliment qui est normalement toxique (aliment périmé, champignons venimeux…).
- ❍ c. réaction excessive du système immunitaire à un aliment qui est normalement inoffensif.

8. L'intolérance au gluten :

- ❍ a. est une allergie alimentaire.
- ❍ b. est une maladie chronique de l'intestin déclenchée par la consommation de gluten.
- ❍ c. provoque une mauvaise absorption des constituants alimentaires, notamment le fer, le calcium et l'acide folique au niveau de l'intestin grêle.

9. Un régime alimentaire consiste en un changement de l'alimentation d'un individu pour des raisons :

- ❍ a. thérapeutiques.
- ❍ b. préventives.
- ❍ c. esthétiques.

10. Les intoxications alimentaires résultent :

- ❍ a. de l'ingestion d'aliments contaminés par un agent pathogène.
- ❍ b. de l'ingestion d'aliments en trop grande quantité.
- ❍ c. de l'ingestion d'aliments contaminés par un micro-organisme inoffensif pour l'organisme.

11. Lors des préparations culinaires, des consignes d'hygiène stricte doivent être respectées :

❍ a. car la prévention et la maîtrise des contaminations tout au long de la chaîne alimentaire contribuent à la qualité microbiologique des aliments.

❍ b. pour éviter les contaminations alimentaires.

❍ c. pour conserver la qualité organoleptique des préparations.

12. Les critères de la qualité organoleptique des préparations sont liés :

❍ a. à la taille, la couleur, la forme et l'aspect.

❍ b. au croustillant et au craquant.

❍ c. à la saveur (sucrée, salée, acide, amère) et à l'odeur.

13. Le repas a une fonction sociale car :

❍ a. le temps du repas est un moment favorable au partage et au respect des pratiques culturelles et alimentaires de chacun.

❍ b. il permet une interaction sociale par une communication verbale et non verbale (attitude vis-à-vis des préparations proposées, respect des goûts de chacun…).

❍ c. c'est un moment chaleureux de partage, de plaisir et de convivialité pour chaque enfant.

14. Pour que les repas soient pris dans des conditions optimales, il est nécessaire que :

❍ a. la pièce soit propre et claire.

❍ b. le calme règne dans la maison ou la salle de repas.

❍ c. les plats soient bien présentés.

15. La température de maintien des plats cuisinés à servir chaud avant le repas doit être de :

❍ a. 10 °C.

❍ b. 48 °C.

❍ c. 63 °C.

16. Les plats chauds ne doivent pas être conservés à température ambiante (environ 20 °C) car :

❍ a. il y a un risque de développement de micro-organismes.

❍ b. ce n'est pas la bonne température de dégustation.

❍ c. les plats perdraient leur goût.

17. Les restes de repas de bébé doivent :

❍ a. être jetés.

❍ b. être conservés pour le lendemain même s'ils sont restés plus de deux heures hors du réfrigérateur à température ambiante.

❍ c. être refroidis rapidement et rangés dans un récipient propre qui n'a pas servi à la cuisson ou au service, et couverts avant de les ranger dans le réfrigérateur. Les restes ne doivent jamais être conservés à température ambiante.

18. Les restes de repas d'un enfant doivent :

❍ a. être jetés.

❍ b. être conservés pour le lendemain même s'ils sont restés plus de deux heures hors du réfrigérateur à température ambiante.

❍ c. être refroidis rapidement et rangés dans un récipient propre et bien fermé avant de les placer dans le réfrigérateur. Les restes ne doivent jamais être conservés à température ambiante.

Solutions : 1. a. – 2. a., b., c. – 3. c. – 4. a., b., c. – 5. c. – 6. a., c. – 7. c. – 8. b., c. – 9. a., b., c. – 10. a. – 11. a., b. – 12. a., b., c. – 13. a., b., c. – 14. a., b., c. – 15. c. – 16. a. – 17. a. – 18. c.

Guide Se préparer à l'épreuve orale

Les épreuves orales se préparent avec sérieux et motivation. Il est indispensable de se renseigner sur la finalité de l'épreuve et les attentes du jury.

1 Préparer sa présentation orale

A Avant l'épreuve

Une bonne préparation évite d'être confronté à un stress trop important.
Il est indispensable de :
– **conserver une bonne hygiène de vie :** bien dormir pour mémoriser, se coucher tôt la veille, s'alimenter convenablement, avoir une activité physique pour lutter contre le stress ;
– **préparer son oral par écrit.**
La présentation orale peut se structurer comme suit : salutations, introduction, présentation du plan, développement des parties de l'exposé.
– Rappel des points importants et conclusion :

• **préparer une fiche comportant des mots ou des idées écrites pour être relus rapidement pendant l'entretien.** Vous pouvez éventuellement réaliser une présentation à projeter (diaporama, photos, documents…) en utilisant des moyens de communication (ordinateur, vidéoprojecteur…). Toutefois il est nécessaire de savoir maîtriser ces outils ;

• **relever dans votre dossier les notions que vous avez développées et qui pourraient** entraîner des questions par le jury et savoir y répondre.

Conseils

S'entraîner à haute voix en imaginant être en face d'un jury. On peut s'exercer avec ses amis, sa famille ou seul face à un miroir.
Voici quelques clés :
– regarder tous les membres du jury ;
– ne pas lire les notes mot à mot car cela donne un ton monocorde et ennuyeux ;
– parler suffisamment fort sans baisser la voix en fin de phrase.

B La veille de l'épreuve

Il est nécessaire de préparer :
– les documents : la convocation et un justificatif d'identité ;
– les affaires utiles pour l'épreuve : dossier, notes, matériel de bureau, clé USB…

2 Le jour de l'épreuve

A Le jour de l'épreuve

– **Porter une tenue correcte dans laquelle vous êtes à l'aise.**
– **Respecter l'heure de l'épreuve et arriver 15 minutes à l'avance** avec la convocation et une pièce d'identité.
– **Rester concentré avant de passer l'épreuve :** les candidats doivent souvent patienter dans un couloir ou une salle. Durant ces instants, il est important de rassembler calmement ses idées. La recherche d'informations auprès d'autres candidats (sur le jury, les questions posées, etc.) ne vous apportera rien, sinon du stress.

B Lors de l'entretien

Il est nécessaire de :
– maîtriser son stress, respirer à fond, régulièrement ;
– s'installer correctement et adopter une position stable et dynamique ;
– parler calmement, rester correct, poli et souriant, utiliser un vocabulaire professionnel ;
– maîtriser le sujet du dossier et le plan de l'exposé : ne lisez pas la préparation orale, ne récitez pas votre présentation ;
– susciter l'intérêt du jury qui reçoit beaucoup de candidats. Faites des phrases courtes et claires ;
– maîtriser les savoirs associés du référentiel du CAP en lien avec votre présentation ;
– conserver une écoute du jury lors de l'entretien et des questions posées.

C Le contenu des épreuves

EP1	EP3
• Exposé du candidat suivi d'un entretien avec le jury • Durée totale de l'épreuve : 25 minutes	• Exposé du candidat suivi d'un entretien avec le jury • Durée totale de l'épreuve : 25 minutes Dans le cas de la présentation d'un projet d'accueil élaboré à partir d'un ensemble documentaire, le candidat dispose d'un temps de préparation de 1 h 30
• Présentation succincte du candidat • Descriptif général de vos activités • Présentation du contexte d'intervention : la structure, les personnels, le public, les besoins des enfants • Description des activités de soin • Description des activités d'accompagnement de l'enfant dans ses découvertes et apprentissages • Compétences et connaissances acquises	• Présentation succincte du candidat • Présentation de l'espace de vie • Description de la période d'adaptation • Description d'une journée type • Rappel des besoins de l'enfant • Compétences et connaissances acquises

Guide Se préparer à l'épreuve EP3

1 La description de l'épreuve

Selon que le candidat est issu de la voie scolaire ou non, deux cas sont possibles.

A Le candidat est issu de la voie scolaire

Le candidat présente un projet d'accueil élaboré à partir d'un **ensemble documentaire qu'on lui fournit lors de l'examen.** Il dispose d'un temps de préparation de 1 h 30 avant son épreuve orale de 25 minutes.

B Le candidat n'est pas issu de la voie scolaire

Les AMA (assistant(e)s maternel(le)s agréé(e)s) et les employé(e)s à domicile ont la possibilité de **présenter un projet d'accueil réel qui prend appui sur leur contexte d'intervention professionnel du domicile.** L'AMA ou l'employé(e) à domicile qui fait ce choix au moment de l'inscription au diplôme dépose un dossier (5 pages maximum) présentant le projet d'accueil à une date fixée. S'il ne souhaite pas présenter un projet d'accueil, le candidat passe la même épreuve que les candidats issus de la voie scolaire.

2 Qu'est-ce que le projet d'accueil ?

• Le projet d'accueil est **un document écrit qui précise les modalités d'accueil de l'enfant au domicile de l'assistant(e) maternel(le).** Il sert de lien avec les parents en ce qui concerne les habitudes de vie, la santé, les rythmes et l'éducation de l'enfant accueilli. Il peut varier dans sa forme et dans son contenu. Chaque assistant(e) maternel(le) se l'appropriera en fonction de ses objectifs personnels, des demandes des parents et des besoins particuliers de chaque enfant accueilli.

> **Conseil**
>
> Pour aider à la rédaction de ce projet d'accueil, l'assistant(e) maternel(le) peut se rapprocher du relais d'assistant maternel (RAM), du dispositif de la formation continue ou des puéricultrices du service de la PMI.

• **Il peut être écrit avec les parents dès la période d'adaptation de l'enfant.** Il est généralement proposé par l'assistant(e) maternel(le) qui peut soit écrire son propre projet, soit prendre appui sur des documents existants proposés par les services de la protection maternelle et infantile (PMI) du département. **Plus il sera personnalisé par l'assistant(e) maternel(le), plus il prendra de sens à ses yeux, et mieux il sera perçu et compris par la famille.**

• **Ce document n'est pas obligatoire, mais il sert de lien et de dialogue avec la famille, ce qui permet d'améliorer l'accueil de l'enfant.** Il vise à exprimer les vœux éducatifs des parents de manière à assurer une continuité et une cohérence dans l'accueil de l'enfant chez l'assistant(e) maternel(le). Il facilite le dialogue, les échanges et favorise une relation de confiance mutuelle. **Le projet est évolutif et devra être actualisé tout au long des grandes étapes de développement de l'enfant.**

3 Les thèmes abordés dans le projet d'accueil

Généralement, **le projet d'accueil se décline autour de thèmes reprenant les besoins fondamentaux de l'enfant (alimentation, sommeil, hygiène, éveil).** Mais il peut aborder d'autres thématiques en fonction des attentes de l'assistant(e) maternel(le) et de la famille concernant l'intérêt de l'enfant (communication, attitudes éducatives...).

4 Une proposition de plan pour présenter un projet d'accueil

A La présentation personnelle

Réaliser en quelques lignes une présentation personnelle : vos nom, prénom, âge, formations, diplômes, expériences professionnelles, qualités professionnelles. Nommer les autres membres de la famille (conjoint, enfants). Préciser également si vous avez des animaux de compagnie.

B La présentation de l'espace de vie

Faire une description générale du lieu d'habitation (nombre de pièces, jardin, balcon...). Indiquer si des espaces sont réservés aux enfants accueillis (aménagement d'une salle de jeux par exemple).

C La période d'adaptation

Définir et individualiser la période d'adaptation avant la reprise d'activité du parent. Elle est conseillée pour faciliter la séparation aussi bien pour les parents que pour l'enfant, ainsi que pour familiariser l'enfant avec l'assistant(e) maternel(le) et réciproquement. C'est un temps de rencontre, d'observation, d'échange et de partage permettant de faire connaissance avec l'enfant et de s'ajuster à ses besoins (repères, habitudes...).

D Le déroulement d'une journée

Décrire toutes les activités que vous allez faire dans la journée. Vous rassurerez les parents qui souhaitent savoir ce que fait leur enfant en leur absence et vous mettrez en avant votre professionnalisme.

E Les besoins de l'enfant

- **L'alimentation**

Expliquer la façon dont vous concevez le temps du repas. Le repas est un moment privilégié de détente, de découverte et de plaisir partagé. Il est important de discuter des habitudes de l'enfant, en visant au respect de son **équilibre alimentaire et de ses besoins** (quantités, variétés...).

Les questions à aborder avec les parents :

Quelle organisation en cas d'allaitement maternel ?
Comment l'enfant prend-il ses biberons : habitudes, rythme, quantité, eau, température, modalités de chauffage... ?
Pour l'enfant plus grand : habitudes, quantité, goûter, boissons, préférences alimentaires... Recommandations particulières (allergies alimentaires, intolérances, régime...).

- **Le sommeil**

Lister les questions relatives au sommeil. Le sommeil favorise la croissance et le développement de l'enfant. Chacun a son propre rythme, ses rituels d'endormissement et de réveil. Il est important de les respecter.

Les questions à aborder avec les parents :

Comment se déroulent les siestes : habitudes et lieu d'endormissement ?
Quels sont les signes habituels de fatigue de l'enfant ?
À quel rythme a-t-il besoin de dormir ?
Quelle est la durée approximative de ses siestes ?
Dort-il avec une tétine, un doudou ?

• **L'hygiène et l'acquisition de la propreté**

S'informer sur l'apprentissage de la propreté de l'enfant. L'acquisition de la propreté varie d'un enfant à l'autre. Elle est progressive et doit respecter l'intimité et la pudeur de l'enfant. L'apprentissage de la propreté est initié par les parents et relayé par l'assistant(e) maternel(le).

Les questions à aborder avec les parents :

Quelle pratique pour les changes : produits, lieu, rythme, allergies... ?
Où en est l'enfant dans l'apprentissage de la propreté ?
Qui fournit les couches, les produits d'hygiène, les bavoirs, les gants et serviettes de toilette... ?
Qui se charge de l'entretien du linge et de la literie... ?

• **Les activités d'éveil et les sorties**

• **Expliquer comment vous concevez les activités d'éveil et les sorties.** Elles sont sources de plaisir et offrent des possibilités d'expression par le langage, le jeu, le dessin, la musique, le chant, la lecture... Tous les moments de la vie quotidienne participent à l'éveil de l'enfant : préparation des repas, activités ludiques, changes, promenades... L'alternance entre des moments d'activité avec l'adulte et des temps de jeux libres favorise son épanouissement.

• **Décrire les jeux et jouets adaptés à l'âge de l'enfant** qui seront mis à sa disposition ainsi que **les lieu(x) et espace(s) lui est (sont) réservé(s).**

• **Citer vos centres d'intérêts** et demander aux parents s'ils sont également susceptibles d'intéresser l'enfant : promenade, jardinage, histoires, chansons, cuisine...

Les questions à aborder avec les parents :

À quoi s'intéresse l'enfant ?
Qu'aime-t-il faire ? Quels sont ses jeux préférés... ?
Souhaitez-vous que votre enfant, accompagné par l'assistant(e) maternel(le), fréquente un lieu d'éveil et d'activités : relais assistants maternels, bibliothèque, ludothèque... ?
Quel usage de la télévision et des jeux vidéo dans la journée de l'enfant : moments, programmes, temps consacré... ?

F La santé et la sécurité de l'enfant

Expliquer votre position quant à la confidentialité des informations relatives à la santé de l'enfant. Les parents s'engagent à communiquer régulièrement à l'assistant(e) maternel(le) les renseignements médicaux nécessaires : allergies, vaccinations, régime particulier, traitements en cours, chutes, tout incident, fièvre, maladie chronique... L'accueil de l'enfant malade doit être compatible avec celui des autres enfants accueillis.

G Les attitudes éducatives

Évoquer votre attitude éducative. Pour grandir, l'enfant a besoin dans la vie quotidienne de repères et de limites qui lui assurent continuité, stabilité et sécurité. Ils sont déterminants pour la construction de sa personnalité.

Les questions à aborder avec les parents :

Sur quelles attitudes éducatives faut-il s'accorder : règles, limites, autonomie, socialisation, gestion des situations difficiles (pleurs, colères, anxiété...) ?

H La communication

Un cahier de liaison peut être réalisé entre l'assistant(e) maternel(le) et les parents. Il permet l'échange d'informations concernant l'enfant et assure la continuité de son quotidien (activités, santé, petits événements...).

Guide

L'ensemble documentaire de l'épreuve EP3

Modalités d'évaluation :
Épreuve orale : exposé du candidat, puis entretien d'une durée totale de 25 minutes.
Temps de préparation : 1 h 30
Consigne au candidat : présenter un projet d'accueil élaboré à partir du contexte professionnel et de l'ensemble documentaire proposés.

1 Le contexte professionnel

Madame L. âgée de 27 ans est assistante maternelle agréée depuis un mois pour accueillir deux enfants. Elle est mariée à monsieur L. et a un enfant âgé de 6 ans, scolarisé. La famille vit dans un appartement en rez-de-chaussée avec un jardin clôturé qui possède un grand salon et trois grandes chambres. Madame L. a aménagé une de ces chambres en espace de jeux avec deux petits lits pour les enfants qu'elle doit accueillir de 7 h 30 à 18 h : Benjamin (4 mois) et Annabelle (18 mois).
Madame L. aime faire la cuisine et prépare tous ses repas à partir de produits frais et de saison qu'elle achète au marché. Elle fréquente régulièrement la bibliothèque et le parc de la ville. Elle aime marcher et se balader en forêt.

2 L'ensemble documentaire

Document 1 : Matériels et produits à fournir par les parents
Document 2 : Quelques jeux calmes pour temps calmes
Document 3 : Quels jeux pour quel âge ?
Document 4 : Activité manuelle « mon arbre »
Document 5 : La période d'adaptation
Document 6 : L'acquisition de la propreté
Document 7 : La diversification alimentaire
Document 8 : Le couchage du nourrisson

Document 1 Matériels et produits à fournir par les parents

Toutes les fournitures doivent être marquées au prénom et nom de l'enfant afin d'éviter les confusions.
Certaines affaires sont à fournir par les familles afin d'assurer du confort. L'enfant peut ainsi conserver ses habitudes et ses repères.

Fournitures à laisser chez votre assistant(e) maternel(le)

– Des chaussons ou des pantoufles anti-chutes (qui devront être remplacés en fonction du changement de taille de l'enfant).
– Une paire de bottes de pluie.
– Un paquet de couches (privilégier celles avec lesquelles votre enfant se sent bien).
– Des lingettes ou carrés de coton et autres produits : savon doux, lait de toilette, eau de toilette, crème de change, coton, brosse à dents et dentifrice… pour laver votre enfant durant les changes et pour lui nettoyer le visage après manger. À cet effet, prévoir des serviettes de toilette (5) et des gants en coton (5).
– Un pack d'eau minérale en grandes bouteilles.

– Du lait et/ou du lait en poudre et éventuellement des biberons (si vous désirez que votre enfant utilise les siens).
– Un thermomètre auriculaire.
Note : Penser à renouveler les produits (eau, lait, couches, produits d'hygiène… en fonction de mes demandes).

Au choix des familles

Une gigoteuse (ou turbulette ou sur-pyjama).
Note : je n'utilise ni couverture, ni oreiller, ni couette car ceci est interdit afin d'éviter la mort subite du nourrisson.

Fournitures à mettre chaque jour dans le sac de l'enfant

– Le doudou et/ou la tétine (il est possible d'en laisser en permanence pour éviter les oublis).
– Des vêtements de rechange : 2 changes complets avec chaussettes et sous-vêtements (pensez à les remplacer lorsque l'enfant grandit).
– Un petit sac pour mettre le linge sale.
– Une petite bouteille d'eau minérale (avec timbale à bec ou classique selon l'âge si l'enfant ne boit pas encore à la bouteille).
– Pour les sorties et afin d'éviter tout désagrément, il faut fournir en fonction des saisons : casquette et crème solaire (protection 50), bonnets et gants.
– Un nécessaire de soins dans une trousse : sérum physiologique (pour nettoyer le nez) ou un mouche bébé électrique (à stériliser par vos soins), un anneau de dentition (si vous le souhaitez et à stériliser par vos soins), et uniquement avec ordonnance du médecin : une pommade en cas de fesses irritées, des granules ou pommade pour les bosses et coups, des médicaments pour la fièvre.
– Le cahier de liaison (que je fournis).
Note : ce sac devra être pratique à transporter (facile à accrocher sur une poussette).
Vérifier quotidiennement son contenu pour qu'il ne manque rien.

Document 2 Quelques jeux calmes pour temps calmes

Le jeu tranquille

Durée : 30 minutes environ.
Règle du jeu : l'enfant le plus silencieux démarre le jeu. Il choisit le prochain enfant le plus silencieux, puis celui-ci désigne quelqu'un d'autre mais toujours le plus silencieux.
Variante : les enfants s'installent en cercle et la nounou désigne l'enfant le plus silencieux en lui tapotant doucement la tête. Celui-ci se lève et fait de même toujours en tapotant l'enfant le plus calme.

L'animal calme

Durée : 10 minutes environ.
Règle du jeu : les enfants s'installent en cercle et la nounou donne l'animal en peluche au plus tranquille qui le lance doucement à quelqu'un dans le cercle. Il ne faut ni laisser tomber l'animal, ni parler, ni jeter l'animal en dehors du cercle sous peine d'être éliminé.

Le téléphone arabe

Durée : 30 minutes environ.
Règle du jeu : les enfants s'installent en cercle ; l'un d'eux commence en chuchotant une phrase à l'oreille de celui qui est à sa droite par exemple et ainsi de suite. Il est important que tous les enfants restent calmes afin que chacun puisse entendre le message et le transmette. À la fin, le dernier enfant énonce le message à voix haute et tous découvrent s'il est correct ou s'il a été déformé.

Le cimetière

Durée : 30 minutes environ.
Règle du jeu : les enfants se couchent sur le sol et ne doivent pas bouger. La nounou choisit un enfant qui se lève, regarde les autres et élimine ceux qui bougent, se déplacent ou parlent.

Les statues calmes

Durée : 30 minutes environ.
Règle du jeu : la nounou demande aux enfants de faire la statue en indiquant le type de statue à faire : un animal : le singe, le chat, l'oiseau…, un métier : l'infirmier, l'instituteur, le boulanger…, un personnage : le bébé, la maman, le papy… La nounou compte jusqu'à 3 et les enfants doivent devenir la statue. La nounou donne un point à la meilleure statue et ainsi de suite pour que le jeu continue. Attention : les statues ne bougent pas et ne parlent pas.

Le singe silencieux

Durée : 10 minutes environ.
Règle du jeu : la nounou choisit un enfant qui se place devant les autres et il fait des actions stupides en silence. Dès que quelqu'un rit, il est éliminé et doit s'asseoir pendant trois tours consécutifs. Chaque enfant devient « le singe » à tour de rôle.

Pierre, feuille, ciseaux

Durée : 10 minutes environ.
Règle du jeu : chaque joueur serre le poing et frappe dans l'autre main en disant : « Pierre, feuille, ciseaux ! » Sur le mot ciseaux chaque joueur fait la pierre, la feuille ou les ciseaux avec sa main. La pierre bat les ciseaux, les ciseaux battent la feuille et la feuille bat la pierre.

Document 3 Quels jeux pour quel âge ?

Les jeux et jouets jusqu'à 6 mois

Entre 0 et 1 mois : le nourrisson découvre son environnement. Il a besoin de tranquillité, il faut donc éviter de trop stimuler ses sens. Il est possible de proposer des peluches, des tissus doux, de la musique douce.
Entre 2 et 3 mois : l'enfant suit du regard les objets ou les personnes. Il essaie d'agripper les objets qu'on lui présente.
Les mobiles suspendus au lit, au transat, au parc… les hochets, les petites peluches, les poupées en tissu faciles à attraper permettent de l'éveiller.
Entre 4 et 5 mois : les bébés manipulent mieux les objets, ils arrivent à les faire passer d'une main à l'autre, ils les portent à la bouche.
Les tapis d'éveil, les différents objets sonores et les textures variées sont des jouets qui vont les intéresser et éveiller leurs sens.

Les jeux et jouets de 6 mois à 1 an

Vers 6-7 mois : la coordination geste/visage est acquise, le bébé arrive à saisir plusieurs objets à la fois. Il commence à s'asseoir et à ramper.
Les cubes, jouets à secouer, à empiler, à encastrer (gobelets gigognes) permettent de développer l'adresse.
Vers 8-9 mois : le bébé poursuit sa découverte en rampant, parfois à quatre pattes, puis en se redressant. Il lance les objets qu'il saisit entre le pouce et l'index. Il aime qu'on lui raconte des histoires.
Les imagiers colorés sont appréciés car ils offrent une approche de la lecture et conduisent à découvrir la musicalité des mots. De même, pendant le bain, les jouets adaptés sont importants pour la découverte. En effet, en les manipulant dans l'eau du bain, le bébé percevra les notions telles que remplir, vider, flotter, s'enfoncer...

Les jeux et jouets de 1 à 3 ans

Entre 12 et 18 mois : avec les premiers pas, les activités tournent à l'exploration. Les enfants sont de plus en plus habiles. Les jeux se déroulent autour des déplacements, des empilements, des objets lancés et ramassés.
Les jeux de construction, les jouets sonores (petites percussions : maracas, xylophones, triangles...) les jouets à tirer, à pousser, à encastrer (clés, formes à glisser dans des fentes, etc.) et les jeux d'imitation (téléphone, garage, poupées) sont des jeux très appréciés. Les livres imagés très prisés également participent à la découverte des mots, des sons et du vocabulaire.

Entre 18 et 36 mois : vers 18 mois, l'enfant parle mieux et son vocabulaire s'enrichit. Il imite les grands. La précision dans les gestes et la connaissance de son corps s'améliore. L'enfant essaie donc de s'habiller seul et de devenir propre. Sa précision est plus grande et il arrive à tenir un crayon. L'enfant dessine (gribouillages), colorie et commence à découper. L'imagination occupe une place importante dans les jeux.
Les jeux évoluent : les enfants utilisent des jeux de construction, des jeux représentant la vie quotidienne (ferme, caserne de pompiers, garage, landau, aspirateur, dînette, poupées...), des puzzles. Ils aiment se déguiser (pirates, fées, héros de dessins animés...). Ils apprécient les activités manuelles : coloriages, peinture, pâte à modeler, pâte à sel...
La lecture et l'écoute de comptines sont très appréciées. Elles favorisent l'acquisition du langage. Les enfants découvrent également des jeux interactifs adaptés.

Document 4 Activité manuelle « mon arbre »

Matériel nécessaire

– Du papier blanc et du papier coloré (160 g).
– De la gouache liquide : rose, bleue, violette, transparente à paillettes.
– Des ciseaux à bouts ronds.
– Une éponge.
– De la colle blanche en tube sans solvant.

Réalisation

① Peindre la feuille blanche avec une éponge en faisant des bandes colorées, laisser sécher.
② Découper des bandes de papiers colorés pour le tronc et les branches.
③ Coller les bandes de papier pour former un arbre.

Document 5 La période d'adaptation

La période d'adaptation est un moment indispensable pour l'accueil du jeune enfant chez l'assistante maternelle. Elle sert avant tout à créer des liens entre la « nounou », les enfants et les parents.
Elle a pour but d'établir une relation de confiance entre tous et d'être un temps de rencontre, de mise en confiance, d'échanges, d'installation de règles de fonctionnement (respect de la vie privée des uns et des autres, respect des horaires...).
La première difficulté est la séparation entre enfant et parents.
La seconde concerne les parents, car il n'est pas aisé de confier son enfant à l'assistante maternelle.
L'enfant doit s'habituer peu à peu à son nouvel environnement quotidien (domicile de l'assistante maternelle mais aussi aux bruits, odeurs, nouveaux camarades de jeux...). Il doit faire connaissance avec celle qui prendra soin de lui pendant l'absence de ses parents (façon différente d'être porté, câliné, couché...). Il est important que les adultes (parents et assistante maternelle) prennent du temps afin que l'enfant appréhende au mieux ces changements et qu'il accepte d'être séparé de sa famille.
Ce temps d'adaptation doit être organisé. S'il n'est pas standardisé et dépend des individus, il se déroule généralement sur une semaine et de façon progressive : une heure, puis deux, puis une demi-journée allant jusqu'à la journée complète.
Cette journée complète initie aux rituels d'arrivée : dire bonjour, mettre les chaussons. Viennent ensuite les rituels de la journée : que fait-on avant ou après les repas ? avant ou après la promenade ? avant ou après la sieste ?
Tous les jours, les mêmes évènements se déroulent :
– **le matin :** l'enfant doit se séparer de ses parents et le soir : c'est le temps des retrouvailles. Il est nécessaire de prévoir un peu de temps pour se dire au revoir et d'éviter que les parents ne partent trop rapidement, ni en cachette.
– **Le soir :** l'enfant doit quitter le lieu devenu familier. L'arrivée des parents peut quelquefois être éprouvante. Par exemple : rupture d'une activité ou d'un jeu. Dans ces cas, parents et enfants ont besoin d'un peu de temps pour se retrouver et pour dire au revoir à tous ceux qui ont accompagné l'enfant dans sa journée : assistante maternelle et camarades.
Il est conseillé d'apporter chez l'assistante maternelle un doudou ou un objet pour lui rappeler une odeur familière. Ces objets feront les allers et retours entre la maison de l'enfant et celle de l'assistante maternelle. L'enfant se sentira ainsi rassuré et il pourra passer, sans heurt, de sa vie avec ses parents à sa vie chez son assistante maternelle.
Vers 6/8 mois, l'enfant choisira lui-même un objet qui deviendra l'objet transitionnel auquel il s'attachera et qui pourra servir lors de moments d'angoisse, pendant l'endormissement...
À la fin de la période d'adaptation, et pour marquer le début de la garde, un carnet de liaison sera remis aux parents qui pourront ainsi découvrir le déroulement de la journée : repas, sommeil, changes mais aussi sourires, jeux.
À la fin de cette semaine d'adaptation, parents, enfant et assistante maternelle sont prêts et sereins.

Document 6 L'acquisition de la propreté

Généralement, les enfants sont aptes à devenir propres entre 2 et 4 ans, mais chaque enfant est unique.
L'apprentissage doit être commencé lorsque l'enfant est prêt.
Quelques règles essentielles à respecter pour l'apprentissage de la propreté :
– Intéressez-le à cet apprentissage par des lectures (exemple : *Caillou et le pot*) ou des comptines.
– Montrez-lui le pot et expliquez-lui à quoi il sert.

– Créez des habitudes : par exemple, mettre l'enfant sur le pot tous les matins mais attention, ne le forcez pas et ne le réprimandez pas si dans un premier temps il ne veut pas s'installer sur le pot.
– Restez près de lui et éventuellement parlez-lui de ses lectures ou répétez une comptine.
– Quand l'enfant manifeste son envie, installez-le rapidement sur le pot, ne le faites pas attendre (il est normal qu'à 3 ans son envie soit urgente).
– Choisissez des vêtements et des sous-vêtements amples et simples (sans attaches) pour qu'il puisse aller sur le pot sans aide.
– Ne le forcez pas à regarder ses matières fécales évacuées par la chasse d'eau, cela peut créer de la peur.
– Communiquez avec les parents pour indiquer ce que vous avez mis en place de façon qu'ils emploient une stratégie identique.
– Félicitez-le mais pas exagérément.
– N'associez pas l'entrée à l'école à l'acquisition de la propreté.

Document 7 La diversification alimentaire : exemples de repas à partir de 6 mois

2 EXEMPLES DE MENUS À PARTIR DE 6 MOIS

	LE MATIN	
• Lait maternel ou un biberon de 240 ml (8 mesures) de lait 2e âge ou 250 ml de lait 2e âge liquide. Cette ration peut être adaptée selon l'appétit de l'enfant.	**Apport lacté**	• Lait maternel ou un biberon de 240 ml (8 mesures) de lait 2e âge ou 250 ml de lait 2e âge liquide. Cette ration peut être adaptée selon l'appétit de l'enfant.
	À MIDI	
• Purée de légumes « maison » (sans adjonction de sel) + une noisette de beurre (au biberon ou à la cuillère). • Viande ou poisson mixé : 10 g/j (2 cuillères à café) ou 1/4 d'œuf dur (jaune et blanc). • Un fruit cuit (compote maison ou petit pot) (il n'y a aucune obligation de terminer le pot).	**Repas mixé à la cuillère (ou biberon si l'enfant préfère) :** **légumes** **+** **viande** **+** **dessert**	• Un « petit pot » de légumes-viande ou légume-poisson (sans aucune obligation de terminer le pot). • Un laitage : yaourt, fromage blanc... (de préférence laitages « destinés aux enfants en bas âge » car leur teneur en protéines est réduite, et ils sont enrichis en fer, acides gras essentiels et vitamines).
	À 16 HEURES	
• Un laitage : yaourt, fromage blanc... • Une compote (maison ou petit pot) dans le biberon ou à la cuillère.	**Apport lacté** **+** **+/- produit céréalier** **+** **fruit**	• Lait maternel ou un biberon de 240 ml (8 mesures) de lait 2e âge ou 250 ml de lait 2e âge liquide, avec, éventuellement, 1 cuillère à soupe de « farines infantiles ». • Un fruit : cru (banane mixée) à la cuillère.
	LE SOIR	
• Lait maternel ou un biberon de 240 ml (8 mesures) de lait 2e âge ou 250 ml de lait 2e âge liquide. • +/- une compote.	**Apport lacté** **+** **fruit et/ou légumes**	• Un biberon de soupe (+ 1 cuillère à café d'huile). • Un laitage : yaourt, fromage blanc...

Document 8 Le couchage du nourrisson

Durant les 3 premières années de vie, la maturation du sommeil, l'organisation interne et la rythmicité sur 24 heures du sommeil se mettent en place. En fonction de l'âge et de l'enfant, le besoin de sommeil est différent. Il faut donc repérer, déterminer et essayer de respecter le rythme de bébé.
Pour assurer à l'enfant un sommeil calme et serein, des mesures simples concernant le lieu du sommeil et le couchage sont à mettre en place :
- la température de la pièce doit être comprise entre 18° et 20 °C ;
- la pièce doit pouvoir être obscure la nuit, car l'obscurité favorise le sommeil ;
- le lit ou le berceau ne doit pas être encombré de jouets et peluches et être adapté à la taille de l'enfant (la sensation de pouvoir toucher les bords du lit rassure mais il doit aussi se sentir libre) ;
- le matelas doit être plutôt ferme et adapté à sa morphologie ;
- coucher le bébé sur le dos.

En cas d'encombrement nasal, de régurgitations ou de reflux gastro-œsophagiens, relever légèrement le haut du corps de l'enfant.
Les couettes, couvertures et draps sont à éviter avant 1 an. Il est préférable d'utiliser une gigoteuse ou une turbulette ou un pyjama avec un sur-pyjama.
La pièce et les éléments de la literie doivent être aérés.
Pour la décoration, les couleurs vives et foncées sont à éviter.

Les trains du sommeil de 0 à 3 ans

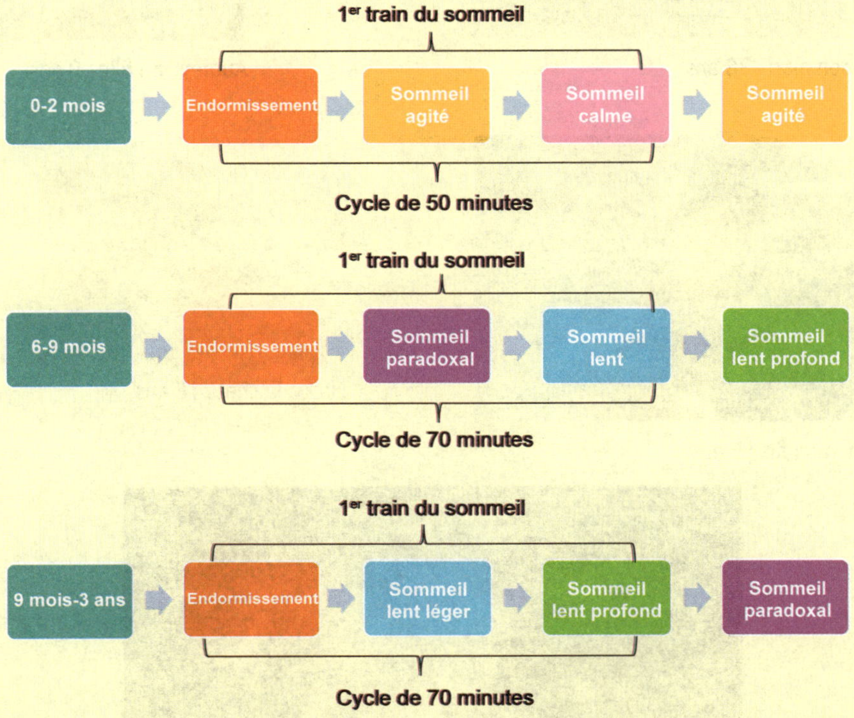

« Comment s'organise l'accueil de votre enfant chez NINOU »

Je vous présente ma famille.

André, mon mari : 38 ans

Audrey, ma fille : 9 ans

Anton, mon fils : 5 ans

Lucky, le chat : 16 ans

Et votre assistante maternelle Isabelle (37 ans) mais les enfants m'appellent NINOU

1 Présentation de l'espace de vie

- Le lieu d'accueil des enfants est mon domicile, un appartement de 102 m² avec 4 chambres. **Il y a des endroits définis pour chaque activité.**

– Les enfants jouent dans la pièce principale ou dans la chambre aménagée pour les enfants que j'accueille.
– Ils mangent à table (dans la cuisine), apprennent petit à petit à débarrasser la table, à se laver les mains et le visage après le repas.
– Les soins et les changes ont lieu dans la salle de bains où est installé le plan à langer.
– La sieste de l'après-midi a lieu dans des lits adaptés dans la chambre aménagée.

- **Il y a des pièces interdites aux enfants pour leur sécurité** qui sont :

– la chambre de ma fille (présence de petites pièces de jeux de construction, de poupées…) ;
– les balcons (c'est le domicile du chat qui ne rentre pas dans la maison en présence des enfants).

- **Le matériel de puériculture est prévu** (chaises hautes, rehausseurs, chaises et tables pour les plus grands, transat, balancelle, matelas à langer, boite de rangement individuel pour les effets personnels, bavoirs en tissu et en plastique, gobelets, cuillères adaptées, assiettes et verres en plastique…).
- **Les jeux d'éveil sont diversifiés et en quantité suffisante.** L'ambiance est fréquemment baignée d'une musique douce lorsqu'il s'agit de ramener les enfants au calme, notamment avant la sieste.

2 La période d'adaptation

- On appelle « **période d'adaptation** » le **moment de transition pendant lequel les parents me confient « en douceur »** leur enfant. Elle leur permet de mieux me connaître et de s'adapter progressivement à cette nouvelle relation. **Il ne faut surtout pas la négliger.**
- Elle est différente de la « **période d'essai** » qui est la **période au cours de laquelle les parents ou l'assistante maternelle pourront librement interrompre le contrat.**
- Elle va s'étaler sur une à trois semaines en fonction : de l'âge de l'enfant, de la façon dont se vit la séparation pour l'enfant et ses parents, et de la disponibilité des adultes. Elle sera discutée et personnalisée au moment de la signature du contrat.
- D'une manière générale, elle comportera les moments suivants :

– **un premier contact consacré à l'enfant et aux parents,** à la lecture du « Questionnaire pour les parents » sur les habitudes de l'enfant :
– **un temps court choisi** (goûter, biberon, activité d'éveil) où le parent s'occupe de l'enfant chez l'assistante maternelle ;
– **un temps choisi où le parent installe son enfant** puis va s'absenter entre demi-heure et une heure ;
– **plusieurs temps d'accueil plus longs** (petite matinée sans repas, puis petite après-midi sans sieste, puis petite matinée avec repas, puis petite après-midi avec sieste) ;
– **une ou plusieurs petites journées** selon les besoins (5 à 7 heures) ;
– enfin, **journées basées sur le rythme normal de garde.**

- L'**adaptation** va aussi permettre la **rencontre entre votre enfant et ceux déjà présents** à mon domicile (les miens comme ceux déjà accueillis). Les enfants qui ont déjà un rythme auront également besoin d'une période transitoire, et selon l'âge de l'enfant, manifesteront des réactions différentes (fascination/jalousie pour un bébé, rivalité/amitié pour un enfant du même âge, etc.).

3 Le déroulement de la journée

A L'accueil et le temps calme

- **L'accueil des enfants débute à l'horaire souhaité par les parents.** Le matin, les enfants arrivent de manière échelonnée à mon domicile : Benjamin qui a 3 mois arrive à 7 heures et Camille qui a 2 ans arrive à 7 h 30.

• **C'est un moment important**, aussi je prends le temps d'échanger quelques mots avec les parents sans pour autant que cela ne dure trop longtemps car la séparation peut être plus dure pour les petits.

• **Après le départ des parents, je m'occupe de chaque enfant individuellement** pendant quelques minutes : je change le bébé si besoin, apprend aux plus grands à se mettre à l'aise (mettre ses chaussons, accrocher son manteau au porte-manteau…).

• **Une fois que tout le monde est arrivé**, je rassemble tous les enfants pour un petit **rituel du matin** : tout le monde en rond pour se dire bonjour et discuter de ce qu'on va faire dans la journée, de la météo du jour, de la soirée de la veille. On écoute ensemble des chansons ou je fais la lecture d'un livre, etc. Mes enfants se préparent et nous partons tous ensemble pour l'école.

B Les jeux libres ou les activités manuelles

• La journée se poursuit par des **jeux libres** ou, pendant la sieste des plus jeunes, des **activités manuelles** (le matin est la période la plus propice à l'apprentissage et à la concentration). Bien sûr chaque enfant est libre de participer ou non. Je leur propose de **dessiner**, de **peindre**, de **cuisiner**, de **bricoler** de petits objets à offrir à leurs parents, etc.

• En fonction de la météo, je fais une **sortie avec les enfants** (parc, bibliothèque, ludothèque, RAM…). Si le temps ne le permet pas, je fais avec les enfants des **activités qui vont leur permettre de se défouler** : parcours de motricité improvisé avec des matelas et des coussins, danse, jeu qui fait bouger, par exemple, les chaises musicales…

C Le déjeuner : un moment de partage et de convivialité

Tous les enfants se lavent les mains et m'aident selon leur âge à mettre la table. Le plus petit a pris son biberon et il patiente avec nous dans un transat en attendant l'heure de la sieste. C'est l'occasion pour les petits de manger équilibré, de découvrir de nouveaux goûts, et de poursuivre leur **diversification alimentaire**. On mange tous ensemble et nous discutons : c'est un **moment convivial** que les enfants apprécient particulièrement.

D L'après-midi on dort, on joue et on goûte

• Je prépare les enfants à la sieste en les aidant à retrouver leur calme avec un peu de **lecture** ou une **chanson douce**. La **sieste qui dure environ 2 heures** permet aux enfants de se reposer.

• **Après la sieste,** les enfants font des **jeux libres** dans la chambre aménagée **puis nous goûtons tous ensemble** les gâteaux (que nous avons pris le temps de préparer le matin), accompagnés de fruits et d'un laitage.

• **Après le goûter, nous nous promenons** généralement au parc juste à côté et nous donnons à manger aux oies et aux canards. **Les enfants en profitent également pour rencontrer d'autres enfants, ce qui favorise leur socialisation.** Si le temps ne le permet pas, nous allons soit à la **bibliothèque** soit au **RAM** pour faire les activités proposées et choisir des livres pour les histoires racontées. À la suite de la sortie, nous allons chercher mes enfants à l'école et nous rentrons à la maison.

E Les retrouvailles avec les parents

En attendant les parents nous faisons des jeux calmes (lectures, comptines, singe silencieux, bataille de pouces…). Le départ est un moment où j'essaie également d'être disponible et de faire s'il y a lieu une rapide **transmission orale** des moments forts de la journée, ou d'un événement particulier **aux parents.**

4 Les besoins de l'enfant

A L'alimentation

• Pour les nourrissons. **Je respecte scrupuleusement les heures et les quantités indiquées par les parents pour le biberon,** et leur indique toujours le comportement de l'enfant (s'il n'a pas fini son biberon, ou si, au contraire, il pleure à la fin et ne semble pas rassasié).

• Pour les plus grands. **Le repas du midi** est un moment de convivialité ou l'on se retrouve ensemble autour de la même table entre 11 h 45 et 12 h 30. C'est le **temps de l'apprentissage des règles d'hygiène et des règles sociales** (on se lave les mains, on reste à table, on attend son tour, on dit merci, etc.). On partage un repas varié et équilibré.

• Le goûter se déroule dans la même ambiance après la sieste vers 15 h 30-16 heures. Il peut se faire dehors à la belle saison.

• **Les repas sont préparés à base produits frais ou surgelés, certains biologiques** (les œufs, les primeurs, les produits laitiers...) par moi et/ou par les enfants. Ils sont variés et suivent le rythme des saisons. Purées et compotes sont préparées dans un cuiseur-vapeur, puis mixées et/ou écrasées avec un robot. **Les parents ont le choix entre payer une indemnité de repas ou fournir le repas de leur enfant.** Dans tous les cas, ils seront informés précisément de ce que l'enfant aura réellement mangé dans la journée.

• **Je ne force jamais un enfant à manger...** Mais cela ne veut pas dire que je n'insiste pas un peu. **Quand ils sont encore bébés** (entre 6 mois et 1 an environ), **l'aliment refusé sera remplacé par un autre équivalent** (purée de courge remplacée par une purée de haricots par exemple, de préférence de couleur différente, de façon que l'enfant comprenne que j'ai changé avant de goûter). **Plus tard, l'aliment n'est plus substitué et l'enfant a l'obligation de goûter.** Chaque jour les parents sont prévenus de ce que l'enfant a mangé, pour pouvoir observer son appétit d'une part, et mieux comprendre comment il va manger chez lui le soir, d'autre part.

B Le sommeil

• **Je respecte le rythme de chaque enfant** et le couche soit quand il est fatigué, soit après le repas du midi pour la sieste principale. **Les rituels d'endormissement de la maison peuvent être reproduits ici** (doudou, tétine, berceuse favorite, etc.) Il y a de toute façon des rituels propres à mon domicile (lecture, musique douce...).

• **Le réveil se fait de façon spontanée.** Si l'enfant a « peu dormi », j'attends un moment pour voir s'il ne se rendort pas. Si à 15 h 30 l'enfant n'est pas réveillé, j'encourage son réveil en douceur en ouvrant la porte, les volets, etc.

• Si la situation se reproduit souvent, nous discutons avec les parents de la conduite à tenir (refaire une sieste le matin, parler de sa fatigue et du sommeil nocturne, etc.).

• **Les enfants dorment sur des matelas fermes et adaptés aux dimensions du lit,** sans oreiller ni couverture pour les nourrissons. Les pièces sont aérées et la température adaptée (18-20 °C).

C L'hygiène et l'acquisition de la propreté

• Si l'utilisation des jouets au quotidien occasionne un certain **désordre,** il **est tout à fait toléré dans les parties communautaires,** car l'épanouissement des enfants dans la joie prime à mon avis, sur une pièce « impeccable ».

• Le rangement et le nettoyage se font en soirée, après le départ des enfants.

• **L'acquisition de la propreté est une étape importante du développement de l'enfant** qui ne doit pas être soumise à un apprentissage strict, l'enfant devient propre naturellement. Des conditions sont nécessaires pour savoir qu'il est prêt :

– **la maturation physiologique** : l'enfant doit être physiologiquement capable de contrôler volontairement ses sphincters. On se fie en général à trois indicateurs neuromusculaires : savoir marcher, savoir monter et descendre seul et correctement un escalier, savoir prendre en pince des objets de très petite taille ;

– **la maturation individuelle** : l'enfant doit être capable de prendre conscience de son besoin, de comprendre ce qu'il doit faire à ce moment-là, et de savoir communiquer son besoin à l'adulte. Il doit surtout avoir le désir de devenir grand (et donc, accepter de renoncer à certaines choses de « bébé »). **Il existe des indices permettant de savoir quand proposer le pot à un enfant :** il signale à l'adulte quand il est sale, il ne veut plus de couches ou les enlève, il réclame le pot ou les toilettes.

• **L'ensemble de ces conditions est rarement réuni avant 18-24 mois.** Certains enfants vont réclamer le pot dès 2 ans, d'autres pas avant 3 ans. L'apprentissage de la propreté se fait souvent progressivement, avec parfois des retours en arrière. Il est important de respecter l'intimité, la pudeur et le rythme de chaque enfant.

• **En raison de l'importance de cette étape, elle doit être initiée par les parents, sur des temps de week-end ou de vacances.**

• Si les parents le souhaitent, je pourrai leur donner mon avis sur la maturité de leur enfant, mais je ne ferai le relais dans cet apprentissage que lorsque l'enfant sera prêt, quand les parents l'auront commencé avec leur enfant, et m'auront indiqué leur façon de s'y prendre, la fréquence à laquelle je dois proposer le pot à l'enfant, le fait de continuer ou pas à lui mettre des couches pendant les transports et la sieste, etc.

D L'éveil et les activités

Les activités sont proposées en fonction de l'âge, toujours sur le principe du jeu libre et de l'activité autonome. Par exemple, pour les activités manuelles, je sors des feuilles, des feutres, de la peinture, mais **je n'oblige pas l'enfant à s'en servir** ; en revanche, il doit respecter les lieux d'activités et ranger après un jeu.

• **Les jeux d'intérieur**

• Les enfants disposent :
– de **jeux d'imitation** (dînette, métiers, poupées, voitures, etc.) ;
– de **jeux de construction** (blocs, assemblage etc.) ;
– de **jeux de manipulation** (modelage, encastrement, empilage, etc.) ;
– de **livres** (contes, imagiers, etc.) ;
– d'activités qui font appel à l'écoute (consignes, histoires, etc.) ;
– de **jeux de concentration et d'observation** (loto, mémoire, puzzle, etc.) ;
– d'activités d'**expression graphique** (dessin, peinture, collage, impression, ardoise magique, etc.) ;
– d'activités d'**expression musicale** (danse, chant, etc.) ;
– d'**activités de motricité** (sauter, courir, trottinette, skate, voitures, camions, ballons, etc.) ;
– de **jeux affectifs** (peluches, poupées, etc.).

• Les activités organisées se font donc en présence de tous les enfants dans la même pièce. Chacun est invité à y participer. **Je veille à laisser libre cours à l'inventivité des enfants :** je propose du matériel, je laisse les enfants découvrir les objets, et seulement ensuite je dirige un peu l'activité pour amener les enfants à réagir, à découvrir de nouvelles possibilités. **Chaque enfant participe avec ses compétences et ses envies du moment, sans aucune obligation.**

• **Les promenades et les sorties**

• **Les parcs**. Les plus fréquentés sont le parc de la résidence et le jardin public de la ville.

• **Les marchés, le primeur et le boulanger.** Il n'est pas rare que nous allions chez le primeur ou sur les marchés découvrir des odeurs et des produits tels les légumes et fruits de saisons. Nous faisons un passage quotidien chez le boulanger le matin, en rentrant de l'école pour avoir du pain frais.

• **Les lieux pédagogiques.** Il m'arrive également d'aller visiter la ferme pédagogique du village voisin. Je fréquente régulièrement la bibliothèque et la ludothèque de la ville.

• **Les sorties à thème.** Je propose aux parents pendant les vacances scolaires, s'ils sont d'accord, des sorties à thème : théâtre, parc ludique, promenade en forêt, musée… Je m'y rends accompagnée d'autres assistantes maternelles du RAM ou de ma famille pendant les vacances scolaires.

5 La santé et la sécurité de l'enfant

• Les parents restent les premiers responsables de la santé de leur enfant.

• Sauf en cas d'accident, et après avoir joint les parents, **je n'amène pas les enfants à l'hôpital ou consulter leur pédiatre.**

• L'**enfant est accueilli même quand il est malade (sauf s'il est contagieux)** et les soins nécessaires lui sont donnés, ainsi que les médicaments, sous réserve d'une ordonnance et du protocole établi par le pédiatre.

• Si l'enfant nécessite un régime particulier pendant sa maladie, je peux le préparer en étant prévenue au moins la veille.

• **Aucun médicament, même en vente libre, ne sera donné sans ordonnance ni protocole médical**, c'est pourquoi, en début de contrat, il convient aux parents de faire établir ce protocole par leur médecin, et de le réactualiser régulièrement (dose/poids de l'enfant).

• **Aucun produit ménager ni médicament ne sont accessibles aux enfants.** Les prises sont protégées et le vieux chat de la maison reste sur le balcon. Les enfants aiment l'admirer dormir ou faire sa toilette à travers la vitre. **Les enfants ne restent jamais seuls sans surveillance.**

6 Les attitudes éducatives

Pour moi, le respect de certaines règles, notamment la **politesse** et le **respect des autres** sont des points primordiaux dans l'éducation des enfants. Je fais en sorte que cela soit acquis, en douceur.

7 Pour une bonne communication

• Je mets en place un **cahier de liaison personnel à chaque enfant à destination des parents**. Il permet un échange d'informations, indispensables au bien-être de l'enfant.

• **J'y note l'essentiel de la journée** : les repas, les siestes, les moments forts, si l'enfant a été malade, fatigué, n'avait pas faim, si j'ai besoin de couches, de vêtements de rechange, etc.

• N'oubliez pas de **le compléter avec toutes les coordonnées utiles** (parents, autres personnes de références, médecin, etc.).
– Ce cahier est **toujours présent dans le sac qui accompagne l'enfant**.
– Il part tous les soirs chez les parents et en revient tous les matins. Il est possible pour les parents de communiquer par l'intermédiaire de ce carnet (telle personne viendra récupérer l'enfant tel jour, mauvaise nuit, toux, etc.).

Crédits photographiques

Shutterstock : pages : 38, 39, 42, 43, 44, 47, 48, 49, 52, 53, 54, 58, 59, 67, 73, 74, 83, 84, 90, 91, 92, 93, 96, 97, 98, 99, 100, 101, 102, 106, 111, 115, 116, 121, 122, 123, 124, 126, 128, 138, 146, 149, 150, 151, 152, 153, 168, 176, 195, 197, 203, 207, 210, 214, 219, 230, 244, 252, 253, 261, 262, 263, 264, 265, 266, 267, 268, 269, 270, 271, 272, 273, 274, 275, 276, 280, 281, 295, 298, 302.

Hachette Éducation : pages : 36, 46, 47, 50, 51, 52, 60, 64, 85, 105, 106, 107,108, 109, 110, 113, 115, 116, 117, 118, 119, 120, 125, 126, 135, 136, 166, 168, 169, 170, 171, 172, 173, 174, 175, 176, 177, 178, 179, 180, 181, 182, 183, 184, 185, 186, 187, 188, 189, 190, 191, 197, 198, 207, 224, 226, 227, 228, 229, 231, 232, 233, 234, 235, 236, 237, 238, 239, 240, 262, 263, 264, 265, 266, 267, 268, 269, 270, 271, 272, 274, 275, 277, 278, 280, 294.

Santé publique France : pages : 80, 82, 87, 88, 251, 296.

Ville de Thorigné-Fouillard : page 66 ; Aract Poitou-Charentes et ASSTV 86 : page 81 ; La maison bleue : page 99 ; Kidéo' by Akalys : page 111 ; Loïc Faujour et département du Val-de-Marne : page 134 ; MAE : page 222 ; Michel et Augustin : page 254.

Couverture : GRAPH'in-Folio
Maquette : Mediamax – Graph'im 64
Réalisation : Graph'im 64
Édition : Emmanuelle Mary – Stéphanie Jouzier

ISBN : 978-2-01-701338-9
www.hachette-education.com
Imprimé en Roumanie par Canale - Dépôt légal : août 2017 - Édition 01
54/1151/1